2021 年度广西壮族自治区旅游管理一流本科专业建设项目（编号：327002060103）

高等学校教学用书

旅游目的地管理

Tourism Destination Management

主编　陈尔东　李继丽　陈俊安

参编　黄秋萍　韦永康　谭丽冰

北　京

冶金工业出版社

2022

内 容 提 要

本书共分10章，主要内容包括旅游目的地导论、旅游目的地营销、旅游目的地服务管理、旅游目的地人力资源开发、旅游目的地游客管理、旅游目的地开发、旅游目的地安全与危机管理、旅游目的地节事活动开发、旅游容量与可持续发展、旅游目的地智慧化管理。

本书可作为高等院校旅游管理、人文地理与城乡规划、地理学等专业教材，也可供旅游企业及相关从业人员参考。

图书在版编目(CIP)数据

旅游目的地管理/陈尔东，李继丽，陈俊安主编.—北京：冶金工业出版社，2022.9

高等学校教学用书

ISBN 978-7-5024-9234-2

Ⅰ.①旅… Ⅱ.①陈… ②李… ③陈… Ⅲ.①旅游地—旅游资源—资源管理—高等学校—教材 Ⅳ.①F590.3

中国版本图书馆CIP数据核字(2022)第137803号

旅游目的地管理

出版发行	冶金工业出版社	**电　话**	(010)64027926
地　址	北京市东城区嵩祝院北巷39号	**邮　编**	100009
网　址	www.mip1953.com	**电子信箱**	service@mip1953.com

责任编辑 王 颖 美术编辑 彭子赫 版式设计 郑小利

责任校对 窦 唯 责任印制 李玉山

北京虎彩文化传播有限公司印刷

2022年9月第1版，2022年9月第1次印刷

787mm×1092mm 1/16；12.25印张；292千字；181页

定价49.90元

投稿电话 (010)64027932 投稿信箱 tougao@cnmip.com.cn

营销中心电话 (010)64044283

冶金工业出版社天猫旗舰店 yjgycbs.tmall.com

(本书如有印装质量问题，本社营销中心负责退换)

前　　言

旅游业的研究已经从旅游要素研究发展为集合各种旅游要素的旅游目的地研究，随着旅游业的快速发展，对旅游目的地管理提出了更高的要求，旅游目的地的建设与管理成为我国旅游学研究和旅游业发展实践中的重要课题之一。

旅游目的地作为旅游消费者主要的停留场所，与旅游消费者的出行目的、出行动机息息相关。旅游目的地的范围可大可小，大至几个国家的联合区域或一个城市，小至一个旅游区或旅游景点，因此，旅游目的地的构成因素必定包括地理区域范围和旅游设施等。旅游业的迅猛发展，引起理论界和实践界对旅游目的地的持续关注，新的著作、新的文章不断涌现。作为旅游管理本科专业的核心课程，旅游目的地管理具有较强的基础性、专业性和实用性，是旅游管理专业的必修课程之一。

本书遵循理论与实践结合，传统与新兴结合，普适与典型结合，供给与需求结合的原则，具有以下特点。

(1) 用马克思主义理论指导旅游目的地管理的研究和学习，运用历史唯物主义和辩证唯物主义的观点分析相关理论与实践的关系，研究作为旅游目的地管理对象的组织活动与组织环境的关系。

(2) 内容全面，体系清楚。本书较为全面地介绍了旅游目的地管理的相关理论和方法，为了便于教师教和学生学，每一章都设计了一条逻辑主线，内容更加清晰。

(3) 体系构架完整，内容精心编排。本书具有直接、简明的特色，既突出了重要的知识点，又方便学生拓宽思路，较好地实现了理论性和知识性的统一。

(4) 信息量大，材料翔实。本书内容丰富，观点清晰，以技能和职业为重点，切实为学生进入职场做好准备，同时增加了新时代的新话题，有助于与时代接轨。

本书得到2021年度广西壮族自治区旅游管理一流本科专业建设项目（编号：327002060103）的资助。

本书在已使用的教材基础上，吸收广大师生的合理建议，书中内容既有经典成熟的理论，又吸收和反映了近几年的相关理论和研究成果，具有较好的理论和实践意义。

本书由广西民族师范学院陈尔东编写第1~3章，李继丽编写第4、5章，陈俊安编写第6、7章，黄秋萍编写第8章，韦永康编写第9章，谭丽冰编写第10章。

本书在编写过程中，编者参考了国内外专家、学者的相关著作，在此谨向有关作者及单位表示诚挚的谢意！

由于编者水平所限，书中不妥之处，敬请广大读者批评指正。

编 者

2022年5月

目　录

1 旅游目的地导论

本章导读

通过本章的学习，读者要掌握作为旅游目的地管理研究对象及旅游目的地的概念，了解旅游目的地管理的发展历程。

学习目标

（1）掌握旅游目的地的概念。

（2）掌握旅游目的地的构成要素与分类。

（3）了解旅游目的地研究理论。

关键概念

旅游目的地、构成要素，目的地分类、生命周期。

1.1 旅游目的地概念

下面介绍旅游目的地的相关概念等内容。

1.1.1 国内外学者对旅游目的地的界定

（1）国外对旅游目的地的研究始于20世纪70年代，最初它被认为是一个明确的地理区域。美国学者冈恩于1972年提出了“目的地地带”的概念，即旅游地是一个具有大量取悦旅游者的旅游活动地理区域，组成要素包括吸引力综合体、人口、进出通道、服务中心、区内连接路径和外部环境等。

（2）1995年雷珀指出，旅游目的地是旅游者到此旅游，且在此为了体验对其具有吸引力的经典的具有特性的地方。

（3）保继刚认为，一定地理空间上的旅游资源同旅游专用设施、旅游基础设施以及相关的其他条件有机地集合起来，就成为旅游者停留和活动的目的地，即旅游地，旅游地在不同情况下有时又被称为旅游目的地或旅游胜地。

(4) 张辉认为，拥有特定性质旅游资源，具备一定旅游吸引力，能够吸引一定规模、数量的旅游者进行旅游活动的特定区域为旅游目的地。

(5) 董观志、张巧玲提出，旅游目的地是以一定旅游资源为核心，以综合性的旅游设施为凭借，以可进入性为前提的旅游活动与旅游服务地域的综合体，它是旅游者停留并开展旅游活动的核心载体。

1.1.2 旅游目的地概念界定

综上所述，国内外学者对旅游目的地的定义各不相同，而且也各有不同的侧重点，但还是能归纳出一些共识：一方面，旅游目的地作为旅游消费者主要的停留场所，所对应的主体就是旅游消费者，旅游目的地与旅游消费者的出行目的、出行动机息息相关；另一方面，旅游目的地的范围可大可小，大至几个国家的联合区域或一个城市，小至一个旅游区或旅游景点。同时，旅游目的地的构成因素中必定包括了地理区域范围、旅游设施等。根据以上讨论，可以把旅游目的地定义为：旅游目的地是指能够对一定规模旅游者形成旅游吸引力，并能满足其特定旅游目的的各种旅游吸引物、旅游设施和服务体系的空间集合。

1.2 旅游目的地构成要素

1.2.1 库珀的旅游目的地构成要素的“4A”模型

1998 年，库珀（Cooper）提出了旅游目的地构成要素的“4A”模型：吸引物；康乐设施，如住宿设施、餐饮业、娱乐设施业和其他服务设施；进入设施，如交通网络或基础设施；附属设施，如地方旅游组织。

英国学者布哈里斯（Buhalis）在库珀的“4A”模型基础上提出，旅游目的地是个特定的地理区域，被旅游者公认为一个完整的个体，由统一的目的地管理机构进行管理的区域，并提出一个框架模型，如图 1-1 所示。

1.2.2 四要素论

张东亮指出，旅游目的地是一个非常综合的概念，是一个高度复杂的系统，涉及自然、社会、经济、文化等各个方面，这些方面因为有了旅游活动作为中介而具有新型的、特殊的关系。旅游目的地包括旅游吸引物（自然风景、历史文化遗产、现代人造景观、各类节事活动等）；旅游服务设施（住宿业、餐饮业、旅行社业以及其他服务设施）；旅游基础设施（银行、邮政、通信、水电等设施）；旅游管理机构。

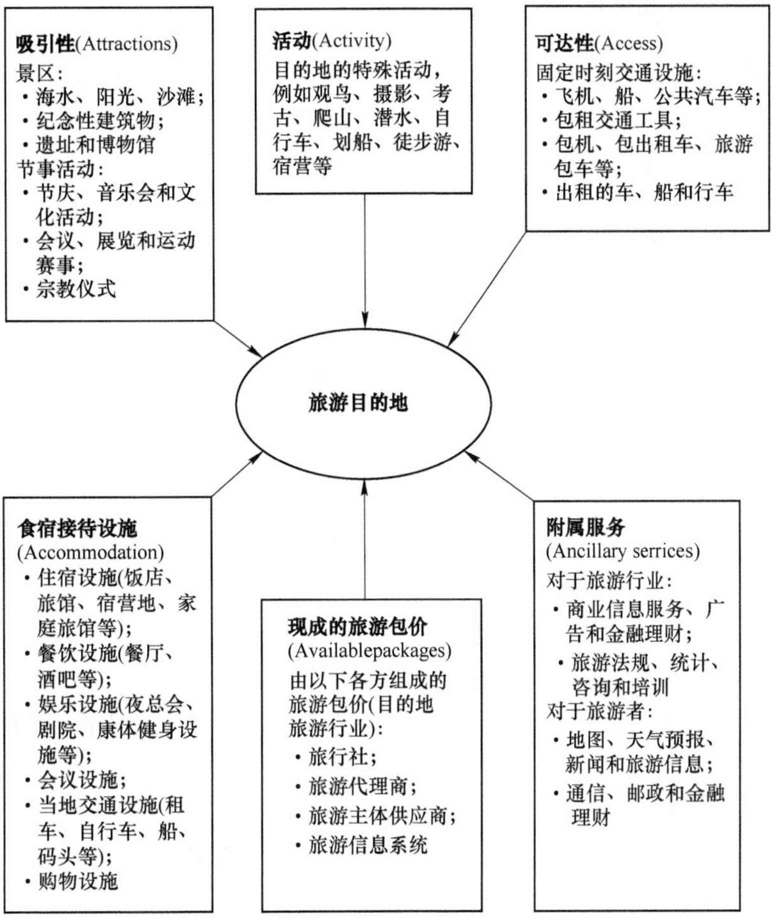

图 1-1 旅游目的地模型

1.3 旅游目的地分类

由于旅游目的地是不同旅游资源、旅游景区、旅游产品、基础服务多方面集合而成，因此呈现出不同的旅游功能。旅游目的地具有较强的综合性，旅游目的地的旅游形象也具有高度概括性，很难用一种类型来概括。目前，关于旅游目的地的分类较少，大多是基于旅游资源进行分类、基于旅游景区进行分类等。相对而言，多以旅游景区分类来代表旅游目的地的分类。关于旅游目的地分类，目前尚无大家基本认同的分类方式。弗兰克·豪伊（丁宁等译,）在《旅游目的地的经营与管理》中，对旅游目的地有简单的分类，大致分为“城市（特别是历史文化名城、文化名城和旅游城市）、村庄和小城镇、度假胜地、受保护地区（特别是拥有大量自然风光的乡村地区）、生物带、国家”，显然，主要是根据旅游目的地的资源属性情况来判断的。也有根据旅游功能，比较笼统地分为观光型旅游目的地、度假型旅游目的地。

1.3.1 按旅游目的地的资源和特点分类

从旅游目的地的资源性质和特点出发，以满足旅游者活动的类型为标准，可以将旅游目的地分为观光型旅游目的地和度假型旅游目的地两种类型。

1.3.1.1 观光型旅游目的地

观光型旅游目的地是资源性质和特点适合于开展观光旅游活动的旅游地，主要有自然观光地、城市观光地、名胜观光地三种类型。观光型旅游目的地既是观光旅游的空间依托，也是一种传统型的旅游目的地，它在世界旅游活动中占有重要的地位。

1.3.1.2 度假型旅游目的地

度假型旅游目的地是旅游性质和特点能满足旅游者度假、休闲和休养需要的旅游地，主要有海滨度假地、山地温泉度假地、乡村旅游度假地三种类型。

1.3.2 按旅游目的地构造方式分类

旅游目的地从其布局特点、空间构造方式，可分为板块型旅游目的地和点线型旅游目的地两种类型。

1.3.2.1 板块型旅游目的地

板块型旅游目的地是旅游吸引物紧密地集中在某一个特定区域，所有的旅游活动在空间上都是以这个旅游目的地为中心展开的，也都是以这个旅游目的地的服务设施以及旅游体系为依托的。

1.3.2.2 点线型旅游目的地

点线型旅游目的地是旅游吸引物分散于一个较广泛的地理空间区域内，在不同的空间点上各个吸引物之间的吸引力是相对均衡的，没有明显的中心吸引点。它是通过一定的旅行方式和组织将这些不同的空间点上的吸引物以旅游路线的形式结合在一起，旅游者在某一空间点只停留一段时间。通常，旅行方式与组织体系是点线型旅游目的地形成的主要条件。

1.3.3 按空间范围大小分类

按空间范围大小划分旅游目的地，可以分为国家旅游目的地、区域性旅游目的地、城市旅游目的地和景区旅游目的地等四种类型。

1.3.3.1 国家旅游目的地

国家旅游目的地是从世界旅游空间范围的跨国旅游来划分的，属于国际性旅游目的地的范畴，一般由多个区域性旅游目的地组成。旅游目的地国家突出的功能是建立与世界主要客源地之间便利的国际航空交通，并具有向各个区域性旅游地分散客流的经济功能。

1.3.3.2 区域性旅游目的地

区域性旅游目的地是从一个国家空间范围来划分的，通常由多个城市旅游目的地组成。区域性旅游地是以国内航空港以及铁路中转交通为中心建立起来的旅游服务体系，在这个体系中包括多个旅游城市和若干个旅游景区，良好的进入条件、方便的客源分流体系是区域旅游地的主要经济特征。

1.3.3.3　城市旅游目的地

城市旅游目的地是从一个特定旅游区域空间范围来划分的，是由多个旅游景区所组成的。城市旅游地不但具有参观、游览和观光功能，同时还具有完备的以住宿为主体的接待体系，并以便利的公路交通作为保证。

1.3.3.4　景区旅游目的地

景区是旅游目的地的最小单位，景区是独立的单位、专门的场所，是以一个特色为主、划分明确、面积不大的区域。景区主要具有供旅游者参观、游览和观光的功能，一般不具有住宿的功能。

旅游目的地的空间范围决定着旅游目的地的市场范围，也决定着这个旅游目的地的供给规模和需求规模，从而决定着旅游地的旅游经济实力；旅游目的地空间范围的大小，也决定着旅游目的地的社会分工的功能。不同层次的旅游目的地在旅游空间体系中的分工是不同的，不同旅游目的地之间的合理分工，便构成了一个国家旅游空间的组织结构。

1.4　旅游目的地研究理论

1.4.1　旅游目的地生命周期理论

旅游目的地生命周期理论是描述旅游目的地演进过程的重要理论，是地理学对旅游研究的主要贡献之一。生命周期最早是生物学领域中的术语，用来描述某种生物从出现到灭亡的演化过程。后来，该词被许多学科用来描述相类似的变化过程，如在市场营销学中以技术差距存在为基础的产品生命周期，即一种产品从投入市场到被淘汰退出市场的过程。关于旅游目的地生命周期理论的起源，一般认为是 1963 年由克里斯托勒（Chritaller）在研究欧洲的旅游发展时提出的。1973 年，帕洛格（Plog）也提出了另一种获得普遍认可的生命周期模式。1978 年，斯坦斯菲尔德（Stansfield）通过对美国大西洋城盛衰变迁的研究，也提出了类似的模式，他认为大西洋城的客源市场部分由精英向大众旅游者的转换伴随着它的衰落。

1.4.1.1　旅游目的地生命周期理论框架

旅游地生命周期理论应用于城市旅游目的地研究，能够为城市旅游的长期繁荣提供宏观指引，有助于旅游地政府部门制定合理的产业政策，也有助于旅游投资者做出正确的决策，将是旅游理论应用于产业实践的很有意义的研究领域。旅游经济的发展带动了地区经济的发展，但旅游地本身的发展又受客观生命周期的局限。立足众多学者的研究基础，加上多年旅游地开发规划的实践，深入分析了旅游地的生命周期的本质以及对旅游地发展的实践指导，并提出旅游地的生命周期的本质就是旅游地的旅游产品的生命周期，旅游地的发展要打破生命周期的“宿命”，必须延续现有主导旅游产品，及更新换代主导旅游产品。旅游地的生命周期，是一种客观存在的现象。旅游地生命周期理论为我们研究旅游地演化过程、预测旅游地的发展和指导旅游地的市场营销和规划提供了理论框架。

1980 年，巴特勒（Butler）将旅游目的地生命周期分为以下几个阶段：探索（Exploration）、起步（Involvement）、发展（Development）、稳固（Consolidation）、停滞

（Stagnation）、衰落（Decline）或复兴（Rejuvenation），并且引入了使用广泛的“S”形曲线来加以表述，如图 1-2 所示。

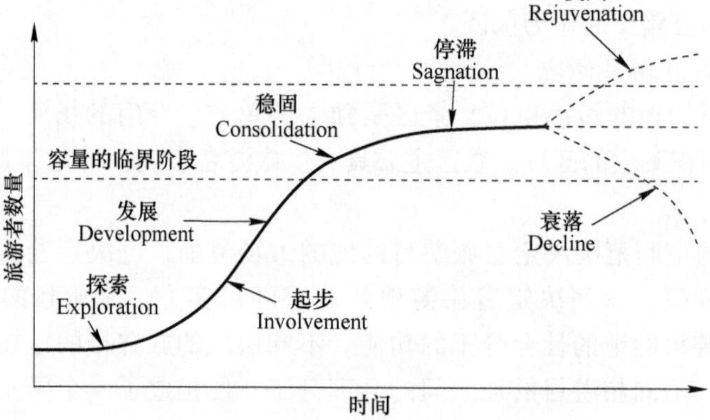

图 1-2 巴特勒旅游目的地生命周期模型

1.4.1.2 旅游目的地生命周期各个阶段的特征

（1）探索期，少量的“多中心型”游客或“探险者”；少有或没有旅游基础设施，只有自然的或文化吸引物。

（2）起步期，当地投资与旅游业，明显的旅游季节性；旅游目的地进行广告宣传活动；客源市场地形成；公共部门投资于旅游基础设施。

（3）发展期，旅游接待量迅速增长；游客数超过当地居民数；大量的广告宣传，外来投资，并逐渐占据控制地位；人造景观出现，并取代自然的或文化的吸引物；“中间型游客”取代“探险者”或“多中心型”游客。

（4）稳固期，增长速度减缓，广泛的广告宣传以克服季节性和开发新市场；吸引了“自我中心型”游客；居民充分了解旅游业的重要性。

（5）停滞期，游客人数达到顶点，达到容量限制，旅游目的地形象与环境相脱离；旅游目的地不再时兴；严重依赖于“回头客”，低客房出租率；所有权经常更换，向外围地区发展。

（6）衰落期，客源市场在空间和数量上减少，对旅游业的投资开始撤出，当地投资可能取代撤走的外来投资；旅游基础设施破旧，并可能被代以其他用途。

（7）复兴期，全新的吸引物取代了原有的吸引物，或开发了新的自然资源。

1.4.1.3 影响旅游目的地生命周期的主要因素

徐致云和陆林归纳了国外学者研究旅游目的地生命周期的主导影响因素，这些影响因素主要包括：

（1）环境质量与容量；

（2）过度商业化；

（3）良好的区位；

（4）交通条件；

（5）基础设施；

(6) 旅游资源的丰度;
(7) 居民的支持度;
(8) 旅游形象;
(9) 旅游目的地的竞争力;
(10) 旅游发展速度;
(11) 外部投资;
(12) 政府与旅游经营者的作用;
(13) 外部竞争环境的变化;
(14) 客源市场的改变;
(15) 外部政治环境。

1.4.2 地方理论

地方理论源于地理学的研究，过去人们总把地方看成是一个空间概念，是“人类活动的容器，是客观、可绘制的”。

20 世纪 70 年代，索尔、鲁克曼与段义孚等人文地理大师挑战了这些观念，指出“地方是一种对世界的态度，强调主观体验而非空间科学的冰冷生硬逻辑”“是由个人或群体赋予了深刻内涵和意义的特殊空间”。

1.4.2.1 地方理论的演化历史

美国华裔人文地理学家段义孚于 1976 年首次提出“地方”（Place）和“地方感”（Senseof Place）的概念。

此后西方学者围绕这两个核心概念提出了“地方性”（或称为地方精神，Spirit of Place）、“无地方性”（Placelessness）、“地方依恋”（Place attachment）、“地方依靠”（Place Dependence）、“地方认同”（Place Identity）、“地方营造”（Place Making）等概念，从人的感觉、心理、社会文化、伦理道德等不同角度来阐述人与地方之间的关系，共同组成了“地方理论”（Place Theory）。

1.4.2.2 核心概念

A 地方

段义孚从空间现象学的研究视角出发提出地方的概念，“地方是世界活动中人的反映，通过人的活动，空间被赋予意义”“地方是人类生活的基础，在提供所有人类生活背景的同时，给予个人或集体以安全感或身份感”。

瑞夫（Relph，1976）认为，如果一个地点（空间）充满着具有意义的真实经验或发生过动人的事件，个体就会对它形成一种认同感、安全感或关心（Concern）等，这样空间就转化为地方。瑞夫指出：“实体环境、功能活动和地方感（意义）是对一个地方进行识别的三个基本要素”，这种分法虽然简单，却是理论基石：第一层面可以把地方看成是由建筑、自然环境等组成的物质实体，像航空图片中拍摄的样子；第二层面把地方看作社会关系的载体；从第三层面讲，一个正在感受这些环境或经历这些活动的人看到的却远远不止这些，他对于事物和事情有着自己的评价，即美与丑、促进与阻碍、喜爱和厌恶、亲近与疏远，总而言之，富有意义。

B 地方感

地方感是人的情感与所处环境之间相互作用而产生的一种反应，因为人的记忆、感受与价值等情感因素与景观环境之间会产生情感意义上的互动，所以个人就会产生对地方的依附行为。

段义孚指出，“地方可以具有一种精神或者一种性格，但只有人才有地方感，地方感是由地方产生的并由人赋予的一种体验”，它包括两种含义：“地方固有的特性（地方性）和人们对这个地方的依恋感（地方依恋）”。

C 地方性（地方精神）

地方性是一个地方不同于其他地方的特性，是地方特征的集中体现，为地方赋予了特定的情感和个性。

有的地方由于其独特的物理特性或可意象性（Imagability），或者和重要的真实事件、神话事件有关，被视为特殊的、值得记忆的地方。

D 地方依恋

地方依恋是人与场所之间基于感情（情绪、感觉）、认知（思想、知识、信仰）和实践（行动、行为）的一种联系。其中，感情因素是第一位的。

威廉姆斯和瓦斯科（Williams & Vaske）认为，地方依恋从结构角度看由地方依靠和地方认同两个维度构成。哈迈特和斯图尔特（Hammitt & Stewart）从程度上将地方依恋分为地方熟悉感、地方归属感、地方认同感、地方依赖感和地方根深蒂固感五个等级。

地方依恋构建了地方依靠（Place Dependence，PD）和地方认同（PlaceIdentity，PI）的结构。地方依靠是指一种功能性依赖，体现了地方资源及其提供的设施对想要开展的活动的重要性。例如，北京是了解明清建筑和历史的最好去处，“农家乐”是体验农家生活的好地方。地方认同是指一种精神性依赖，是指个体与客观环境的一种依赖关系，这种关系依靠一个与该环境有关的个人有意或无意的想法、信仰、偏好、感觉、价值观、目的、行为趋向和技巧综合形成的复合体而形成。这种情感主要来自认知和实践，例如黄帝陵每年的“祭祖”；古城丽江使旅游者一去便难以忘怀，现已成为旅游者回头率最高的古城。

1.4.3 旅游目的地竞争力理论

旅游研究学者自20世纪60年代起就开始关注旅游目的地竞争力问题，研究最初集中在旅游目的地之间的旅游资源竞争。到1980年代，研究的主题开始转向以旅游目的地的观点来面向旅游需求的论述，把提高旅游出发地的市场客源量作为其旅游目的地竞争力的目标（臧德霞）。到80年代末期，旅游形象成为旅游目的地竞争力研究的主要课题。旅游研究领域的“竞争力”研究在90年代M. Porter提出国家竞争力理论后才出现，而所涉及的“旅游目的地竞争力”研究则是更为近期的议题。

1.4.3.1 旅游目的地竞争力概念

旅游目的地竞争力（Tourism Destination Competitiveness，TDC）的主体是旅游目的地，即满足旅游者需求的服务和设施中心，其最直接的目标是满足旅游者的需求，为其提供满意的旅游经历，从而实现旅游目的地的经济目标。旅游目的地竞争力不仅仅是“经济意义”上的概念，它需要考虑环境的保护、资源的永续使用等内容，从而保障旅游目的地居民及其他利益相关者的长远利益。也就是说，旅游目的地竞争力包括为旅游者提供满意旅游经历、提高旅游目的地居民生活质量与旅游目的地其他利益相关者福利的能力。

旅游目的地竞争力也是一个比较的概念，它需要相应的表现指标。关于其表现指标，以往的部分研究已有所提及，包括市场占有率、旅游收入等经济指标，这里可以借鉴使用。相关研究已经证明，满意的旅游经历对旅游者的推荐意愿有积极的影响并呈现较强的正相关关系，同时，感知质量与重游之间也存在正相关关系，即旅游者的感知质量越高越有可能重游。也就是说，一方面，具有满意旅游经历的旅游者可以通过口碑宣传带来新的顾客；另一方面，这些旅游者倾向于在未来重游该目的地。无论是口碑效应带来的新顾客，还是重游的老顾客都有助于市场占有率的提高，即市场占有率可以从总体上有效地反映旅游者旅游经历的满意情况。此外，旅游收入可以作为市场占有率的补充指标，两者更为全面地反映旅游目的地的竞争力情况。旅游目的地居民的生活质量以及其他利益相关者的福利等相对较难衡量，没有一个直观的反映指标。由于旅游目的地居民生活质量以及其他利益相关者福利的提升有赖于旅游者满意的旅游经历，所以本书姑且以市场占有率和旅游收入作为反映旅游目的地居民生活质量的间接指标。需要强调指出的是，在使用这些指标对旅游目的地竞争力进行评价时，需要结合旅游目的地的目标市场，旅游目的地竞争力的强弱仅限于目标市场相同的旅游目的地之间的比较，这也正是旅游目的地竞争力与旅游竞争力的不同之处。

综上所述，“旅游目的地竞争力”可以界定为，旅游目的地能够持续地为旅游者提供满意的旅游经历，并且能够不断提高旅游目的地居民生活质量以及旅游目的地其他利益相关者福利的能力，其表现形式为具有共同目标市场的旅游目的地之间市场占有率的大小和旅游收入的高低。

1.4.3.2 旅游目的地竞争力的模型

克劳奇和里奇提出概念性模型又称为“D-K 模型”，如图 1-3 所示。它是随着各种研究活动与思维方法的不断融合而发展起来的，是建立在广泛假设和概念基础之上的。它是一种方法，这种方法为人们将复杂问题简单化提供了一种有效的思维方式。

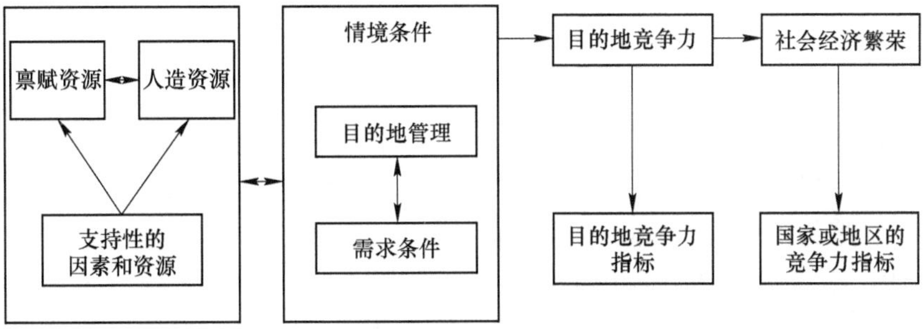

图 1-3 D-K 模型

1.4.3.3 旅游目的地竞争力评价

旅游目的地竞争力的认知最终要依靠评价来实现，而评价的基础：一是科学合理地反映目的地竞争力各方面的指标体系；二是行之有效的评价方法。以下介绍几种评价方法。

A 定性方法

定性方法主要包括归纳法、演绎法、德尔菲法和情境法等。G. L. Crouch 和 J. R. B. Ritchie 1999 年在波特的国家竞争力“钻石模型”的基础上提出了应用于旅游目的地竞争力评价的综合模型，采用的主要是这种方法。

B 定性与定量相结合的方法

国内在进行目的地竞争力测量中主要采用的是层次分析法，如万绪才运用层次分析法（AHP），将旅游业国际竞争力综合评价的基本层次概括为旅游资源与产品条件、社会经济条件以及其他条件三个方面，并得到第二层评价指标域和第三层评价指标域。还有的学者将前人定性研究得到的指标细化形成问卷，通过访谈的方式获得数据，对此组数据进行统计分析，获得方差、均值等分布状态。

C 定量方法

定量方法常见的有因子分析法、核函数主成分分析法、模糊判别法、面板数据模型和聚类分析法，特别是面板数据模型的采用使得竞争潜力的衡量成为可能。

（1）因子分析法。因子分析法是从多个实测的原变量中提取出较少数的、互不相关的、抽象的综合指标，即因子，每个原变量可用这些提取的公共因子的线性组合表示。因子分析法可以达到降低维数的目的，又可以对变量进行分类，因此在变量表的构建效度评价中得到了广泛的应用。

（2）核函数主成分分析法。主成分分析法也称为主分量分析，利用降维的思想，根据相关性的大小进行分组，使得同组内变量之间的相关性较高，不同组的变量相关性较低。最终用少数几个综合指标的线性函数和特定主成分之和表达原来观测的每个变量，以达到合理地解释存在于原始变量间的相关性和降低变量维数的目的。基于核函数的主成分分析是通过非线性映射 Φ：$X \rightarrow F$，将数据从输入空间映射到特征空间，然后在特征空间进行主成分分析，用核函数来进行内积计算。核函数主成分分析法提高了主成分分析模型的适应度，使之能够处理非线性问题。

（3）模糊判别法。模糊数学模型包括模糊聚类、模糊识别、模糊线性规划等，在旅游目的地竞争力研究方面，特别是在综合评判模型中模糊识别应用得最多。例如，Gooroochurn 和 Sugiyarto 用因子分析、聚类分析和判别分析的方法进行了国家竞争力的研究。

（4）聚类分析法。聚类分析法（Clusteranalysis）是根据事物本身的特性，研究个体分析的方法。其原则是同一类中的个体有较大的相似性，不同个体的差异很大，它包括样品（Cases）聚类和变量（Variables）聚类两种。进行聚类分析首先应该进行相似性度量，即采用一定的方法来确定相似系数。然后在相似矩阵的基础上，把变量分为不同的类别。当要聚成的类数是外生变量时，可以采用 K 均值分类法，对观测量进行快速聚类。

（5）面板数据模型。面板数据是一种特殊的数据类型。从横向角度分析，它具有横截面数据的特征；从纵向角度分析，又具有时间序列数据的特征。因此，也可以将面板数据理解成是横截面数据和时间序列数据的特殊组合。在面板数据样本中，随着时间的推移，相同的观察对象被连续不断地记录着，面板数据也可以理解成是由相同横截面数据构成的时间序列数据。因此在面板数据模型中对回归系数的解释，既可以解释不同时间段的变化差异，也可以说明不同研究单体（截面）的差异表现。基于面板数据模型双重性的特点，该模型在应用于竞争力分析时解决了可持续竞争力的衡量问题。

本章小结

通过本章的学习，注意理解旅游目的地内涵。旅游目的地作为一个复合系统，有着复杂的构成要素；同时结合时下热点问题，思考怎样开展区域合作，打造全域型旅游目的地；旅游目的地的深刻内涵，又以地方理论、生命周期理论和旅游目的地竞争力理论等三大理论基础为支撑，运用这些理论达到解释和理解相关旅游目的地问题的目的。

思考与练习

1-1　简述旅游目的地的概念与构成。

1-2　旅游目的地构成要素包括哪些内容？

1-3　旅游目的地的类型有哪些？

1-4　旅游目的地竞争力评价的定量方法有哪些？

1-5　什么是面板数据模型？

2 旅游目的地营销

本章导读

本章以介绍旅游目的地营销与管理的概念、特点入手，简述了旅游目的地营销主体与对象，以及旅游目的地营销的基本经验。在此基础上重点介绍了旅游目的地形象策划体系、形象感知过程、品牌策划。

学习目标

（1）辨析旅游目的地营销概念及其特点。

（2）了解旅游目的地营销的主体与对象。

（3）掌握旅游形象的策划。

关键概念

目的地营销、目的地市场、策划与管理。

2.1 旅游目的地营销的概念

2.1.1 旅游目的地营销的定义

由于对旅游目的地的认识不同，国内学者在对旅游目的地营销概念研究上也有不同切入点。综合各种观点，可以把旅游目的地营销概括为：向旅游客源地提供旅游目的地相关信息，突出旅游目的地的形象，通过向潜在群体和目标群体进行营销，激发他们对旅游目的地的向往，进而产生旅游消费。

Lundberg 认为旅游目的地营销包括三个方面的内容：

（1）确定目的地能够向目标市场提供的产品及其总体形象。

（2）确定对该目的地具有出游力的目标市场。

（3）确定能使目标市场信任并抵达该目的地的最佳途径。

2.1.2 旅游目的地营销的特点

2.1.2.1 营销效果的不易确定性

在西方，有学者称旅游目的地营销为“地点营销”，认为目的地可当作商品；在逻辑上，旅游目的地是由旅游商品组成的复杂活动的消费点，并最终由地点促销机构在商场上销售。但旅游目的地营销与物质产品营销有明显的差别。一般的物质产品营销，产品实体可直接到达消费者身边，消费者对产品的满意度也主要受物质产品本身属性的影响，营销主题主体容易控制。而旅游消费要求旅游者做出空间位移，游客在出游前对旅游目的地信息的认识是不完整的，游客满意度受到旅游行程多个环节、多种因素的影响，营销主体往往难以完全控制。同时，旅游“六要素”的整体特点也决定了人们拥有较大的消费弹性。因此，旅游目的地营销的效果表现出更多的不易确定性。

2.1.2.2 营销内容的宏观性、综合性

营销内容的宏观性和综合性是目的地营销与单个旅游企业营销的区别。目的地营销作为发生在区域层面的营销活动，在内容上主要从宏观层面和综合性角度宣传旅游目的地，不可能对本区域众多具体旅游企业的单项产品给予详细介绍，区域总体旅游形象、总体旅游产品（主要景区、景点）才是其营销的重点，而单个旅游企业营销的重点是本企业的旅游产品，如各条线路、景区、各项服务等，以直接宣传本企业为主，关心的是其销售量、营业收入，营销局限于微观层面。虽然不少企业也顺便宣传所在地的景区、景点，但毕竟是不完整的。

2.1.2.3 营销组织的多元性

一般认为，当地政府是旅游目的地营销活动的主体。因为只有当地政府最有能力组织整个地区的营销活动，这无疑是正确的。但也应看到，由于营销内容的综合性、复杂性，当地各种公众和私人团体、旅游企业及其从业人员、当地居民，对目的地的营销也有着重要意义。旅游目的地的口碑好坏对当地的旅游发展十分重要。口碑的形成，既来自目的地内的居民，也来自现实旅游者对某地旅游体验的满意度，包括与当地居民的接触。因此，广泛吸收当地利益相关者参与营销活动，实施不同层面的“关系营销”和“整合营销”，对旅游目的地提高营销成效将有积极意义。

2.1.2.4 营销目标的长久性

与一般旅游企业相比，旅游目的地营销目标具有长久性。单个企业的营销活动虽然客观上有利于提高目的地的知名度，但主要关注的是本企业的短期利益，较少考虑或无暇顾及地区的长远发展，更难涉及关系地区营销潜力的系列基础要素的建设（如区域基础设施、区域经济背景等）。旅游目的地营销目标则具有长久性，某地想成为旅游目的地，并希望得到可持续发展，就离不开营销。因此，营销的长久性决定了营销计划存在的合理性。

2.1.2.5 营销范围的等级层次性

从国家、省到各个县市等不同等级范围的旅游目的地，均存在营销工作，中小区域不会因大区域进行了营销就不再进行该项工作。从国家旅游局到各省、市、县旅游部门，均存在众多不同市场范围的营销系统，呈现出明显的等级层次性，这主要是不同区域旅游目的地的客源市场和竞争对手不同。国家层次的旅游营销主要是吸引海外客源，其他层次的区域兼有国内外两个市场。但除少数著名旅游目的地外，绝大多数中小型旅游目的地往往以邻近地区及国内若干城市为目标市场，其中以地级市为单位的旅游目的地营销具有典型性。

2.1.3 旅游目的地营销的主体与对象

2.1.3.1 旅游目的地营销的主体

任何公共事务的开展都离不开政府的支持，因此匡林认为政府是旅游目的地进行营销

宣传的主力军。崔凤军以杭州为例，将政府在营销中的作用概括为：可以为旅游目的地带来思想力、促销力、推动力和拉动力。黄安民则结合武夷山的经验，将政府在旅游目的地营销过程中的作用总结为两个方面：一是区域旅游形象营销；二是建立区域旅游营销平台。

同时也有学者指出，旅游目的地的营销不应该只依赖政府。伍延基认为，在旅游目的地营销过程中政府的作用不是万能的，需要妥善处理与市场、企业等营销主体之间的关系。余洁等则从经济学角度出发，运用帕累托最优原理，分析出政府部门主导模式和旅游企业部门主导模式各自都存在着帕累托无效配置，而政府部门与旅游企业部门合作的协调模式存在帕累托改进。高静和章勇刚指出，政府作为旅游目的地单一的营销主体，存在政府形象营销与企业产品营销各自为战、营销经费不足、政府营销规划与企业营销实践缺乏对接机制等问题，因此非常有必要吸纳当地的其他利益相关者组成营销主体，并利用协同理论，分析了多元化旅游目的地营销主体存在的障碍及有效发挥作用的机制。

综上所述，旅游目的地营销一般由区域性旅游组织承担；在一些采取行政主导型旅游发展模式的地区（或国家），可能由政府旅游行政管理机构承担旅游目的地营销组织的职责。与旅游企业营销过程中一切以企业利益为中心的组织形式不同，在旅游目的地营销活动中，旅游目的地组织处在营销活动的核心地位。

2.1.3.2 旅游目的地营销的对象

在对旅游目的地营销的研究，甚至针对整个旅游行业的研究中，分析旅游者出游动机、偏好以及旅游目的地选择向来是重点问题之一。只有弄清楚了游客的出游动机以及需求之后，旅游服务提供商才能有针对性地提供产品并面向目标消费群体进行营销，才能取得最佳营销效果。

弗兰克·豪伊（Frank Howie，2003）较为系统地讨论了地点（Place）是否能够作为对象进行营销的问题。在科特勒界定的10种营销对象中包括地点，他认为“地点，包括城市、州、地区和整个国家，它们都积极地争取吸引游客、工厂、公司总部和新的居民”。在科特勒的营销概念框架内，旅游目的地营销应该属于地点营销的范畴，而旅游目的地营销的对象就是被视为“产品”的目的地。目的地是设施和吸引物所在，也是“产品”本身，每个旅游者根据个人的意向和兴趣定义其自己独特的具体“产品”。

沈涵从旅游目的地选择与购买决策入手，分析了影响游客目的地选择与购买的因素，建立了旅游地选择与购买决策模型。在这个模型中，他将影响消费者行为决策的主要影响因素分为三类，即输入变量、市场感知过程以及输出变量。在这个模型中的输入变量包括个人因素、营销和其他信息的刺激；感知过程是指完成与购买决策相关的信息处理的过程；输出变量指的是访问者对于所感受到的信息产生的反馈以及他们对此做出的行为反应。该模型通过分析上面这些影响游客决策的主要因素可以更好地把握游客的行为，制订出更加合理有效的营销计划。许峰与李帅帅从游客心理感知和心理距离的角度入手，将目的地形象分为两个维度：认知形象与情感形象，构建了二阶潜变量模型，并且引入了感知价值与心理距离两个变量来反映综合认知形象，分析其对于旅游行为的影响。

2.1.4 旅游目的地营销系统及手段

2.1.4.1 旅游营销系统

旅游目的地营销系统（DMS），又称为旅游目的地信息系统，它是一种旅游信息化应用系统，是以互联网为基础平台，通过使用多种技术手段，把建立在电子信息技术基础上的高效旅游宣传营销平台和本地旅游咨询服务有机结合，为游客提供周到服务的一种信息化服务平台。关于旅游营销系统，武红等指出旅游目的地营销系统是网络营销和传统营销业务的有效结合，有利于提高旅游目的地的知名度，提升目的地营销的整体水平，共同促进当地旅游业的发展。樊志勇和张希指出可以借鉴韩国的政府主导，企业积极参与的旅游营销系统，以发展我国的目的地营销。虽然大部分的研究学者都对旅游目的地营销系统持乐观态度，认为其会促进旅游业的发展，但是也有部分学者认为旅游目的地营销系统对于市场信息的变化需要进行处理，因此，并不能够及时反映市场变化，它具有一个延滞的过程。

2.1.4.2 营销手段

营销技术与手段的创新在促进旅游产品的品牌形象推广和营销方面发挥着重要作用。用促销的方式推广大篷车，并将大篷车促销由实践上升到理论的高度。在互联网技术日益发展的背景下，构建旅游电子商务体系是对旅游目的地营销的良好补充，并且构建电子商务平台可以实现低成本、高效率的营销。旅游主题营销，将旅游活动打造成一个具有特色的主体性活动，以此来挖掘最大的客源市场，达到最佳的营销效果。在营销手段的具体方面，在互联网发展的大背景下，基于网络社区的发展而产生的新的营销模式——个体旅游营销模式。新的交流平台（如微博、微信等）的产生对于旅游目的地形象的推广以及营销的作用。此外，还有一些新的营销工具，如网络游戏、事件营销、影视营销。

2.2 旅游目的地市场

2.2.1 旅游市场的概念

2.2.1.1 传统意义上的旅游市场

在人类社会发展的过程中，市场是生产力发展到一定阶段的产物，属于商品经济范畴。人们对市场的最早界定是指商品交换发生的地点，后来也被引申为商品交换的场所。因此，从传统的意义上讲，旅游市场是指旅游者与旅游产品提供双方买卖旅游产品的场所。

2.2.1.2 经济学意义的市场

在经济学的研究范围中，旅游市场是指在旅游产品交换过程中所反映出的各种经济行为和经济关系的总和。也就是说，旅游市场不仅仅局限于旅游产品交换的场所，而且也涉及旅游产品交换中供求之间发生的各种关系，实际上就是人与人之间的关系。

2.2.1.3 市场营销意义的市场

市场营销理论着重研究在买方市场条件下，旅游组织或旅游企业如何排除竞争干扰，通过满足消费需求实现自身的盈利和发展的目的。市场营销理论是站在组织或企业（提供方）的角度研究买方（需求方）行为，研究如何满足需求实现产品的交换，从而达到预期的经营目标。因此，旅游市场是指在一定时期内，某一地区范围内存在着的、对旅游产品具有支付能力的现实和潜在的旅游购买者。

2.2.2 旅游市场的特征

2.2.2.1 层次性

赵西萍认为从总体上看，旅游市场具有全球性特征。所谓旅游市场的全球性，主要表现为全球范围的旅游需求与旅游供给。具体的旅游目的地旅游市场具有层次性，在对国际旅游市场进行等级划分时，旅游客源机会市场是覆盖旅游客源核心市场和旅游客源基本市场以外的全球范围的。当然，在一些具有国际竞争能力的旅游地研究中，对于国外旅游客源市场也要分级认定，定出一、二、三级，可以与国内旅游客源市场比照。在旅游开发的实际中，有些旅游地是国内外市场辐合的，也有些则是分离的。例如，北京郊外的休闲旅游地是国内客源市场，特别是北京市客源市场聚集之处；故宫则是国内外客源市场辐合之处。

2.2.2.2 辐合性

辐合性是旅游目的地市场的根本特点，其内涵是描述旅游客源地与旅游目的地之间的空间联系属性。传统上将其表述为“旅游市场的异地性”，从某种意义上看，这一术语很难准确地、科学地表达旅游目的地市场的根本特点。事实上，现代市场经济条件下，企业家们都力图将自己的市场定位在异地。强调“旅游市场的异地性”特点，实质上是指旅游者（旅游市场）主要来自旅游地以外的其他地区。但是，正如其他生产企业并不排斥生产地的市场一样，旅游目的地也一样不排斥当地旅游者（旅游市场）。当然，旅游的基本驱动力是区域文化差异所产生的“文化梯度力”。从一般的理论意义上看，旅游开发对于外地旅游者（旅游市场），具有更大的吸引力，所以，一个旅游目的地的开发，只有吸引大量的外地旅游者，形成全省、全国乃至国际旅游客源市场，才能够认为是一个成功的旅游目的地。从这一意义上抽象客流空间特点，用辐合性表达最适合。

2.2.2.3 复杂波动性

不少学者都同意旅游目的地市场具有波动性特征，但对波动的描述存在巨大差异。从宏观层次看，旅游目的地发展过程中，依托旅游产品而在总体上表现着两种生命周期类型。从微观层面看，内部环境和外部环境中任何一种因素的变化，都有可能严重影响到旅游目的地市场的波动。实质上，这种波动也有必然和偶然两种类型：所谓必然的波动是在一定时期内，受到周期性变化的某些因素的影响而出现的波动，主要是季节性波动等；所谓偶然性波动是在某一阶段内，由于出现了一个突发性的因子的影响而出现的波动，最典型的是战争、流行病等所导致的旅游目的地市场的巨大波动。

2.2.2.4 重叠性

旅游目的地市场的高度竞争性主要根源是旅游资源开发的可雷同性。事实上，多数旅游资源在地域上的分布是广域的，而旅游者对于旅游资源的细微差别是难以有效分辨的。例如，都是山岳景观，旅游者很难清楚地分辨出喀斯特地貌、丹霞地貌、花岗岩地貌等的具体差别；而且，石灰岩在我国分布极其广泛，喀斯特地貌发育在不同地区各有千秋，但基本类型是具有相似性的，类似的旅游资源极有可能形成类似的旅游产品，也就极有可能形成恶性竞争。事实上，由于旅游资源的相似性普遍，因而在旅游目的地市场上，旅游产品极易在不同的旅游地出现相互抄袭现象，形成不同区域雷同性旅游产品相互移植，这些雷同的旅游产品一旦在客源市场上重叠，特别是在核心客源市场和基本客源市场上重叠，就必定会形成恶性竞争。

2.2.3 旅游目的地市场的比较特征

有形产品的市场性质与旅游目的地产品的市场性质存在巨大的差距，最主要表现在：有形产品的生产和消费在时空上表现为分离状态，进而有形产品在集中生产之后，运输、储存、销售的活动在时间上表现为先后次序的物质形式的货流，在空间上表现为由生产中心向着周围市场做辐射状的扩散，以一种辐散的形式影响整个市场空间。而对于市场的最基层的零售点上，以小范围的辐合来完成交易，将产品送到消费者手中。在这里，辐散是主要的形式，辐合是次要的小范围的形式，在总体上形成了一个从生产中心以物流和信息流的形式向市场扩散，在销售点上形成小范围辐合，产品到达消费者手中，然后分散消费。因而，在有形产品的市场研究中，主要采用货流的空间扩散模式进行研究，对于市场各个要素及其关系的探讨也已经比较成熟，甚至有了不少数学模型来模拟这一过程。

旅游目的地市场的研究，在基本理论上可以比附有形产品市场研究的内容。但旅游目的地市场有自身的特有规律，其中最主要表现为旅游产品是一种无形产品，从产品本身的特性看，它包含了生产与消费的同时性、不可储存性、后效性等特点。旅游目的地产品的营销，是通过以旅游目的地为生产中心，以信息流的形式向外围地区扩散影响范围，形成自己的市场，销售商是旅行社，它们作为旅游信息的一个重要的集散中心，影响着旅游消费者。作为旅游消费者，他们在接受旅行社的销售信息后，开始第一次向着组团旅行社辐合进入总体旅游产品的消费过程，但从旅游者的消费目的来看，他们都必须最终向旅游目的地集中消费旅游核心产品，这样由组团社将旅游者带入旅游目的地，交给地接社进入旅游目的地进行旅游消费，形成第二次辐合，也就是最大一次辐合。显然，旅游目的地市场的最大特点是辐合为主，总体上看来，其过程是旅游生产中心（旅游目的地）的信息流扩散，在客源地的旅行社形成第一次小规模的辐合，最后到旅游目的地的大型辐合，在旅游目的地集中消费。值得指出的是，旅游目的地产品的生产和消费在旅游目的地集中地同时进行。当然，从总体产品观点来看，将旅游者送回出发地，也是旅游消费的一部分。如果我们把旅游目的地的旅游消费看成核心产品的消费，把接送服务看成延伸产品的消费，不难看出这种差异。

2.2.4 旅游市场的分类

旅游市场的分类，按旅游目的、活动方式、组织方式、旅游地区以及旅游者职业等可以有不同的分类，对旅游市场的类别进行归纳和细分。在全球旅游市场中，任何一个旅游目的地或旅游供应商都没有能力占领全球市场并满足所有的旅游需求，因而对旅游市场进行分类将有利于旅游目的地和旅游企业正确地选择自己的目标市场，并采取相应的旅游市场开发策略。

2.2.4.1 按旅游目的划分旅游市场

按旅游目的大致可以分为度假式旅游、观光式旅游和业务旅游三类，这是现代国际旅游的一种极为普通的分类方法。西欧和北欧有些人为了消除工作疲劳，利用假期到地中海沿岸国家的疗养区住十天半月，主要是追求阳光和海水，进行运动和休息，假期一满就急忙回国，一般不往他处，这类旅游叫做度假式旅游。观光旅游一般是参加旅行团或几人结伴，到处观光游览，到一个名景名胜地往往只逗留三两天，跑的路线和花费的时间较长。业务旅游则是借政府和企业的事务等出差到外地和国外，顺便参观访问。国际旅游组织一般不认为这是旅游，但实际上很多国家都将其统计在旅游人数和旅游收入中。

2.2.4.2 按旅游活动方式划分旅游市场

按旅游活动方式又有专线旅游和专题旅游之分。专线旅游如沿着我国古代“丝绸之路”饱览敦煌艺术宝库，专题旅游往往借举办各种国际专题会议吸引各类旅客。

2.2.4.3 按旅游组织方式划分旅游市场

根据组织方式的不同可分为有组织的旅游和无组织的旅游。其中，由公司或自愿团体安排的有组织旅游也有三类有计划的旅游，即按照预先制定的且与接受国或接受地区协商好的路线进行的旅游。自发的旅游是指没有某种事先商定的一致计划去参观访问某个国家或地区。独立的旅游是指一群旅游者自行安排和组织在某个国家或某游览点进行的旅游或逗留，不需要本国和接受国的旅游公司或有关组织提供服务。

2.2.4.4 按旅游地区划分旅游市场

由于旅游地区不同，还可分为国内旅游和国外旅游。关于国外旅游，国际上现较通行的大区分类是西欧各国、东欧各国、美国和加拿大、亚太地区、非洲和日本等。

国内旅游分为地方性旅游和区域性旅游。地方性旅游一般是指当地居民在本区、本县、本市的范围内的当日旅游；区域性旅游是指离开居住地到邻近地区的风景名胜点的旅游活动。

2.2.4.5 按旅游者职业划分旅游市场

旅游者中有学生、工人、教师、商人、经营管理人员、白领工人和蓝领工人等职业，也是旅游市场分类的一种根据。按旅游消费水平的差异又可将旅游市场分为四等：豪华等，主要是百万富翁；一等，主要是政府的高级官员、高级知识分子、商人；旅行等，主要是中等收入水平的政府官员、公司企业的中等职员、普通教员、律师；经济等，主要是学生、农民、下层工人。

2.3 旅游目的地市场品牌管理

2.3.1 旅游目的地市场品牌概念的分析与比较

最容易和旅游地品牌相混淆的概念是旅游目的地市场形象，这两个概念既紧密相连又有区别。在很多情况下旅游目的地市场品牌和旅游目的地市场形象是相互重合的，因为旅游目的地市场品牌从某种角度看也是指旅游地在旅游消费者群体心目中的形象，形象是品牌的心理载体，建设品牌的过程也是树立形象的过程，两者之间密不可分。但旅游目的地市场形象又不能简单地等同于旅游目的地市场品牌，两者之间的区别在于如下。

（1）旅游目的地市场形象的概念是抽象的、分散的和笼统的，而旅游目的地市场品牌的概念是具体的、统一的和鲜明的。旅游目的地市场形象会因人而异，它的形成会来自于不同的原因，或者是消费者从电视、报纸等媒体得到的各种信息的综合，或者是消费者从各种口头传播中得出的一种印象，甚至可以是消费者的一段亲身经历。形成旅游目的地市场形象的因素很多，旅游地的人文地理、风土民情、文化习俗、当地人对游客的态度礼仪等都会影响游客对旅游地的印象。旅游目的地市场品牌树立的形象是统一的，旅游目的地市场品牌是旅游地所有旅游产品的集中体现，也是旅游地旅游资源文化底蕴的集中体现。可以说，整体一致的旅游地形象就会形成某种旅游目的地市场品牌。形象有好有差，只有统一的正面形象才会具有品牌效应。

（2）旅游目的地市场形象的形成过程是被动的、自然的，而旅游目的地市场品牌是通过主动开发创造出来的。通常说品牌是“打”出来的，打品牌的含义是指规划、开发、宣传品牌的过程。经过市场开发和定位的旅游目的地市场形象才能成为旅游目的地市场品牌，或者说旅游目的地市场品牌就是宣传开发和规划定位的旅游目的地市场形象。

（3）旅游目的地市场形象通常通过旅游地名称来体现，而旅游目的地市场品牌通常要借助旅游地名称以外的文字来体现。仅仅通过没有定位过的旅游地名称所建立的旅游目的地市场形象往往是包罗万象的，甚至是离谱的。曾经有很长时期，西安在一些南方人心目中的形象就是黄土高坡或戈壁沙漠，这和西安实际的城市环境与地理位置相差甚远。只有单一旅游资源类型的旅游地，其品牌可以通过旅游地名称来体现，例如华山、黄山，通过名称就可以体现旅游资源形象，但这种资源形象既不鲜明，也不具特色，人们对名称的印象仍是含糊不清的。在大多数情况下，旅游目的地市场品牌都是要通过和旅游地名称有关的一段文字来体现，通过短短几个字来概括体现旅游资源形象的特色。旅游目的地市场品牌：一方面应有自己的主题品牌；另一方面也可建立系列品牌、双重或多重品牌。一句“桂林山水甲天下”的名言使山水风光成为桂林的主题品牌，而桂林近年又打出了“桂林——刘三姐的故乡”的人文品牌，使桂林的旅游资源形象更加丰富多彩，尤其在海外华人世界中更添吸引力。

旅游资源形象和旅游产品形象是旅游地形象的构成体，而旅游目的地市场品牌就是旅游地最具特色的旅游资源和旅游产品。旅游目的地市场品牌和旅游资源形象、旅游产品形象又有明显的区别。并不是任何旅游资源都能够成为旅游目的地市场品牌，在确立旅游地品牌过程中，必须对本地旅游资源进行综合分析，寻找消费者对本地旅游资源最深层次、内在的本质需求，以此为基础对旅游资源进行规划、开发，树立最具吸引力的旅游资源形象。旅游产品的开发者和生产者是旅游企业，旅游企业的产品品牌形象既是旅游目的地市场品牌形象的组成部分，又独立其外而存在。旅游目的地市场品牌是游客前往某地旅游的主吸引源，而旅游产品需求是一种引致需求，消费者首先由旅游目的地市场品牌激发其消费需求，然后才会进一步产生对旅游产品的需求。例如，羊肉泡馍是西安很具特色的旅游产品，但对西安的潜在主体客源市场来讲，很少会有游客因为要吃羊肉泡馍而到西安旅游，羊肉泡馍并未体现西安旅游资源的主体特征。

2.3.2 旅游目的地品牌定位

2.3.2.1 旅游目的地品牌定位的内涵及意义

创立旅游目的地品牌首先要进行旅游目的地品牌定位，即确立一个与目标市场有关的形象的过程与结果，其次将品牌的功能、特征与消费者心理上的需要连接起来，以达到消费者需求情感化的水平，只有准确地分析和确定自己的企业形象，形象塑造工作才能有的放矢。

旅游目的地品牌定位就是旅游目的地拥有者希望人们如何看待品牌，品牌定位是任何品牌建立的基础。任何一个旅游目的地必须有一个深入的、结构清晰的品牌定位，以防止品牌传播过程中向消费者传递自相矛盾、令人迷惑的信息。旅游目的地品牌定位必须使其与旅游目的地的发展理念、文化和价值联系起来。旅游目的地品牌定位是整个目的地品牌建设的最关键的一步，它不仅要立足于目的地自身的特征，而且要考虑到目的地的目标市场，恰当的定位是目的地的竞争优势的重要来源。有效的旅游目的地定位能够以不同于竞争者的方式满足旅游者的利益需求，因此，旅游目的地定位不仅要求理解旅游者心目中的目的地形象，而且要求与竞争环境相联系，考虑目的地相对于竞争者在某些具体属性方面的感知情况。其精髓就在于舍弃普通平常的东西，而突出富有个性特色的内容，突出自己的差异性优势，有力地传达自己的与众不同。

2.3.2.2 旅游目的地品牌定位的要点

通过观察不难发现，中外许多旅游目的地品牌是在历史的发展自发形成的，起初并没有特意为某一旅游目的地进行品牌定位。但随着旅游市场竞争的加剧，尤其是旅游业品牌时代的到来，为满足游客越来越强的差异性、个性化需求，就产生了有组织地为旅游目的地进行品牌定位的需求。总结定位过程中的经验，应把握以下几个准则。

A 坚持客观真实，有实有据

旅游资源是旅游目的地品牌的生命载体，旅游目的地品牌是通过旅游景观和旅游设施等旅游资源表现出来的。因此，目的地品牌定位必须依托自己旅游资源的现实情况，做到名副其实。每一位旅游者心里都有一杆秤，假如昆明自己定位为“冰城”，当游客兴致勃勃地到达“冰城”后，眼前的景色却大失所望，这种不真实的定位，让“不虚此行”成为泡影，其影响不仅不会繁荣旅游市场，而且会有损旅游目的地品牌应有的形象。

B 增强吸引力度，凸现个性

旅游目的地坚持根据独家拥有的地质地貌、自然景观或独特的人文旅游资源树立不可替代、特色化的品牌，这就大大增强了其竞争力。北京故宫、八达岭长城、九寨沟、曲阜孔庙都以其独特的魅力，吸引着成千上万的国内外游客。

C 考虑游客感受，确保认同

“不识庐山真面目，只缘身在此山中”。定位时需要从他人的角度审视自己，只有这样，才能多角度、多方位地认知自己，这种方式比自我审视有用得多。针对目标市场调查分析，对游客心理的深入把握，考虑游客能够亲身感受到什么，能满足什么需求。这样，才能形成良好的认同感受。例如，硬石酒店，是巴厘岛上一家依托摇滚乐这一艺术文化要素形成的酒店品牌。店内所有的活动场所均打出“休闲、放松和摇滚”的宣传促销口号，酒店的核心是硬石咖啡馆，馆内从乐队、装潢、饮品、服务员到纪念品都是“摇滚”的化身，令人心荡神摇。“到我们酒店来的不是客人，而是全世界最广泛的爱好摇滚乐的听众的诉求，迎合消费者的心理需求，赢得了消费者的认同，因而前来消费的世界各地游客络绎不绝，赢得了硬石酒店这一品牌良好的知名度、美誉度，形成了良好的品牌形象，产生了良好的市场效应。”

D 注重可持续发展，保持生命力

一个品牌只有当消费者获得了满足，形成了重复或长期的购买行为，才算使品牌真正地“立足”。因此，定位时必须考虑怎样能保持品牌在旅游者心目中的可持续性，从而唤起旅游者对品牌的忠诚度，增强其购买能力。有了可持续的前提，发展才会成为可能。

上述几项较强的内在关联性是在为旅游目的地品牌定位时要着重考虑的，有了旅游目的地品牌定位的依据，定位问题已初步形成了一个理论框架。

2.3.3 旅游目的地品牌执行步骤

2.3.3.1 市场调查，征求意见

旅游目的地品牌定位初步形成之后，要通过代表研讨和问卷调查等多种方式的互动，征求各种意见；组织各界代表研讨，便于对品牌定位的选择、比较和提升；问卷调查，可扩大和规范信息源，是对品牌进行定位分析的重要手段。这三种方式在品牌定位全过程中穿插进行，互相推动。

2.3.3.2 充分发挥政府和行业协会作用

政府和行业协会对旅游地品牌的塑造和形象推广起着不可替代的作用。在旅游目的地品牌定位全过程中，政府旅游主管部门的组织号召，专家的研究论证和当地旅游企业的广泛参与都是不可缺少的。专家的研究论证在于提升和深化品牌的内涵，企业的广泛参与在于与游客直接打交道，最能了解游客的需求，能使消费者对品牌得到最大程度的认同；政府旅游主管部门的号召则是连接专家和企业的纽带，是定位全过程顺利进行的保证。

2.3.3.3 品牌确定

通过征求多方意见，在开展广泛讨论、研究、探讨的基础上，在多种品牌初选方案中进行比较、筛选，最终确定旅游目的地品牌，并确定旅游目的地应打造品牌知名度、美誉度，形成良好品牌形象的近期和远期目标。

2.3.3.4 品牌宣传

如果把最终确定的旅游目的地品牌束之高阁，则定位工作就失去了任何意义。应在品牌定位形成后，利用资源优势，通过各种媒体和沟通途径，搞好宣传促销，如成本较低的互联网。经过一段时间大张旗鼓地发动和组织工作，品牌形象深入人心。只有这样，旅游目的地品牌的文化力才能得到充分发挥。

旅游目的地品牌定位工作还是一种新鲜事物，它的群众性、时代性、学术性、专业性都很强，需要引起各界人士和研究工作者的关注，以便逐步提升这项工作的理念、内涵和运作方法，使之为促进我国旅游业的繁荣与发展服务。

2.3.4 旅游目的地品牌管理策略

2.3.4.1 打造目的地品牌故事

在初步打造旅游目的地品牌后，结合旅游营销活动、旅游节庆活动，由目的地新闻中

心组织撰写新闻稿或信息稿，联系各媒体发布。旅游目的地通过这些故事，最大限度地传播目的地品牌的理念，让游客在不知不觉中接受目的地品牌。

2.3.4.2 打造旅游品牌知名人物

旅游目的地知名人物可以增强目的地品牌的号召力，如凤凰古城就是借助沈从文这一知名人物获得了市场认知。有了知名人物，旅游目的地品牌就有了更多的宣传机会，如利用新闻报道、人物传记等进行宣传。但目的地品牌的知名人物设计应该是一种长期策略，要考虑知名人物个人人生变故对品牌的影响。

2.3.4.3 借助有名望的旅游者

在目的地品牌营销的过程中，可以借助一些有名望的消费者的影响力进行传播，建立目的地品牌联想，创造营销机会。例如，很多旅游景区留下知名人士游览参观之后的“墨宝”和图片或者声像资料，在品牌营销中可予以合理使用，提高宣传影响力。

2.3.4.4 迎合旅游者心理

旅游目的地品牌管理过程中，可以通过迎合旅游者的心理形成具有感染力的品牌联想。例如，西班牙在针对欧美客人时，提出“冒险与史诗的国度”的宣传语；在针对亚洲客人时，提出“阳光普照下的西班牙”的宣传语。为迎合不同地区旅游者的不同心理，提出具有不同品牌联想的宣传标语以及辅助资料信息。

2.4 旅游目的地形象策划与管理

2.4.1 旅游目的地形象的概念

自1971年Hunt John在其著作《Image: a factor of image》首次提出旅游目的地形象以来，旅游目的地形象逐渐成为国外旅游学者研究的热点问题。国外对旅游目的地形象的研究主要集中于旅游目的地形象的概念及其构成、维度、影响因素、形成机制、时间和距离对旅游目的地形象的影响、作用、管理策略、测量与评价等几个方面。

旅游形象是旅游目的地的生命，也是形成旅游目的地营销最有力的工具。一个良好的、个性鲜明的旅游形象，可以形成较长时间的旅游市场垄断地位。旅游目的地旅游形象模糊混乱，很容易使游客经历平淡，回头率低。在旅游目的地营销与管理中，旅游形象策划是核心。

Lawson 和 BauD Bovy（1977）将旅游目的地形象定义为“个人或者团体对一个特殊事物或地点的所有认识、印象、成见和心理感受的表达”。

Crompton（1979）认为“形象是一个人对一个目的地的信任（Beliefs）、意见（Ideas）及印象（Impressions）的总和”；Hunt（1971）更强调某人对目的地的形象主要受公众媒介对这个目的地的描述、报道影响，Goodall 认为目的地形象主要受可用信息的限制，人们把形象建立在他们对实际旅游经历的反映上，形象不是不变的，随信息的变化而改变，人们往往受亲友的传播、教育与公众媒介的影响。

2.4.2 旅游目的地形象传播

2.4.2.1 旅游目的地形象传播的含义

旅游目的地形象传播是指应用传播学的一般原理，将各种有关旅游目的地形象的信息通过各种传播途径有计划地传递给旅游公众，从而影响旅游公众行为的双向的沟通活动。

2.4.2.2 旅游目的地形象传播的特点

旅游目的地传播的特点：完整性，旅游目的地形象传播是一个有计划的完整过程；符合传播学的“5W”模式，即 who（谁）、say what（说什么）、through which channel（通过什么渠道）、to whom（对谁说）、with what effect（取得什么效果）；旅游目的地传播是一种双向信息交流与信息共享的活动（见图 2-1）；旅游目的地形象传播的基本要素有信源、信息、信宿。

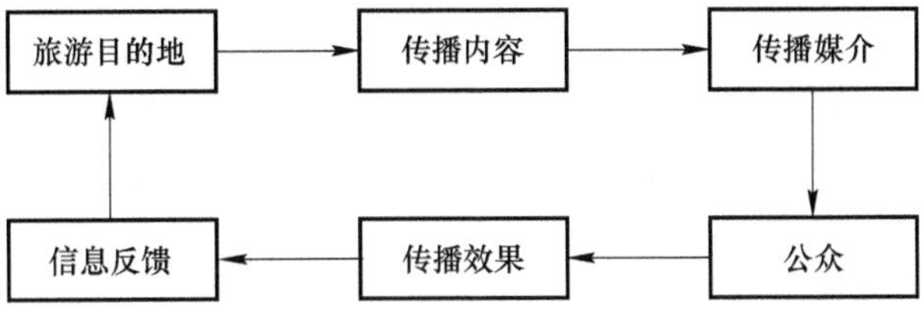

图 2-1 旅游目的地形象传播双向沟通图

2.4.2.3 旅游目的地形象传播的类型

A 内向传播

内向传播也称为人内传播或内在传播，即个人接受外部信息并在人体内部对信息进行处理的过程。从传播学角度看，人体本身就是一个完整的信息传播系统；既有接收装置（感官系统），又有传递装置（神经系统）；既有处理装置（记忆、思维系统），又有输出系统（语言、动作、表情）。内向传播是个人的知觉、思维和思维活动，它的特点是在同一人体内进行，是一个主我和客我的交流活动；从不受外部势力干涉而言，它是一种最自由的传播活动。

B 人际传播

人际传播是人类社会中进行得最为频繁、传播的信息总量最多、传播的实际影响也可能是最大的，这是因为它具有最大的双向性和产生效果的即时性。人际传播是个人与个人间发生的信息沟通活动，如夫妻、情侣、朋友、同事之间等，包括两种形式：面对面的交谈，这是“人际传播”最基本和主要的形式，这种不通过中介的直接交谈能够通过多种感官接收信息，不仅可以听到对方的谈话，而且还可以看到对方的表情、神态，感受到空间语言的气氛，是一种多感官、全方位的信息交流活动；通过电话、电报、书信等方式的直接传播。

C 组织传播

就是组织成员之间、组织内部机构之间的信息交流和沟通。具体地说，组织传播是由各种相互依赖的关系结成的网络，为应付外部环境的不确定性而创造和交流信息的过程。它的根本任务是清除或减少组织及组织成员对自身环境的不确定性，沟通组织内部的联系。简而言之，就是由各种相互依赖关系结成的网络，为应付环境的不确定性而创造和交流信息的活动。组织传播包含两方面：一是组织内传播；二是组织外传播。组织传播的功能：组织传播可以沟通、疏导组织内部上下之间、成员之间的关系，建立、发展组织与组织之间的联系。

D 大众传播

专业化的媒介组织运用先进的传播技术和产业化手段，以社会上一般大众为对象而进行的大规模的信息生产和传播活动。大众传播由一些机构和技术构成，专业化群体凭借这些机构和技术，通过技术手段（如报刊、广播、电视等）向为数众多、各不相同而又分布广泛的受众传播符号的内容。大众传播是一个过程，在这个过程中，职业传播者利用机械媒介广泛、迅速、连续不断地发出信息，目的是使人数众多、成分复杂的受众分享传播者要表达的含义，并试图以各种方式影响他们。大众传播须符合以下特征：公开的；利用科技发送手段；间接的（在发送者与受众之间存在时间空间距离）；单向的（在发送者与受众之间不发生角色互换）；网络等新媒体的出现，改变了大众传播的单向性，互动性是互联网的最显著特征；面向分散的群体（受众是匿名的，无阶层和群组之分）。

2.4.2.4 旅游目的地形象传播原理

旅游目的地形象传播必须遵循以下原则，即一致性原则、经济效益原则、科学性与艺术性原则、实事求是原则。

旅游目的地形象传播途径很多，各国都有不同，如美国旅游目的地形象的一般策略有广告、直接行销、促销、公关促销和其他等。

A 网络传播

网络传播具有的特点：范围广、开放性、可检索性、交互性，缺点是信息好坏不齐、难辨真假。

网络传播的形式有以下类型。

（1）全国大型综合旅游网，如携程旅行网、意高旅游网、中华旅游网、灵趣中华旅游网、中国电子商务商、信天游等。

（2）以订票、订房、订团等商务活动为主的网站，如中国旅行顾问网、中华旅游报价网、浙江旅游商务网等。

（3）地方性区域网站，如西部旅游信息网、云南旅游信息网、厦门旅游信息网等。

（4）旅游官方网站，如国家旅游局官方网站、北京旅游信息网和各地方旅游局的网站等旅游机构为宣传自身形象而制作的网站。

（5）旅游企业网站，如一些旅游景区、旅游饭店、旅行社为宣传自身形象提供了方便，旅游景区应将自己的网站登录到各类网站以扩大影响、便于搜索。例如，武夷山旅游资讯网、中国桂林旅行社和北京旅游饭店供应公司等。

（6）综合性网站，如新浪网、搜狐网、网易和 e 龙综合性门户网站旅游频道。此外，国家旅游局实施了中国旅游业信息化的系统工程，金旅雅途网已经建成旅游业的电子商务平台，旅游目的地可利用这些平台来推广旅游目的地形象。

B 社会传播

社会传播是指形象信息的非商业传播，比如金庸先生的武侠小说中涉及过许多名山大川，对读者建立旅游景区的印象有相当好的影响，见表 2-1。

表 2-1 读者对金庸小说中涉及地点的印象调查表

项目	学生	人数/人	占样本总数比例/%	男生或女生的人数及占比			
				男生/人	占男生比例/%	女生/人	占女生比例/%
能从看过的书中列举一些景点	大学生	113	58.8	55	52.9	58	65.9
	中学生	58	40.6	28	41.8	30	39.5
对书中出现的地方旅游有兴趣	大学生	138	72.4	68	65.8	70	79.6
	中学生	120	83.9	51	76.1	69	90.8
在旅游中能回忆起小说中的地方	大学生	106	55.2	60	57.7	46	52.3
	中学生	75	52.4	37	55.4	38	50.0

李蕾蕾曾把有关旅游目的地形象的信息整理如下：

(1) 新闻发生地，发现奇特景观的报道、劫机与坠机等反面新闻报道，如“9·11”事件；

(2) 游记，如《徐霞客游记》；

(3) 文学作品描述地或故事发生地，如英国古典文学作品，金庸武侠小说；

(4) 电影或电视的地点影像信息，如《红高粱》《大红灯笼高高挂》《天下无贼》《英雄》的故事发生地或拍摄地；

(5) 口头文学，神话与传说的发生地成为旅游点，内容构成旅游点的导游解说词；

(6) 课本信息，特别是中小学的语文课本，如《游金华双龙洞》《雨中登泰山》；

(7) 邮票等风景图像信息，货币、烟盒、火柴盒、门票等各种消费品及其包装上所留下的图案信息；

(8) 名人的国籍与出生地的信息，如毛泽东的故乡韶山；

(9) 历史事件或战争的地点，如中国的古赤壁，第二次世界大战战场（柏林墙的观光意义）与纳粹集中营；

(10) 股票上市，随着市场经济的发展，旅游企业不断上市，如杭州解百、张家界、泰山旅游、黄山旅游、中视股份、华侨城、峨眉山、京西等，这些旅游上市公司不仅可为本公司的发展开辟融资渠道，同时也可极大地提升相关旅游目的地的知名度，传播良好的旅游目的地形象。

C 公共活动传播

运用政府间的交流和外事活动时的宣传，召开旅游新闻发布会，举办系列旅游节庆活动和相关的学术会议等，提高美誉度和知名度。公关活动的一般目标包括脚手信息、联络感情、改变态度和引起行动等方面。此外，还有具体的目标，如开辟市场、参加公益活动、创造良好的消费环境、摆脱形象危机等。公共活动传播的基本策略包括制造和发布新闻、举办有影响力的活动等。

D 其他传播途径

a 文化传播

设计与当地旅游资源相关的宣传画册、明信片、挂历、邮票、风景视频；出版与旅游资源有关的书籍史料和小说，整理有关的民间传说、民间故事、旅游景点介绍、导游图等；创作推广地方音乐和戏曲、歌曲；拍摄以当地旅游资源为背景的电影、电视剧及有关专题片，或争取电视台有关旅游栏目以当地的旅游景区为外景现场直播有关节目。

b 人际传播

人际传播指个人与个人之间的信息交流，也是由两个个体系统相互连接组成新的信息传播系统。人际传播的形式可以是两个人面对面的直接传播，也可以是以媒体为中介的间接传播。前者主要以语言表达信息，或用表情、姿势来强化、补充、修正语言的不足，它可以使传者与受者直接沟通，及时反馈信息，并共聚一堂，促膝交流，产生亲切感，从而增强传播的效果。

c 常规新闻传播

(1) 报纸：随时随地可读，信息量大，选择性强，具有较高的威望，受众稳定，文化水平限制了受众的范围，感染力比广播、电视的信息弱。

(2) 广播：受众对象不受文化程度限制，节目制作简易，方便而迅速，成本也较低廉，声情并茂，真实感人，传播的信息更具感染力。但收听要受时间限制，远不如报纸方便，无法展现图片、表格与人物形象。

(3) 电视：现场真实性，综合运用多种艺术手段，感染力强，具体、形象、直观，它比报纸、广播更能吸引人，信息量也最大。但不完整性即画面呈不连贯状态，不具备叙述事情的变化和经过的能力。

2.4.3 旅游目的地形象策划

旅游目的地形象策划应注意以下几个基本规律及其启示。

2.4.3.1 旅游目的地的“双向效应”

旅游目的地的“双向效应”包括：旅游形象的正面效应和旅游形象的负面效应。

启示：旅游形象策划需要把握“度”。

2.4.3.2 旅游形象等级层次的认知规律

地理空间的“认知链”：不知名的旅游目的地形象策划需要考虑如何融合大区域的形象，比如，“玉石之乡”“中国岫岩”“鞍山岫岩”。背景律（背景替代）：对地方的认知或地方的形象依赖于该地方的背景（地理文脉）形象。比如，如果我们对兰州不熟悉，就会用西北城市的典型形象去认知它。相似律：空间上相邻的两个同等级层次的旅游地，才容易被认知为具有相似旅游形象的旅游地。比如，我们对瑞士、瑞典、德国等城市的认知，从而容易产生相互竞争和替代。

启示：进行旅游目的地形象策划时，对区域形象竞争问题一定要多加关注，不能闭门造车。同时应该对旅游地域背景区域的反差属性加以关注，比如，冰峪沟北方小桂林的形象、“沙漠绿洲”的形象、“平原探险”的形象。

2.4.3.3 空间效应规律

空间效应规律，对于发展旅游地形象定位方法具有特别的启发意义，尤其对那些大量的、知名度较低和新建的旅游地，几乎可以成为有效树立和传播旅游形象的唯一理论依据。通过一定的定位技巧，如使用方位词与旅游者心中已有的地理空间知识库相关联，建立与传播相应的形象。

启示：细分形象策划的重要意义；旅游地形象传播的空间分异（临近地区主要传播产品形象，越遥远的地方传播的内容及概念应该越抽象）。

2.4.4 旅游目的地形象的策划框架

首先从形象定位的基本原则和旅游形象现状入手，基于文脉、受众、竞争分析的基础上，确立定位理念；其次，就形象塑造和传播提出了具有可操作性的政策建议。旅游地形象策划总的框架，如图 2-2 所示。

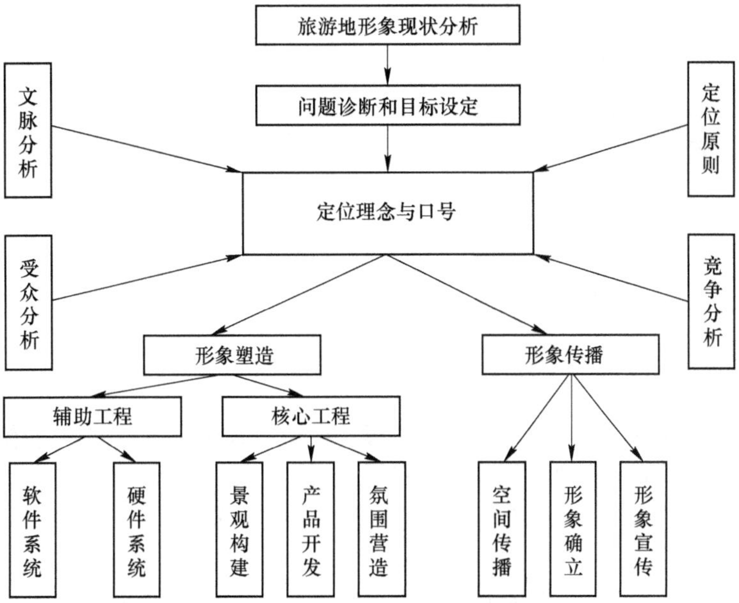

图 2-2　旅游地形象策划总的框架图

2.4.5 旅游目的地形象定位程序

形象定位是建立在地域文脉、受众和竞争分析基础之上的。

地域文脉分析揭示了地方的资源特色和文化背景，是形象策划坚持本地原则的主要保障；受众分析揭示了公众对旅游地的认知和预期；竞争分析揭示了旅游地的优劣势，是树立独特、鲜明形象的重要保证。这三方面的综合构成旅游形象定位的前提和基础。

2.4.5.1　地域文脉分析

地域文脉包括自然环境特征和长期历史发展所积累下来的地方人文特征，是一个集自然、文化、经济、社会、历史人文系统等综合一体的四维时空结构。文脉反映并构成一个地区形象的基础，是旅游形象策划的出发点。只有准确把握地域文脉，才能挖掘和提炼地方特色，构造鲜明、独特的旅游形象。文脉分析旨在寻求旅游地最具有特色、底蕴最深厚、最能吸引游客的形象要素。这里所说的形象要素范围很宽泛：文脉、自然特征、气候，乃至历史事件或民间传说均包括在内。

2.4.5.2 受众分析（包括旅游形象现状的调查）

受众分析有："三度"调查（知名度、美誉度和认可度），旅游地形象构成要素的调查，旅游者形成旅游地形象的信息来源调查，旅游期望或旅游目的调查，旅游业各方面评价的调查，体验前后的印象对比调查。

2.4.5.3 竞争分析

在买方市场的条件下，形象战略的制定必须将竞争分析置于重要位置，以规避陷入名市旅游形象的阴影区。这就需要对竞争对手的旅游形象有所了解，实施形象差异化战略，以规避劣势，谋求市场缝隙。

2.4.6 旅游目的地形象定位理念

旅游目的地形象定位理念的形成，源于对定位背景的认知：对历史的认知——文脉分析；对市场的认知——受众分析；对环境的认知——竞争分析。形象定位理念有以下几种形成方法。

2.4.6.1 领先定位

领先定位适宜独一无二、不可替代的旅游资源，如"天下第一瀑""五岳归来不看山，黄山归来不看岳"等；其他案例包括埃及金字塔、中国的万里长城等，它们共同的特征就是在世界范围内具有垄断地位。

2.4.6.2 比附定位

比附定位不去占领原有形象阶梯的最高峰，而情愿甘居其下，即避开第一，抢占第二位。例如，牙买加形象定位"加勒比海中的夏威夷"，三亚定位"东方夏威夷"，"塞上江南"（银川）、"东方巴黎"（胡志明市）、"海上桂林"（越南下龙湾）等。

2.4.6.3 逆向定位

逆向定位强调并宣传定位对象是消费者心中第一位形象的对立面或相反面，同时开辟一个新的，易于接受的心理形象阶梯。比如"野生动物园"，突出开放式动物园的形象，强调人在笼（车）中、动物在笼外，从传统动物园形象的反面建立起名列前茅的野生动物园形象。

2.4.6.4 空隙定位

空隙定位的核心树立一个与众不同、从未有过的主题形象。比附定位以及逆向定位都要与游客心目中原有的旅游地形象阶梯发生关联，而空隙定位则全然开辟一个新的形象阶梯。例如，深圳"锦绣中华"的建立，不仅带动了随后微缩景观的建设热潮、在旅游者心目中形成微缩景观的概念和全新的形象阶梯，并且保持了在这个形象阶梯中不可动摇的强势地位。

2.4.6.5 重新定位

重新定位并非一种独立的定位方法，而是原旅游地应当采取的再定位策略。旅游地在历经产生、成长、成熟等各个发展阶段后，已经在游客心目中建立起清晰而稳固的形象，再对老形象进行宣传，容易产生信息递减效应。重新定位可以促使新形象代替老形象，从而在旅游者心目中占据一个有利的位置。

2.4.7 旅游目的地形象战略

旅游目的地形象，或潜在消费者对旅游目的地的感知，是自然生成的形象，具有偏差性、片面性、持久性等特点。即使是良好的旅游目的地形象，必然也有许多缺憾，如对旅游目的地的各种感知和印象之间缺乏统一的内在联系。旅游目的地也缺乏行之有效的具有高度主动性的传播，外在视觉标志、听觉系统感知的混乱，所有这些，对于塑造旅游目的地形象都是不利的。

旅游目的地形象的基本指标有两个：知名度和美誉度。知名度是旅游目的地被公众了解、知晓的程度，旅游目的地对客源国社会影响的深度与广度；美誉度则是指旅游目的地获得消费者信任、赞美的程度，美誉度是建立在一定的知名度之上的，但知名度并不一定导致美誉度。旅游目的地形象的塑造，即 DIS 战略的目标表现为对旅游目的地知名度和美誉度的追求。

旅游目的地的形象战略的制定和实施是一项复杂的系统工程，需进行精心的策划。在制定过程中应考虑三个重要的相互联系的内容，即宣传主题、拟塑造的旅游目的地形象以及统一的旅游目的地宣传促销、舆论导向及视觉表现等。以上三个方面的内容与 DIS 的关系，如图 2-3 所示。

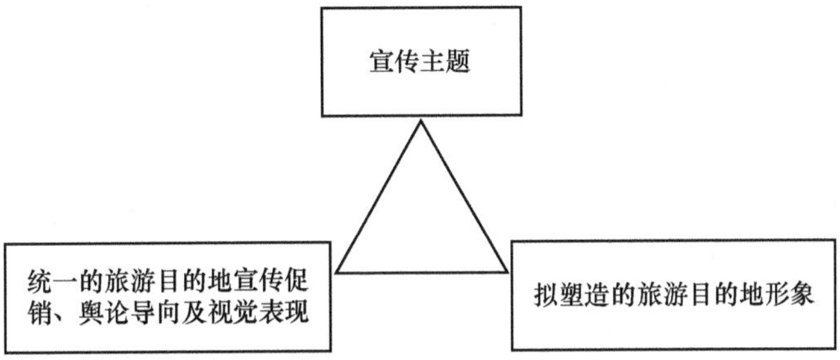

图 2-3 DIS 的三大支柱图

首先，确定旅游目的地形象宣传主题。确定宣传主题应考虑的因素很多，应考虑人们形成旅游目的地形象的各因素，该地经济、社会发展历史在人们意识形态中的沉淀，相似的旅游目的地宣传主题，目标市场的选择，消费者所感兴趣的内容等。确定主题应精心构思，所提出的反映主题的口号力求新奇，个性化，有时代气息，含意明确，属性分明，能使人留下深刻印象。

其次，确定主题以后，建立起拟塑造的旅游目的地形象。如美国是加拿大传统和最重要的客源市场，加拿大在美国进行旅游促销时，它所确定的主题和提出的口号是“邻家的另外一个世界”，各种宣传册、图片、视频等力图建立美国人去加拿大旅游很方便，加拿大风光秀丽、纯朴、安静，回归自然的情调，轻松、脱俗的旅游经历，冬季体育活动中心，同时加拿大又是熟悉和亲切的旅游目的地形象。其旅游宣传视频带有大量的滑雪、森林、草原、日出、日落、大海这样的风光壮丽的画面，也有魁北克法国艺术节、多伦多都市风貌、印第安人舞蹈等这样的内容，视频制作精美，并配以节奏明快，富有时代气息的背景音乐，形成一种强烈的视觉、听觉冲击力，观后印象深刻。

最后，在确定主题和拟塑造的旅游目的地形象之后，确定统一的旅游目的地宣传促销策略、舆论导向及统一的视觉表现等。旅游目的地的各企业、各地区的市场宣传促销，如宣传册、招贴画、广告、视频的内容、媒介选择、舆论导向都应围绕所确定的主题和拟塑造的形象。据研究，人们所接受的信息80%来自视觉，旅游目的地也应有统一的视觉表现方式，如统一的色调、形象识别、标志等。

实施DIS还有其他手段，举办旅游节庆日和承办大型节庆活动，如奥运会、世界博览会、大型国际会议，如我国举办的北京奥运会等，早已成为各旅游目的地展现综合国力，提高知名度，力图产生轰动效应和塑造良好形象的手段。

以上为DIS战略的基本内容。旅游目的地形象依赖于旅游目的地旅游资源、整个社会、政治、经济、文化、旅游业的发展、市场营销能力状况等，也是旅游目的地综合国情的一种体现，因此，塑造良好的旅游目的地形象，是一项复杂、细致、长期而艰巨的工作。旅游目的地形象战略（DIS）的实施也是旅游研究的新课题，有待于在理论和实践上进一步探索。

综上所述，一个清晰的有利的知名度高的旅游目的地形象对该地的市场营销和提高竞争力至关重要，因而有必要将旅游目的地形象和DIS战略引入我国。我国旅游业早已进入世界旅游市场竞争激烈的格局之中，我国旅游业如何在本世纪获得持续和长足的发展，如何提高竞争力，在世界旅游市场中获取更多的占有率，是关系到我国旅游业发展的长远问题。在我国，引入DIS战略是必要的。在西方旅游者心目中，我国与其他东南亚国家，如印度、马来西亚、新加坡、印尼同属具有浓郁东方色彩或历史悠久的国家，如何在旅游目的地形象和市场定位上，我国与这些周边国家区分开来也是我们需要研究的课题。另外，我国地域广阔，旅游产品种类繁多，各地旅游资源各有特色，各地旅行社、航空公司、饭店集团宣传促销时经常各自出击，更需一个主管部门引入和实施DIS战略，协调各企业、各部门、各地区的宣传主题和内容，在消费者的心目中建立一个完整、统一、清晰的中国旅游目的地的形象。

据调查，我国的旅游目的地形象在西方潜在旅游者心目中是模糊不清的、不确定的，这与我国没有实施一个系统而明确的DIS战略有关。有研究表明，我国旅游业已开始重视在国际旅游市场上树立整体形象，但至今仍不明确是一种什么样的形象。如1992年是观光年，以“友好”为主题，引进外国旅游者“走进东方之梦”，但这是一个什么样的“东方之梦”并无定义，只有用风光、文物、民俗作泛泛表现，宣传时也没有统一的文字、色彩、图案形象识别。同时，这几年我国逐年推出的“山水风光游”“文物古迹游”“民俗风情游”“度假消遣游”等虽体现了旅游资源深度开发、旅游产品转换的思想，但产品开发市场宣传促销都不能深入，主题频频转换，使人目不暇接，导致我国旅游目的地形象不够清晰、明确和稳定。因此，应该尽快研究我国作为旅游目的地在主要客源市场上的形象，及时导入DIS战略，对于提高我国旅游业的竞争力，有效的市场营销都是非常重要的。

本章小结

本章从旅游目的地营销入手，系统阐释了旅游目的地营销概念、旅游目的地市场、旅游目的地市场品牌管理、旅游目的地形象策划与管理等四个方面的内容。

思考与练习

2-1　简述旅游目的地的概念。

2-2　旅游目的地营销的主体与对象是什么？

2-3　旅游目的地形象传播的特点是什么？

2-4　旅游目的地形象传播的类型是什么？

2-5　简述 DIS 三大支柱。

3 旅游目的地服务管理

本章导读

旅游目的地服务管理是由其管理体系、管理目标和原则共同组成的具有系统的、科学的对旅游目的地的管理过程。旅游目的地服务管理是一个涉及面广、体系健全、功能完善、人性化与标准化相结合的旅游目的地服务体系。

学习目标

(1) 清楚旅游目的地服务的概念及其管理体系。

(2) 了解旅游目的地服务管理的目标和原则。

(3) 学习旅游目的地服务的各种服务体系。

关键概念

目的地服务、管理体系、服务体系。

3.1 旅游目的地服务

3.1.1 旅游目的地服务概念

旅游目的地服务是指旅游目的地旅游企业及相关部门为旅游者提供服务的过程。旅游目的地服务体系是旅游目的地更好地为旅游者提供全面周到的服务，众多旅游企业及相关部门提供相互联系、相互影响的有机组织序列服务的系统。在空间上，表现为旅游经济地域综合体。

旅游目的地的重要功能包括吸引旅游者、接待旅游者、实现旅游者旅游体验，是综合评价旅游目的地的重要指标因素。构建完善的旅游服务体系，也是旅游目的地提升吸引力的重要途径。旅游目的地中的旅游者活动涉及方方面面，不可能由单一企业或行业或旅游部门完成。以旅游活动的六要素为例，“食、住、行、游、购、娱”六大要素中，单个旅游活动完成就需要众多企业和部门提供周到完善的服务，才能给予旅游者更好的旅游体验。因此，旅游目的地服务发展必将成为一个涉及面广、体系健全、功能完善、人性化与标准化结合的旅游目的地服务体系。

3.1.2 旅游服务管理的重要性

旅游业按其产业属性属于第三产业，即服务业。服务是旅游产品的核心内容，服务管理对于旅游业来说至关重要。

3.1.2.1 旅游体验

自20世纪70年代以来，旅游体验研究逐渐成为国外旅游学界的重点课题，20世纪90年代以来，国内对旅游体验研究也日益火爆起来。谢彦君指出，旅游是现代人的文化消费活动，是一种寻求文化体验的活动，并指出旅游本质上是一种文化体验活动。他还认为，旅游使得人们离开日常居住地和离开日常的工作生活压力，到一个新的环境中去寻找新感受、新体验，从而减轻日常工作压力。Prem 等人也指出，旅游体验是旅游者在某种境遇中受多种感官信息刺激对可感知和可认知事物的总体印象，这种总体印象与不同水平的愉快及舒适程度密切相关。

从性质上看，旅游体验类似于一种"镜像体验"，通过目的地这面镜子，旅游者在凝视"他者"的同时，也在认识着自我。也可以将其理解为一种旅游环境和旅游者旅游审美能力双向提高的过程。

从结构上看，旅游体验具有多重层次结构：其一，从时间结构上看，旅游体验包括预期体验、现场体验和追忆体验，呈现出阶段性特征，并随时间的流逝而不断地升华，进而演化成人们生活经验和精神世界的一部分；其二，从深度结构上看，旅游体验呈现出具有一定的层次性，基本上可分为感官体验、身体体验、情感体验、精神体验、心灵体验五个层次，越是深度的旅游体验，越能让游客感到旅游的意义；其三，从强度结构上看，旅游体验通常可分解为一般性体验和高峰性体验两个层面，越是能达到高峰性的体验，越能使游客感到旅游的价值。

综观国内外对于旅游体验的研究，基本都一致认为旅游体验是旅游者的主观感受，是旅游者基于个人主观因素与旅游活动过程接触群体（包括同游者、旅游企业员工、目的地居民等）互动的体验过程，以及在此过程中个人对旅游历程中消费的餐饮、住宿、购物、交通、娱乐、景点的体验所获得的产品和服务的综合感受。

3.1.2.2 旅游体验要素

李怀兰指出，旅游体验因素包括旅游者个人因素、与体验相关的其他人、旅行途中的安排、旅游体验产品特性，同时这些体验因素又包含了若干子要素。她还认为，不同的旅游体验至少包含一个客体和两个主体之间的关系，一个客体是体验产品，两个主体是旅游者本人和旅游企业人员。

殷殿格认为，影响景区游客旅游体验的因素有很多，归纳起来有两方面：一是体验主体方面，即旅游者自身因素，主要包括游客的旅游意愿、游客个人内在因素等；二是体验的客体方面，即旅游景区因素，主要包括景区旅游资源条件、旅游产品特性、旅游氛围、景区旅游服务质量等。

旅游体验具有参与性、互动性、综合性、主观性等特点，对旅游体验的因素进行分析，既要考虑旅游供给的各种因素，又要考虑旅游者的实际需求，还要考虑各种旅游情境中旅游者与接触群体的互动。Chris Ryan 1991 年曾经指出，影响旅游体验的因素可以划分为先在因素、干涉变量、行为和结果几个因素，并且这些因素相互作用决定了旅游体验的质量，如图 3-1 所示。

从图 3-1 可以看出，影响一个旅游者对旅游体验评价的因素分三个层次，其中先在因素主要是源于旅游者自身的因素，干涉变量则是目的地供给层面的因素，而行为和结果则是旅游者在目的地旅游过程中的双方互动因素。从目的地的角度来说，为了影响和改善旅

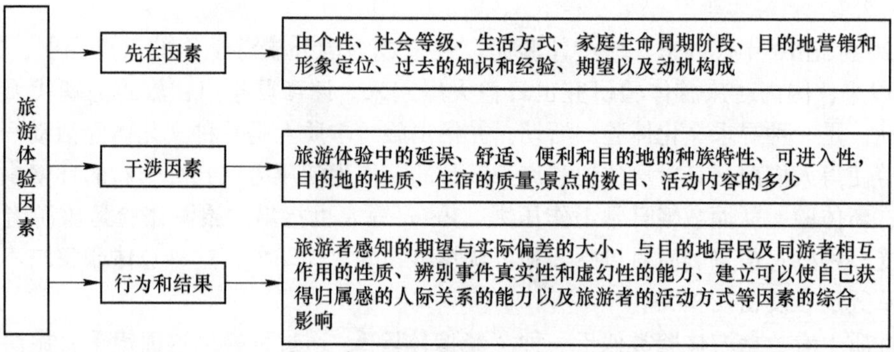

图 3-1 旅游体验因素

游者的旅游体验，对于先在因素进行行为操控改变的意义不大，更多的应该放在供给层面的干涉变量，以及在与旅游者接触互动过程中的行为和结果两个方面，而这个两方面中旅游服务既是目的地供给的核心内容，也是旅游者与目的地接触互动的主要纽带。因此，对于服务进行优化和完善的管理是目的地旅游业发展的重要工作内容。

3.1.2.3 旅游服务的特点

服务是旅游业产品的核心，旅游服务与其他行业的服务相比较，又具有如下六个特点。

A 综合性

社会上各种服务行业的业务范围都较为单一，而旅游服务却具有综合性特点。其主要原因有两个方面：一是旅游消费须在一定时间段内完成，需要各种不同的服务环节紧密连接，以组合成完整的旅游日程安排为典型；二是因为受到旅游者多样化需求的驱动，它以参加团体旅游的客人将一切事务都委托旅行社办理为突出表现。这就要求旅游服务必须具有完整性、系统性和科学性，不能有任何细微的疏忽和大意，否则会造成整个服务的失败。

B 直接性

服务这种旅游业的特殊产品表现为劳动形式，它像一张无形网络将所有旅游产品组合于旅游地。无论旅游者接触的是哪种旅游资源或设施，都因旅游从业人员提供的直接服务方能显现其使用价值。也就是说，在旅游消费中，任何一种旅游产品都只有通过直接、及时、随机的服务才能提供给旅游者，这使得旅游业必须对从业人员的业务素质提出相应要求。

在商品经济社会中，一般物质产品从生产到消费并不是直接的，加工农产品必须通过中间环节，即商业这个流通环节才能实现。产品质量不仅有检测的过程，而且消费者对不满意的产品还有退换的可能。旅游服务则不同，它的生产和消费是同步进行的，即生产者和消费者之间是直接的、面对面进行的，当面服务，当面消费，一次性完成，不能退换。

C 情绪性

旅游并非是生活必需消费，其精神享受的成分占主导地位，所以旅游者要求得到服务，不仅为谋求服务特有的活动功能，更需要得到精神上的满足，其中包括自我欣赏性的自尊和社会认可性的他人尊重，因此，旅游者对服务明确提出了态度方面的要求。生活中许多人都看到过这样的情形，虽然商品质量不存在任何问题，服务程序也基本完成，却因服务者最后一句多余的口误造成纠纷或购买行为的中止。

服务具有明显的情绪性作用。当消费者提出服务要求时，他必然期望得到满意的服务结果，加之他表现出购买服务产品权力的自豪感也自然产生出应得到尊重的要求。虽然服务有其客观标准和规定的程序，但每一次服务的提供都是一个崭新的服务过程或服务产品。服务属于一次性消费，它与物质性商品的明显区别在于消费中途不能退换，所以要求服务尽量一次成功。对服务提出的标准应是优质服务，而不应是优良服务或者其他等级的服务。如果服务很差，激起消费者的不满情绪，道歉、退货、赔款全都于事无补。有些服务企业在纠纷处理的总结中写道："由于及时赔礼道歉和妥善处理，使消费者感到非常满意。"其实这种说法完全是自欺欺人，世上没有一个为享受道歉而专程前来要求提供服务的消费者。

D 时间性

所有消费者都不希望自己所接受的结果遥遥无期，更有时间上的明确要求，可以从几方面显现出来。

(1) 服务作用时效，人们外出旅游时间有限，不允许无限期地等待。服务的使用价值和交换价值会随着时间流逝而逐渐消亡。

(2) 服务产品的完整，旅游服务不是某个时点的活动结果状态，它突出表现为一段时间内完成的整个活动过程。其中也包括旅游者没有看见的先期准备、管理和后勤保障等工作，它是连贯性的整套服务过程。虽然服务有其客观标准和规定的程序，但每一次服务的提供都是一个崭新的服务过程或服务产品。

(3) 价值无法储存，许多服务都具有边生产边消费的特点，它是一个时间段内的总体劳动。旅游服务不像物质产品那样必须等到完全生产好后才能交付使用，它是根据旅游需求的随机提出而即时提供的劳动。

E 应变性

旅游服务需求的提出有时是未然而突发的，而旅游业为应付这些需求的准备却往往有限的。特别是各个国家或地区的生产力发展水平不同，提供服务的条件会有很大差异。从经常享受服务的消费者角度出发，提出服务要求本是天经地义，服务者提供服务也是理所应当。旅游者在与其他服务部门进行比较后经常习惯地提出："为什么别处能干而你这里就不行"之类的疑问，服务者对此往往会显得无可奈何。另外，客观现实中还可能会突发与服务环境、条件不协调的变化，而服务者在意想不到的困难面前却因没有做出充分物质准备或精神准备而显得有些束手无策，这些都可能导致消费者不满。服务业若想改变此种被动局面，就应当在应变能力上下功夫。

F 艺术性

旅游是享受，服务质量对旅游者情绪会产生很大的影响，除前期服务所创造的环境外，还要求服务过程中也显示出艺术魅力，特别是通过接待语言和劳动操作两个方面给人以美的享受。语言交流是消费者接触服务的最初阶段，服务语言是否得体，能否为消费者所接受或信赖，似乎成为贯穿全部服务过程的艺术。亲切的表情、生动的语言、和蔼的语气、得体的手势，都能使消费者感到满意。最为重要的是服务者必须始终认清这样的道理：语言是用于交流思想的，必须以让对方理解为原则。有些服务项目对技能技巧的基本功训练已成为职业工作的必需。其中有许多劳动操作的熟练技巧甚至可以达到近乎艺术表演的程度。他的干练、利索、敏捷、轻盈的动作能使人产生音乐节奏和舞蹈造型的和谐美感，而粗心大意、兴师动众、手忙脚乱、不知所措、拙嘴笨舌等生疏服务的最好结局也顶多是消费者无可奈何的忍耐或放弃消费要求。

3.1.2.4 *旅游服务的作用*

（1）旅游服务可以起到扩大客源，提高经济效益的作用。

（2）旅游服务项目、内容的丰富程度反映了旅游业供给水平的高低。

（3）旅游服务水平的高低关系到旅游经营的信誉，成为旅游业的生命线。

（4）旅游服务的优劣体现了企业员工素质和管理水平的高低，成为评价旅游企业经营管理的重要标准。

3.2 旅游目的地服务管理体系

服务管理体系是指以持续的顾客满意为目标的，指挥和控制接触过程的管理体系。旅游目的地的服务管理体系则是指以持续的旅游者满意为目标的指挥和控制接触过程的管理体系。它主要包括两方面的内涵：第一，旅游目的地服务管理体系是指挥和控制目的地各方面旅游供给与旅游者的接触过程的管理体系；第二，这个管理体系的目标是持续的旅游者满意。

3.2.1 旅游目的地服务管理体系的结构

旅游目的地服务管理体系是由服务管理职责、服务资源管理、服务实现、服务的测量和分析及改进等四个关键方面所构成的循环过程，并把与旅游者接触作为控制和改进这个循环过程的核心。

旅游目的地服务管理体系的循环过程是从服务管理职责开始的，而整个体系的循环过程围绕与旅游者的接触为中心。旅游目的地服务管理的职责包括服务管理承诺、树立服务理念、制定服务方针和服务目标、服务管理的职责和权限、服务管理体系策划、服务管理评审等活动，这些活动都必须以与旅游者的接触过程作为客观依据。与旅游者的接触过程既包括旅游服务人员与旅游者的接触，也包括旅游目的地服务场所、服务设施、服务用品与旅游者的接触。旅游目的地的服务资源管理所解决的问题就是接触过程所需要的人力资源和物质资源的提供和使用。旅游目的地的服务实现就是服务提供过程的实现。旅游目的地的服务测量、分析和改进就是对旅游服务提供过程的测量、分析和改进，同样这个环节也离不开与旅游者的接触过程。

3.2.2 相关概念

3.2.2.1 *接触*

与顾客接触是服务的基本特征。从古到今，从国内到国外，没有任何一种服务可以不接触顾客。这里的接触指的是旅游目的地根据旅游者的需要与其建立和保持联系的活动，如图 3-2 所示。如图可见，它包含三个层面的含义：接触是一种有组织的活动；这种活动来自旅游者的需要；这种活动的目的是与旅游者建立和保持联系。

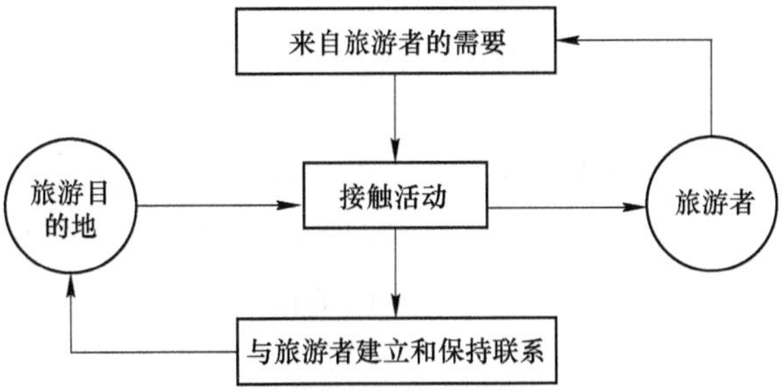

图 3-2 旅游目的地与顾客接触的活动示意图

虽然从实际情况来看，在目的地的旅游服务提供过程中与旅游者直接接触的往往只是目的地从业人员中的部分人员，而不是全部人员，但是这些人员是以目的地的名义并代表目的地与旅游者进行接触的，他们往往就是旅游目的地的形象代言人，这也是为什么世界著名的目的地都关注服务管理的原因所在。

旅游目的地的接触活动和目标指向有很多，但目的地服务管理中的接触活动仅指向目的地的顾客，即旅游者，因此，这里的接触主要是指来自旅游者的消费需求。这个接触活动的目的并不仅仅是接近或触及旅游者，而是为了在接近或触及旅游者的过程中与旅游者建立和保持良好的联系和关系，使旅游者在旅游活动中获得优质的旅游体验，不仅自己乐于到目的地旅游消费，而且还为旅游目的地传递良好的口碑，促进旅游目的地良好品牌形象的建立。因为只有与顾客建立和保持联系，才能更好地识别和满足顾客要求，也才能更好地向顾客提供服务。

此外，需要注意的是，旅游目的地与旅游者的接触活动不仅是旅游者与目的地从业人员之间的人与人的接触，而且包括与目的地的旅游服务设施、服务用品和服务环境等要素的接触。

3.2.2.2 旅游服务接触点

旅游服务接触点是目的地与旅游者接触时的位置，是一个空间概念，是接触活动的空间表现形式。旅游服务的接触活动在空间上是通过某个接触点表现出来的。

旅游服务接触点可以分为两类：一类是有人接触点；另一类是无人接触点。其中，旅游服务人员与旅游者接触的位置，称为有人接触点。旅游服务设施与旅游者接触的位置，称为无人接触点。

3.2.2.3 旅游服务接触过程

接触过程是指旅游活动过程中接触主体之间的一组同时或先后发生的、具有连续性的接触活动。接触过程具有一定的连续性，它不仅存在于旅游服务提供的起点和终点，而且贯穿于服务提供的全过程。

接触过程通常包含旅游服务提供之前、旅游服务提供之中、旅游服务提供之后三个阶段。

由于旅游服务的生产与消费具有不可分割性，因此旅游服务提供之中，接触过程是必然存在的。

为了使旅游服务能够良好地满足旅游者的需求，在旅游服务提供过程开始之前识别和确定旅游者的要求就是必需的过程，这一过程的目的是使旅游目的地能够尽可能地按照旅游者的需求来设计提供旅游服务。因此，旅游目的地在旅游服务提供过程开始之前也必须与旅游者进行接触。

旅游服务地提供过程结束之后，旅游者对目的地的服务和产品具有什么样的感受？目的地的旅游服务是否符合旅游者的需求？旅游服务内容和环节有哪些需要改进的地方？现有的旅游者能否因现在的服务质量而继续到目的地消费或者吸引更多的潜在旅游者？这些问题都需要在旅游服务提供之后继续保持与旅游者的接触并获得相关信息。因此，这种获得信息反馈的活动也是一种与旅游者在服务提供之后的接触活动。

3.2.2.4 旅游者要求

A 明示的要求

旅游者明示的要求通常表现为写进旅游合同的要求以及旅游者口头表达的要求。

B 隐含的要求

旅游者隐含的要求通常表现为有关法律法规的要求以及约定俗成的社会责任或旅游行业规范。

C 潜在的要求

旅游者潜在的要求通常表现为旅游者对不合理因素的改进要求、旅游者实现自我价值的要求以及可能在接触过程中产生或变化的要求。

D 期望值

旅游者的明示的要求和隐含的要求构成了旅游者对旅游服务提供的期望值，旅游者的潜在的要求则构成了超越旅游者期望值的必要性和可能性。

3.2.3 旅游目的地服务资源管理

3.2.3.1 以人为本的管理理念

旅游目的地的服务资源管理应该以人为本。

首先，把旅游人力资源看作是与旅游者一种接触的主导因素，因为旅游服务人员与服务环境、服务设施、服务用品不同。旅游服务人员与旅游者的接触是人与人的接触，服务环境、服务设施、服务用品与旅游者的接触是物与人的接触。当人与人的接触和物与人的接触同时发生的时候，人与人的接触比物与人的接触更容易引起旅游者的关注，而且服务人员在接触过程中往往扮演双重角色：一方面在直接接触旅游者；另一方面把有形产品的提供和使用作为服务的一部分，不断引导旅游者与服务环境、服务设施、服务用品直接接触。由于上述原因，旅游服务人员在接触过程中往往占据着比服务环境、服务设施、服务用品更加重要的地位，既影响着旅游者也影响着与旅游者接触的服务环境、服务设施、服务用品。所以，以人为本的第一个要求就是不能把旅游服务人员与服务环境、服务设施、服务用品同样看待，应当把旅游服务人员视为与旅游者接触的主导因素。

其次，与旅游者接触的物质资源符合人的生理需要和心理需要。虽然服务环境、服务设施、服务用品都是物，但接触的旅游者却是人。要想让旅游者感到满意就必须适应人的需要，就必须方便人的接触。所以，以人为本的第二个要求就是不能把服务环境、服务设施、服务用品当作一般的物质资源，而应当把它们视为人性化的物质资源。

3.2.3.2 旅游人力资源管理

结合服务管理与质量管理的理论观点，对于目的地服务资源管理中的旅游人力资源管理提出以下要求：确定从事影响服务质量工作的目的地从业人员所必要的能力；提供培训或采取其他措施以满足这些需求；评价采取措施的有效性；确保目的地旅游从业人员了解如何为实现服务目标做出贡献；保持教育、培训、技能和经验的适当记录。

3.2.3.3 旅游物质资源管理

结合服务管理与质量管理的理论观点，对于目的地服务资源管理中的旅游物质资源管理提出以下要求：

（1）旅游目的地应确定、提供并维护为达到旅游服务符合旅游者要求所需要的基础设施；

（2）旅游目的地应确定并管理为达到旅游服务符合旅游者要求所需要的工作环境。

3.3 旅游目的地服务管理目标和原则

3.3.1 旅游目的地服务管理的目标

旅游目的地的服务管理：一是为了实现旅游服务质量的不断改进；二是为了获得持续的旅游者满意。

3.3.1.1 旅游服务质量改进

服务质量差距模型，又称为五差距（5GAP）模型，是由美国的营销学家帕拉所罗门、赞瑟姆和贝瑞在20世纪80年代中期到90年代初提出的。该模型是专门用来分析服务质量问题根源的，它可以作为组织改进服务质量的客观依据，帮助分析服务质量问题产生的原因，并让管理者了解应如何改进服务质量。五个差距分别指：差距一（GAP1），管理层对顾客服务预期的感知差距；差距二（GAP2），服务质量标准差距；差距三（GAP3），服务传递差距；差距四（GAP4），服务传递与对外沟通之间的差距；差距五（GSP5），顾客预期服务和顾客感知服务的差距。

其中，差距五是服务质量模型的核心差距，它与服务质量呈现很明显的负相关关系，即顾客期望与顾客感知的差距越小，服务质量则越高。因此，提升服务质量的关键就在于，如何缩小顾客预期服务与顾客感知服务之间的差距。下面将以旅行社为例，具体分析服务质量差距产生的原因以及缩小差距的对策。

A 管理层对顾客服务预期的感知差距

a 差距产生的原因

管理层对顾客服务的感知差距是指游客对旅行社服务的需求和期望与旅行社管理层对游客需求和期望感知判断之间的差距。即旅行社管理层不了解游客需要什么、期望什么或对游客的需求和期望错误地理解，甚至缺乏理解。导致这种差距产生的原因有：设计旅游服务产品时，没有进行市场调研和需求分析；市场调研和需求分析不够深入，没有针对性，导致得出的信息不准确、不符合实际；旅行社管理层观念落后，信息闭塞，对游客的新的需求无法及时了解并作出相应对策；一线员工向管理层传达游客需求和期望时，出现了信息滞后和不完整。

b 缩小差距的对策

加强市场调研，细分旅游者市场，认真准确地了解、分析游客需求和期望，针对不同的旅游者需求制定不同的旅游产品。另外，定期对游客做回访，掌握游客对旅行社服务的评价、要求和建议，有利于及时调整，提供更加满足游客需求和期望的服务；改变管理者传统的经营观念和处事方式，树立以满足游客需求为旅行社第一要务的现代市场营销新观念；随着物质水平的不断提高，游客对旅游服务的要求更高、更新甚至更加个性化，因此，管理人员不应该继续在幕后操作，而应该更多地直接面对游客，了解和掌握游客的更深层次的需求，为旅行社服务质量的提升做出更明确的指导；不断改善信息反馈制度，保证游客、员工、管理者之间信息传递畅通。管理层为了更好更及时地了解游客的需求动态和关注焦点，应该制定一系列的奖惩办法，促使员工积极反馈游客需求，也可以定期组织开展员工和领导交流会议，及时反映和解决平时工作中的信息漏缺问题。

B 服务质量标准差距

a 差距产生的原因

服务质量标准差距是指旅行社管理层对游客期望的感知与服务质量规范之间的差距。这种差距有两种情况：管理层对游客需求期望判断有误，制定的服务质量规格标准必然不能满足游客的需求；管理层对游客需求期望判断是正确的，但制定规格标准时出现了错误。导致这种差距产生的原因主要有：旅行社的管理人员没有树立明确的服务质量目标；服务质量管理中的计划性差，导致计划失误或计划过程不够充分；计划制定后的实施与管理不利，使计划流于形式。

b 缩小差距的对策

准确判断游客的需求和期望；旅行社的管理者应该牢固树立服务质量第一的观念；管理层要制定明确的质量目标，才会有准确的质量规格和标准；强化质量管理的计划职能，保证质量标准的可实施性；管理层与员工，即标准规范者和标准实施者上下配合，互相听取意见，共同制定服务质量规格和标准以及具体落实的措施。

C 服务传递差距

a 差距产生的原因

服务传递差距是指旅行社制定的服务质量规格标准与游客所获得的服务之间的差距。即旅行社的员工提供服务时，没有按照旅行社所制定的服务质量规格标准去操作。产生这种差距的原因很多，也很复杂，可归纳为：制定的服务质量规格标准不切合实际，不利于执行和实施；员工对标准有不同意见，从而按照自己的方式提供服务；旅行社招聘的员工能力不够，缺乏对服务质量规范的学习理解和实践；旅行社的设备、技术支持系统不能达到服务质量规格的要求；旅行社的管理、监督、激励系统不力。

b 缩小差距的对策

根据游客的要求和旅行社实际情况制定和修正服务质量规格，不同的岗位应有不同的服务质量规格标准，保证员工对其的可操作性；对员工的招聘严格把关，尤其是导游人员。导游人员是服务的主要传递者，一个行程的开始和结束，导游都有参与，所以确保他们的职业素养和工作能力是必需的。旅行社可以从专业旅游学院和旅游管理专业人士中进行招聘；加强员工的培训，旅行社可通过组织培训活动，提高员工的沟通交往能力、分析问题和解决问题能力，增强员工的团队精神，树立服务质量第一的意识，从而更好地实施服务质量标准规范，为游客提供更全面的服务；完善旅行社的硬件、软件设施。硬件设施，如交通方面，公交、大巴、飞机、火车，住宿方面，酒店、宾馆等，这些在服务传递中也起着重要的作用，如何让游客体验到舒适安全的环境直接影响着游客对旅行社服务质量的评价。软件设施，如旅游行程计划的制定以及组团社、地接社的沟通配合；改善旅行社的管理、监督、激励系统。管理要“全面”，旅游前、旅游中、旅游后的各个环节都应该采取质量保证手段。监督要“全民”，游客、导游、内部职员、管理人员应相互监督，通过工作日志、游客意见单、游客回访等方式来加强监督。激励要“全力”，有了满意的员工，才会有满意的服务。如何发挥每个员工的价值最大化，是每个管理人员要解决的首要问题之一。做到奖惩分明，提高员工的工作积极性，有力地保证服务传递的准确性，便能缩小旅行社制定的服务质量规格标准与实际提供给客人的服务之间的差距。

D 服务传递与对外沟通的差距

a 差距产生的原因

服务传递与对外沟通的差距是指旅行社给游客的承诺与内部经营管理、服务质量控制脱节；对外宣传促销没有做到实事求是，夸大宣传或过分承诺；旅行社的管理者对市场营销活动没有进行严密的计划和监督控制。

b 缩小差距的对策

适度承诺，保证游客的期望值不要过高。在进行对外沟通、宣传促销时，应结合旅行社内部各个部门的实际情况，给出的承诺要和旅行社所能提供的服务质量相吻合；严格履行对游客的承诺。给了游客期望，就要使其期望得到满足。例如，不要故意隐瞒旅游行程中的自费项目和购物店，也不能降低住宿和用餐标准，严格按照计划单提供服务。甚至，有些游客对计划行程不够了解，会自然而然地对不了解的东西赋予较高的期望，所以旅行社服务人员在介绍行程信息时，可以在一定程度上降低游客的虚拟期望，例如告知住宿条件不如自己家舒服，菜的口味也不一定适合每一个游客等。总之，使游客的期望得到最大程度的实现，是缩小这一差距的关键；旅行社管理层要严格把关一切对外沟通活动的制定和实施，并密切注意活动实施后产生的影响，及时做出调整。

通过分析上述四个差距产生的原因以及缩小差距的对策，主要目的在于缩小模型中的差距五，即游客期望的服务与感受的服务之间的差距。如今，旅游业作为第三产业，正在不断发展中，旅行社之间的竞争也越来越激烈，除了价格战，更多的是服务质量战。所以，提升旅行社服务质量是适应旅游市场、占据更多旅游市场份额的最主要手段。只有最大化地缩小游客预期服务和感知服务之间的差距，才能最大限度地提高旅行社服务质量。

3.3.1.2 持续的旅游者满意

旅游者满意是指旅游者在旅游服务接触过程中对于服务特性满足要求程度的一种瞬间形成且持续验证的主观感受。对此，要注意以下两个问题。

(1) 旅游者满意的总感觉是由边际感觉而不是由平均感觉决定的。后来形成的主观感受可能在旅游者心理上对以前形成的主观感受产生某种肯定或否定的边际作用。

(2) 旅游者满意的瞬间性使目的地不可能用类似于有形产品的最终检验的方法对旅游服务提供进行过程控制。但是，旅游者满意的持续性又使目的地有可能把适当的补救措施作为过程控制的一种有效方法。

旅游服务质量是一组同时或先后发生的旅游服务特性逐个满足旅游者要求的程度，而旅游者满意则是旅游者对服务特性满足要求程度的主观感受。由此可见，旅游者满意实际上是旅游者对旅游服务质量的评价，是旅游服务质量在旅游者的主观感受中的表现形式。

3.3.2 旅游目的地服务管理的原则

旅游业发展竞争激烈，而旅游服务质量是旅游目的地管理的重中之重，加强旅游目的地服务管理是提高旅游目的地竞争力的关键，目的地应建立严密的服务管理体系，树立明确的服务质量标准，让旅游从业人员形成主动的服务意识。

3.3.2.1 建立旅游服务质量督察制度

发挥社会力量和新闻媒体的监督作用，对宾馆、酒店、旅行社和旅游服务人员的服务质量进行经常性的跟踪监督，并将他们的评价作为宾馆、酒店、旅行社和旅游服务人员评优的重要依据；将新闻媒体曝光与强化旅游主管部门的行业管理结合起来，发现问题及时解决。

3.3.2.2 树立人性服务理念

旅游目的地的文明程度在一定意义上代表了一个地方的文明程度，建设一个文明的、人性化的旅游地是每个旅游地都追求的目标。将“游客满意”作为旅游地发展的灵魂，为旅游者营造一个环境优美、生态良好、文明和谐的场所。通过开设网站留言板和电子信箱，意见箱、热线电话、咨询台、座谈会、问卷调查等多种形式面向社会征求管理意见和建议，最大限度调动广大旅游者的参与热情，邀请旅游者共同参与谋划景区发展的美好前景。为能够在第一时间收集旅游者对旅游地建设、服务、管理等工作中存在问题的意见和建议，旅游地管理单位还可以设立特别公开接待日，实行随时接听和电话预约相结合的方式解答旅游者和群众的咨询和意见建议。对老年人、孕妇、儿童、残疾人等特殊群体，可以考虑要成立特殊服务小组，积极吸收青年志愿者参加，有针对性地开展“一对一”和个性化服务，满足旅游者的需求。

3.3.2.3 强化旅游安全

完善安全机构，明确责任分工；制定突发事件处理预案，建立紧急救援机制，设立医务室，配备专职医务人员；对交通、机电、游览、娱乐、消防、防盗、救护等设施和重点部位进行安全检查，发现隐患，及时排除。

3.3.2.4 建立信息反馈系统

作为旅游地管理者，除了要关注硬件设施的完好、环境的美化、服务的态度等重要因素之外，更应关注在服务过程中和服务提供后，游客对服务质量的不满、抱怨和投诉，以便对服务中出现的问题和差错给予及时、稳妥、合理的处置；建立信息反馈系统，以便在下一次销售过程中避免再出现类似的错误。

3.3.2.5 加大旅游服务设施的配套建设

在城市入口、路口、公交站点、各个旅游地设立醒目的旅游指示牌；优化公交线路，在各主要旅游地之间开通可以直达的公交车；在旅游地内外设立可供旅游者休息的长椅等设施；把旅游和汉文化的宣传结合起来，增加文艺表演和民俗体验；加强对各个旅游地停车场、卫生设施的管理。

3.3.2.6 更新完善游览服务设施

（1）拓展服务内容，为旅游者提供更多的咨询、投诉服务、导游服务，增加人性化服务项目方便旅游者差异化需求。

(2) 对各种陈旧的引导标识，如导览牌、标识牌、景物介绍牌等及时进行更新，不足之处进行弥补和完善。

(3) 印制各类公众信息资料，如导游图、宣传折页等，便于旅游者索取和了解旅游信息。

(4) 讲解员统一进行公示，持证上岗，根据旅游者的不同需求提供个性化服务。

(5) 增加旅游者公共休息设施，满足旅游者高峰时期的需要。

(6) 增加现代化的服务手段，如网上订票、手机导游、无线讲解机等。

3.4　旅游目的地接待服务体系

3.4.1　旅游目的地接待服务概念

旅游目的地接待服务是指旅游经营者凭借一定的技术和手段为满足旅游者的基本旅游需求而提供的劳务总和，主要向旅游者的旅游活动提供一线服务，满足旅游者“食、住、行、游、购、娱”等六大基本要求。旅游目的地接待服务主要涉及旅游六大要素产业，实施主体主要为旅游企业，其接待服务具有营利性。

3.4.2　旅游目的地接待服务构成

按照旅游活动核心组成部分区分，提供旅游接待服务的企业主要包括旅游交通、旅游景区、旅游酒店、旅行社、旅游餐饮、娱乐购物等。那么，按旅游者旅游需求类型分，旅游接待服务的类型包括旅游交通服务、旅游景区接待服务、旅游酒店接待服务、旅行社接待服务、旅游餐饮接待服务、其他场所旅游服务等。

3.4.2.1　旅游交通服务

旅游交通服务是旅游者实现旅游体验的重要途径，也是提升旅游目的地服务质量的重要途径。一般来说，旅游目的地交通服务分为大、中、小三个尺度。大尺度旅游交通是指旅游者从居住地前往旅游目的地之间使用的交通方式，包括飞机、火车、客运汽车、自驾汽车等方式。健全旅游交通体系建设，加强旅游目的地与全国交通网络的连接，实现立体交通网络的无缝连接，增加旅游目的地区域的可进入性。中尺度旅游交通是指旅游目的地区域内部城市交通，完善城市内部旅游交通网络，合理布局各类公共交通方式，优化城市内部旅游公共交通结构，健全旅游交通标示系统，增加公共交通线路和承载量，提高区域内部各景区之间的连通度，提高区域内部旅游者周转能力。小尺度旅游交通主要是指景区内部交通条件，根据不同景区特征设计布局旅游交通方式和交通线路，建设环保、节能、有效运输的旅游交通体系，提高景区内部旅游交通服务质量。

作为一个服务性产业，旅游交通具有无形性、不可储存性等服务业运行特征。作为一个交叉性产业，它又显露出季节性、区域性、服务与消费同步性等旅游业与交通业共有的运行特征。作为一个相对独立的新兴产业，它还具有游览性、舒适性、灵活性等自身运行特征。研究和分析旅游交通产业运行特征，有助于找出产业运行的深层次规律，从而为行业管理和企业经营提供科学的决策依据。

3.4.2.2 旅游景区接待服务

服务是一个永恒的主题，在旅游发展过程中，服务理念随着旅游活动的发展而不断深化提升。景区服务是由有形的游乐设施和无形的工作人员服务结合而形成的一种满足不同游客消费需求的服务。景区服务质量和水平的优劣高低取决于员工的服务技能和素质。景区接待服务是游客产生第一印象的窗口，直接关系着景区的声誉和形象，影响景区的盈利和效益。接待服务的部门一般包括咨询、售票验票处或游客中心、投诉中心等。接待服务是景区中难度系数最大的工作，旅游景区接待服务还应遵循以下原则。

A 以游客满意为中心

景区的竞争在很大程度是服务上的竞争，游客的满意直接影响到游客的选择，所以游客满意已经成为景区保持持续竞争的重要内容。一次旅行的结束，游客会用自己的感受或体验对景区服务进行投票，服务质量不高的景区接待游客的数量必然会减少。因此从发展战略的角度看，景区应该将游客需求放在管理决策的重要位置，理解游客当前的和未来的需求，并把它转化为具体的对景区服务的需求。

B 全员参与

景区产品以服务为主，而人是景区服务中的能动性主体。因此对景区而言，全体员工都是景区服务的参与者和组织者，只有每一位员工充分参与，才能发挥他们的才能和能力，为景区的发展带来最大的利益。所以，景区应该培养每一位员工的服务意识、团队意识、合作意识、职业道德和游客第一的意识，并激发他们的积极性和责任感。

C 不断改进服务

景区服务的改进是指景区服务过程中服务体系有效性和效率的提高，景区服务的不断改进要在识别当前状态的基础上，根据市场需求和社会需要建立持续的改进目标，通过服务来改进方案选择推动景区服务的提升。

3.4.2.3 旅游酒店接待服务

旅游酒店接待服务是旅游者实现住宿体验的主要方式，旅游住宿也是目的地最重要的旅游基础设施之一。旅游酒店分为星级酒店、度假酒店、普通宾馆、青年旅社、特色民宿、汽车旅馆等不同等级，不同风格的旅游住宿种类。其中，星级酒店提供更为高档、舒适的住宿服务；度假酒店往往位于旅游景区内部或周边，更注重酒店环境、住宿品质、空气质量等因素；普通宾馆通常位于交通便捷的城市区域或城镇节点，提供便捷、周到的服务；青年旅社提供舒适的卫生环境、实惠的价格和温馨的服务；特色民宿以家庭旅馆特色民居等为主体，提供特色、精致、主题化的住宿服务。

3.4.2.4 旅行社接待服务

旅行社是连接旅游者与其他旅游企业的重要载体，旅行社提供旅游信息咨询、导游服务、旅游服务预订、协调各旅游供给企业关系等。旅行社服务与旅游活动密切相关，也存在综合性、无形性、生产与消费同时性、不可储存性、不可转移性等特征。

3.4.2.5 旅游餐饮接待服务

旅游六大要素之中，餐饮是保证游客旅游行程能够持续进行的基础性支撑要素，游客途中或在旅游目的地的饮食状况直接影响其对该次旅游行程满意度的评价。饮食所具有的强烈的地域性、民族性、民俗性等人文特性，又使它成为旅游的重要吸引物，并在旅游营销中扮演重要角色。旅游餐饮服务主要是依托于为旅游者提供餐饮服务的旅游企业，如大型旅游酒店、城市餐饮体系、景区周边特色餐饮、美食街区城镇等，不同类型的旅游餐饮企业共同构成旅游目的地旅游餐饮体系。旅游餐饮服务要在保证食品绝对安全、卫生的基础上，强调特色化、美味度、健康养生等多种功能。

3.4.2.6 其他场所旅游服务

其他场所旅游服务主要是指旅游购物场所、旅游娱乐场所等地的旅游服务，提供特色旅游产品、日用品、工艺品、纪念品等产品的购买服务，娱乐场所提供丰富多彩、地方特色浓厚、情趣高的旅游服务。

3.4.3 旅游目的地接待服务特征

3.4.3.1 复杂性

旅游目的地接待服务包含旅游者游览的全过程，旅游者在旅游目的地活动与周边部门旅游产业发生各种关系，其旅游接待服务呈现复杂性与综合性。旅游接待服务的综合性和无形性也决定了其复杂性。同时，旅游接待服务强调细节化、人性化、标准化等要求，其服务构成和要素经过分解后，其复杂性将直接影响旅游接待服务质量。以旅行社服务为例，其服务可分解为旅游宣传、旅游信息推广、旅游咨询接待、旅游业务合同签订、旅行服务预订、导游服务、履行合同约定、旅游投诉处理、旅游服务反馈等，其各个环节都涉及旅游产业其他部门。

3.4.3.2 细节化

细节决定成败，旅游目的地接待服务极其重要又极其复杂，这就决定了旅游目的地接待服务需要注重细节。从待人接物到基础物质水平服务，从及时的相关服务到及时的相关跟进服务，都需要个人一系列的素质提升和相关服务制度的提供和建设，不断的思考其中的问题和关键要素。要在整个过程中做好服务的建设与总结，从旅游者报名到旅游过程结束，再到旅游者回家的全过程，都提供一个比较完善的系统乃至比较细心周到的服务体系。

3.4.3.3 人性化

人性化服务是以人为本，为旅游者全心全意提供优质的服务，给旅游者以人文关怀，从而有效地提高旅游者的服务满意度。在旅游服务设施、旅游服务细节、旅游服务质量等方面，均应以人为核心；从旅游者的需要出发，设计贴近旅游者实际需求的项目和服务，方便旅游者开展旅游活动。近年来，国家旅游局开展“厕所革命”，加快推进旅游厕所建设与改造，加强旅游厕所的管理与维护，全面提升旅游业品质，不断满足广大游客的需求，并制定了《全国旅游厕所建设管理三年行动计划》，要求旅游厕所规划和设计要体现人性化，方便游客。

3.4.3.4 满意程度最大化

旅游目的地服务体系建设坚持以人为本，也是为了实现旅游者满意程度最大化。从需求与供给的角度来说，旅游目的地服务作为旅游供给方，最终的目的是为了满足不断增长的旅游需求，以此来获得盈利。只有旅游者的旅游需求充分获得满足，才能实现旅游目的地系统盈利最大化。因此，旅游者满意程度最大化也是旅游目的地接待服务体系重要特征之一。

3.4.4 旅游目的地接待服务管理

3.4.4.1 人性化与标准化相结合

旅游目的地服务基本上是针对旅游者提供的服务，在服务标准设计、服务设施建设过程中，需最大程度考虑到人的因素，一切为人服务。旅游服务标准化是一个完整的标准体系，随着国际旅游业的发展，旅游服务标准化体系也在不断完善，把旅游服务标准化和各地方的实际情况相结合，使得旅游服务标准化既具有针对性，又有适用性，为旅游管理更加规范化、更加国际化提供了依据。旅游目的地接待服务管理将人性化与标准化相结合，共同营造更加和谐繁荣的旅游氛围。

3.4.4.2 多元化与个性化相结合

随着时代的发展和科技的进步，旅游活动形式越来越多元化，为旅游者服务的旅游目的地接待服务体系也呈现多元化特征。根据目标群体推陈出新，创新旅游模式，提供多元化的服务，不断提升区域文化认同，具有个性化和特色化的旅游产品、旅游服务将受到市场的欢迎。因此，在新时代条件下，旅游目的地接待服务管理将迎来多元化与个性化相结合的时代。

3.4.4.3 推进法制化管理

为了营造诚信公平的经营消费环境，规范旅游业的发展，必须要完善相关的法律法规，建立长期有效的旅游行业管理制度，倡导旅游企业树立良好的商业道德和社会公德，文明经商，守法经营；以诚信赢得游客，努力提高全行业法制化、规范化、制度化经营服务和管理水平，形成旅游市场公平有序的竞争；建立全天候旅游投诉制度，及时处理各种有关旅游方面的投诉，加大旅游执法处罚力度，认真查处对游客的各种欺诈现象、企业间的不正当竞争和违法经营。推进法制化管理，也将成为旅游目的地服务体系在下一阶段行动的纲领。

3.4.4.4 服务质量管理

将服务质量管理推进至旅游接待服务的全要素、全过程、全领域，主要是通过旅游服务质量中的技术性质量和功能性质量两个方面来实现旅游目的地接待服务管理。旅游服务质量是旅游业作为现代服务业的内在属性，是企业的核心竞争力，是衡量行业发展水平的重要指标，也是旅游业高质量发展的制约性因素。加强旅游服务质量监管、提升旅游服务质量是落实党中央、国务院关于高质量发展的重大决策部署，持续推动新时代旅游业高质量发展，不断满足人民美好生活需要的必然要求。通过旅游经营者提供的服务项目、时间、设施、质量标准、环境氛围等满足旅游者各种旅游需求；通过服务人员的仪容仪表、礼貌礼节、服务态度、热情程度、服务技巧等，实现旅游目的地接待服务功能性质量管理。

3.5 旅游目的地公共服务体系

随着我国经济的快速发展，旅游活动日益呈现大众化、散客化、常态化的趋势，人们对旅游目的地的旅游公共服务的需求不断提升，强化旅游公共服务职能已成为提高旅游产业效率最重要的手段。旅游目的地旅游公共服务建设是建设服务型政府的必然要求，是我国建设旅游强国的必然选择，目的地旅游公共服务建设研究不仅对增强旅游目的地竞争力和影响力具有积极作用，也对旅游公共服务科学建设具有重要的意义。

3.5.1 旅游目的地公共服务概念

旅游目的地公共服务是以满足旅游者共同需求为目的，由政府、企业、社会组织等第三部门提供的具有公共性特征的所有产品和服务的总和。公共服务的供给者主要以政府为主，社会组织、企业等第三部门为辅，服务的对象以旅游者为主，旅游企业、旅游从业人员及旅游目的地社会成员都是公共服务的对象和受益者。

3.5.2 旅游公共服务体系建设的内容

旅游公共服务体系是由多个旅游服务系统组成的，主要包括旅游信息服务系统、旅游城市服务系统以及消费者权益保护系统等。旅游公共服务体系的构建则是由政府和市场相结合共同完成的，其中政府是主导系统，满足游客物质和精神的需要。

3.5.2.1 政府导向系统

在旅游公共服务体系中，政府提供的服务是多方面的，如投诉处理、交通、志愿者等服务。旅游景区的道路建设，旅游景区的公共厕所以及旅游信息提示等公共服务设施和项目。由于它们是景区所必须拥有的公共服务，能够很大程度上提升旅游景区的公共服务质量，但同时因为它们的投资回报很小，这也就决定了只有依靠政府的主导作用进行建设完成。

3.5.2.2 市场导向系统

市场导向系统主要体现出来的是市场化运作，如旅游景区的餐饮、住宿以及娱乐等服务。市场导向的服务系统是对城市原来的公共服务项目的提升，由于处于旅游行业，所以它具有一定的针对性，为游客提供一个方便安全的旅游环境。旅游公共服务体系应当坚持以人为本和可持续发展的理念，不应只注重眼前利益。一个城市旅游公共服务水平可以反映出整个城市的公共服务能力，直接影响着人们对该地区的印象。

3.5.3 旅游目的地公共服务构成

3.5.3.1 旅游信息服务

旅游服务信息是指旅游宾馆及饭店、交通运输、餐饮娱乐、旅游购物、社会服务信息等，是旅游者特别关心的信息，也是决定此旅行游览是否顺畅和满意的重要条件。考虑到各种不同层次的需求，系统除了提供一般的旅游服务信息外，还要突出介绍涉外宾馆、特色餐饮、国内国际点、保险、银行和应急等方面的信息。旅游是旅游者离开自己的常住地，出于非就业目的前往旅游目的地开展休闲、度假、疗养等一系列活动的总和。旅游活动的特殊性决定了旅游者对于旅游目的地由不熟悉到熟悉的过程，在这一过程中，旅游者完成信息收集、信息处理、信息评价，最终实现旅游需求转变成为旅游消费。旅游信息服务是旅游目的地公共服务体系建设中的重要组成部分，在智慧旅游发展支持下，旅游信息咨询、旅游网络建设、自媒体信息建设、旅游目的地宣传信息系统、旅游信息标识系统、旅游信息服务平台建设等都将迎来新的发展契机。

3.5.3.2 旅游安全服务

旅游安全是指旅游活动中各相关主体的一切安全现象的总称，它包括旅游活动各环节的相关现象，也包括旅游活动中涉及的人、设备、环境等相关主体的安全现象，既包括旅游活动中的安全观念、意识培育、思想建设与安全理论等“上层建筑”，也包括旅游活动中安全的防控、保障与管理等“物质基础”。旅游目的地公共服务体系建设中的旅游安全服务是指为保障旅游者的旅游活动安全有序进行，消除不安全因素，提供安全稳定的旅游环境。旅游安全因素也是旅游者做出旅游决策最重要的影响因素，旅游安全服务更应该涉及旅游活动的全领域、全要素、全时空、全行业。旅游安全服务包括旅游安全信息体系、旅游安全法制体系、旅游安全预警监控体系、旅游安全应急处置体系、旅游安全保险体系等。

3.5.3.3 旅游管理服务

旅游管理服务是指为维护旅游目的地有序、畅通、高效地运行，为旅游者和当地居民提供良好的旅游环境和生活环境，由旅游经营者和行政管理部门为管理主体，制定并执行旅游管理规定、条例或法规。旅游目的地公共服务体系建设中，旅游管理服务需要形成一套完整、有序、高效的服务机制，建立良好的沟通协调机制，充分发挥管理人员的积极性，服务人员能够提供更好的服务。旅游管理服务包括旅游政策法规、旅游教育培训、旅游规划等。

3.5.3.4 旅游环境服务

旅游环境的定义因中心事物的不同而不同，从旅游者为中心的角度看，旅游环境是以旅游者为中心，使旅游活动得以存在、进行和发展的各种旅游目的地与依托地的自然、社会、人文等外部条件的总和；从旅游资源为中心的角度看，旅游环境是指以旅游资源为中心，围绕在旅游资源周围的其他自然生态、人文社会各种因素的总和。在一定环境中由上述要素所构成的风景，若以自然风景为主，称为天然景观；以建筑为主，称为建筑景观；以人工雕筑为主，称为雕筑景观（大型假山便是雕筑景观）。一个良好的旅游环境，必须是一个风光秀丽，未受破坏和污染，并能够满足旅游者观赏和行为心理活动的地区。旅游区有两种：一种是风景优美的天然名胜（名山大川、深山峡谷、茂密的森林、辽阔的草原、蔚蓝的海洋等），以及一些自然壮观（火山、海潮、冰川，甚至沙漠）等；另一种是人工胜地，如历史古迹、著名建筑、繁华城市、优美园林等。通常是两者兼而有之。旅游管理者通过对旅游环境的管理，营造优美的旅游环境，给旅游者提供良好的环境服务。

3.5.4 旅游目的地公共服务特征

在新的历史条件下，我国旅游目的地公共服务除具有公共服务的一般特征之外，还具有自身的且不同于以往的一些特征。

3.5.4.1 非共享性和共享性

所谓旅游目的地公共服务具有非共享性，是指旅游公共服务的部分供给内容（旅游公共交通设施、旅游资源的开发、旅游教育培训、旅游消费促进、旅游目的地宣传与促销、旅游扶贫等），带有一定的区域性。所谓旅游目的地公共服务的共享性，是指旅游公共服务的部分供给内容（旅游一般性便利设施、旅游法规与政策、旅游环境保护与规划开发等），又具有很强的共享性、较大的外溢效应。

3.5.4.2 营利性和非营利性

所谓旅游目的地公共服务具有营利性，是指一部分旅游公共服务介于纯公共产品和纯私人产品之间的准公共产品，其根本出发点是为扩大区域旅游供给数量和区域旅游吸引力，以吸引游客更多地前来观光游览消费。所谓旅游目的地公共服务具有非营利性，是指尽管一些旅游公共服务介于纯公共产品和纯私人产品之间，带有收费营利性质，但并不意味着其完全丧失公共性，不能也不应抛弃公益性，不考虑公共利益和社会效果，其营利性具有相对性。

3.5.4.3 生产性和消费性

所谓旅游目的地公共服务具有生产性，是指旅游公共服务以旅游企业为服务对象，为旅游企业提供旅游者的需求信息、为旅游企业创造良好的法治政策大环境，促进旅游企业更好地为旅游者提供旅游服务生产。所谓旅游目的地公共服务具有消费性，是指旅游公共服务同时以广大旅游者为服务对象，不论是现实的旅游者还是潜在的旅游者，为旅游者在旅游消费过程中提供旅游消费咨询、旅游公共安全保障、消费者权益保障等，保证旅游者的旅游消费过程顺利开展。

3.5.4.4 物质消费和精神消费

一方面，旅游公共服务以各种物质形式满足旅游者基本的物质需求，如旅游公共交通设施、旅游公共安全设施等；另一方面，旅游公共服务的作用和意义又高于一般公共服务产品作为公众基本需求满足的界限。完善有效的旅游公共服务提供将极大程度地增强旅游者在旅游消费过程中的“高峰”体验、“漫溢”感受，具有不同于一般公共产品的精神消费更高层次属性。

3.5.5 旅游目的地公共服务管理

3.5.5.1 健全旅游目的地公共管理体系

旅游目的地公共服务体系是一个复杂的系统，只有完善、健全、高效的服务管理体系，才能发挥旅游目的地公共服务的最大功能，任何部门服务缺失都有可能导致旅游体验满意度下降。以“青岛大虾”事件为例，由于青岛物价、执法、监管等部门职责和服务意识的缺失，以及旅游经营者自身不诚信经营，导致“好客山东”及青岛旅游形象被破坏、旅游者满意度下降。健全旅游目的地公共服务管理体系，是旅游目的地管理工作的重中之重。

3.5.5.2 提升旅游者及旅游从业者的满意度

健全旅游目的地公共服务管理体系的重要目的之一是提升旅游者及旅游从业者的满意度，以旅游满意度为公共服务体系建设标准。以人为本，实现人性化服务，是未来旅游目的地公共服务管理的根本准则和趋势。无论是技术的更新，还是管理理念的提升，最终的目的都将是提升旅游者及旅游从业者的满意度，实现经济效益和社会效益的双丰收。

3.5.5.3 推进法制化与标准化建设

法制化是社会治理的主要路径和重要环节，是社会治理现代化的重要标志。旅游目的地的健康可持续发展离不开优质的法治环境。加强法制化建设，对推进旅游市场治理体系和治理能力现代化具有重要意义。我国旅游业正处在向高质量发展转型的重要时期，标准作为政府管理、社会治理、企业发展的抓手，为旅游质量提升提供了基础技术保障。推进法制化与标准化建设，更好地实现旅游目的地公共服务有序、高效、可持续化管理，我国《中华人民共和国旅游法》（简称《旅游法》）《旅游规划通则》（GB/T 18971—2003）、《标志用公共信息图形符号》（GB/T 10001. 1—2001）、《旅游景区质量等级的划分与评定》（GB/T 17775-2003）等一系列旅游法律法规、旅游行业标准出台，不断推进旅游目的地公共服务管理的法制化与标准化建设。

3.5.5.4 加强旅游公共服务质量管理

旅游公共服务的高质量发展是我国旅游业高质量发展的重要方面，也是品质旅游的重要保障。从西方旅游业发展经验来看，提供高质量的旅游公共服务早已成为政府促进旅游业发展的重要路径。我国政府也始终高度重视旅游公共服务的高质量发展问题，《旅游法》《中国旅游公共服务"十二五"专项规划》《"十三五"全国旅游公共服务规划》等政策文件对旅游公共服务质量提升进行了专门部署。通过旅游公共服务质量管理，营造公平的市场竞争环境，保护旅游者合法权益，提高旅游目的地的旅游公共服务管理质量。

本章小结

本章阐述了旅游目的地服务的概念、体系构成和特征，从旅游目的地目标管理的原则和目标、旅游目的地接待服务体系、旅游目的地公共服务体系三个方面重点阐述。

思考与练习

3-1 说明旅游目的地服务的概念及特点。

3-2 试述旅游目的地服务体系构成要素及影响因素。

3-3 试述旅游目的地接待服务体系构成及管理策略。

3-4 试述旅游目的地公共服务体系构成要素及管理策略。

3-5 结合实际案例，以具体旅游目的地为例，评述旅游目的地服务质量管理的经验与不足。

4 旅游目的地人力资源开发

本章导读

旅游从本质上来说是一种服务行业，是游客与旅游目的地旅游相关产业各类服务人员发生联系的行业。在旅游目的地系统中，旅游行业人才的整体素质，极大地影响着游客的旅游体验和满意度。因此，旅游人力资源的开发和培养，对旅游目的地建设和推广有着极其重要的作用。而我国一直面临着旅游从业人员人力资源供过于求、旅游人才资源却供不应求的问题，以及旅游人才结构不合理、旅游人才流失严重等问题，如何解决这些问题，将人力资源转变为人才资源优势，旅游目的地人力资源如何开发？通过本章的学习，将会有所收获。

学习目标

(1) 旅游人力资源概念。

(2) 旅游目的地人力资源开发。

(3) 旅游目的地人力资源管理。

关键概念

人力资源、人力资源开发、人力资源管理。

4.1 旅游目的地人力资源概要

人力资源的知识技能、创造力，将决定旅游者旅游经历的质量，因此，培养和发展旅游业的主力军，高度重视人力资源的规划，是旅游目的地开发规划时面临的重要而艰巨的任务。旅游产业由于政策推动及内部旅游需求增加而成长快速，从而提供了大量的就业机会；但是，我国目前旅游从业人员在职业道德、服务技能、文化水平、知识结构、能力素养等方面还不同程度地存在一些问题，严重制约着旅游产业的发展，因此，解决旅游目的地人力资源发展的问题迫在眉睫。

4.1.1 人力资源的概念

人力资源，又称为劳动力资源或劳动力，是指能够推动整个经济和社会发展、具有劳动能力的人口总和。经济学把为了创造物质财富而投入于生产活动中的一切要素通称为资源，包括人力资源、物力资源、财力资源、信息资源、时间资源等，其中人力资源是一切资源中最宝贵的资源，是第一资源。人力资源包括数量和质量两个方面。人力资源的最基本方面，包括体力和智力，从现实应用的状态，包括体质、智力、知识、技能四个方面，人力资源与其他资源一样也具有特质性、可用性、有限性。

通常来说，人力资源的数量为具有劳动能力的人口数量，其质量是指经济活动人口具有的体质、文化知识和劳动技能水平，一定数量的人力资源是社会生产的必要的先决条件。一般说来，充足的人力资源有利于生产的发展，但其数量要与物质资料的生产相适应，若超过物质资料的生产，不仅消耗了大量新增的产品，且多余的人力也无法就业，对社会经济的发展反而产生不利影响。在现代科学技术飞跃发展的情况下，经济发展主要依靠经济活动人口素质的提高，随着生产中广泛应用现代科学技术，人力资源的质量在经济发展中会起着越来越重要的作用。

人力资源的基本方面包括体力和智力。如果从现实的应用形态来看，则包括体质、智力、知识和技能四个方面。具有劳动能力的人，不是泛指一切具有一定的脑力和体力的人，而是指能独立参加社会劳动、推动整个经济和社会发展的人。所以，人力资源既包括劳动年龄内具有劳动能力的人口，也包括劳动年龄外参加社会劳动的人口。

关于劳动年龄，由于各国的社会经济条件不同，劳动年龄的规定不尽相同。一般国家把劳动年龄的下限规定为 15 岁，上限规定为 64 岁。我国招收员工规定一般要年满 16 周岁，员工退休年龄规定男性为 60 周岁（到 60 岁退休，不包括 60 岁）、女性为 55 周岁（不包括 55 岁），所以我国劳动年龄区间应该为男性 16~59 岁、女性 16~54 岁。

4.1.2 人力资源管理

人力资源管理，就是指运用现代化的科学方法，对与一定物力相结合的人力进行合理的培训、组织和调配，使人力、物力经常保持最佳比例，同时对人的思想、心理和行为进行恰当的诱导、控制和协调，充分发挥人的主观能动性，使人尽其才、事得其人、人事相宜，以实现组织目标。根据定义，可以从两个方面来理解人力资源管理。

（1）对人力资源外在要素——量的管理。对人力资源进行量的管理，就是根据人力和物力及其变化，对人力进行恰当的培训、组织和协调，使两者经常保持最佳比例和有机的结合，使人和物都充分发挥出最佳效应。

（2）对人力资源内在要素——质的管理。主要是指采用现代化的科学方法，对人的思想、心理和行为进行有效的管理（包括对个体和群体的思想、心理和行为的协调、控制和管理），充分发挥人的主观能动性，以达到组织目标。

4.1.3 人力资源规划

人力资源规划（Human Resource Plan，HRP）也叫做人力资源计划，是指为实施企业的发展战略，完成企业的生产经营目标。根据企业内外环境和条件的变化，通过对企业未来的人力资源的需要和供给状况的分析及估计，运用科学的方法进行组织设计，对人力资源的获取、配置、使用、保护等各个环节进行职能性策划，制定企业人力资源供需平衡计划，以确保组织在需要的时间和需要的岗位上，获得各种必需的人力资源，保证事（岗位）得其人、人尽其才，从而实现人力资源与其他资源的合理配置，有效激励、开发员工的规划。

传统的人事管理，是管理人的事，注重事后管理，少许同期管理，主要管理原则是照章办事。管理、强制、被动，不利于积极性的发挥。而现代企业人力资源管理，通过具有更强的前瞻性和先导性的人力资源管理活动，实现人力资源与其他资源的最佳配置，更注重事前和过程中的激励开发，以达到人事相宜、1+1>2 的人力资源管理效果，主要管理原则是以人为本。人力资源规划是各项具体人力资源管理活动的起点和依据，它直接影响着企业整体人力资源管理的效率，因而被作为人力资源管理师的首要的工作要求。

企业作为一个经济组织，要实现自己的发展战略目标，就必须保证组织机构的有效正常运转。而组织机构制定和实施企业人力资源规划，则是实现发展战略目标的重要工作。人力资源规划又称为人力资源计划，必须适应组织总体计划。企业规划的目的是使企业的各种资源（人、财、物）彼此协调并实现内部供需平衡，由于人（或人力资源）是企业内最活跃的因素，因此人力资源规划是企业规划中起决定性作用的规划。人力资源规划的总目标是：确保企业各类工作岗位在适当的时机，获得适当的人员（包括数量、质量、层次和结构等），实现人力资源与其他资源的最佳配置，有效地激励员工，最大限度地开发和利用人力资源潜力，从而最终实现员工、企业、客户、社会利益一致基础上的企业经济和社会效益最大化。

4.1.4 旅游人力资源规划

旅游人力资源规划（Human Resource Planning In Tourism），又称为旅游人力资源计划。广义的旅游人力资源规划是指为实现旅游组织发展目标与战略，根据旅游组织内外部环境的变化，运用科学的方法对所属人力资源的供需进行预测，制定相宜的政策和措施，从而使旅游组织人力资源供给和需求达到平衡，使组织与成员均能受益，最终实现旅游组织的可持续发展目标的过程。简而言之，旅游人力资源规划即指进行旅游人力资源供需预测，使之平衡并可持续发展的过程。旅游人力资源规划的概念包含以下四个方面的含义。

4.1.4.1 旅游人力资源规划要适应环境和战略目标的动态变化

旅游组织的外部环境处于不断的变化之中，有些甚至是不可预测的，如非典事件给我国旅游业带来了空前的灾难。环境的变化将使旅游组织的战略目标也处于不断的变化和调整之中。旅游人力资源规划，就是要在未来环境和旅游组织目标可能发生变化的前提下进行预测分析，对组织的需要进行识别和反应，把握环境和战略目标对组织的要求，以确保旅游组织长期、中期和短期的人力资源需求，使旅游组织能够对环境更快地适应和做出反应。

4.1.4.2 旅游人力资源规划要有相应的政策与措施支持

旅游人力资源规划需要通过制定新的政策、系统和方案来确定行动方针，指导人力资源管理的政策和实践，使人力资源管理在变化的条件下保持有效性和一致性，以确保旅游组织对人力资源需求的如期实现。政策要正确而明晰，如内部人员调动、补充、晋级或降职、外部招聘、培训与开发以及奖惩等要有切实可行的措施保证，否则就无法确保组织人力资源规划的实现。

4.1.4.3 旅游人力资源规划要兼顾组织与成员双方的利益

旅游人力资源规划要以旅游组织目标与战略要求为出发点，以实现旅游组织利益为目的，其政策与措施的制定应充分考虑有利于组织的发展，提高组织的效率；与此同时，也要切实关心组织中每个成员在物质、精神和个人发展等方面的需求，并帮助他们在实现组织目标的同时实现个人的目标。只有兼顾两者利益，才能不断提高旅游组织与成员的工作效率，吸引和留住组织所需的人才。

4.1.4.4 旅游人力资源规划要在管理循环中不断完善

旅游人力资源规划是旅游组织管理循环中的一个过程，规划为组织实施、评价、控制提供目标和依据，同时通过反馈进行修正，在规划执行过程中若发现某些政策不合时宜，就应逐步改进。总之，旅游人力资源规划应在组织管理过程中不断总结，不断提高与完善。

4.1.5 旅游人力资源规划的内容

4.1.5.1 旅游人力资源的培养

加强旅游人力资源的培养，应至少包括以下两个方面。

一方面，增加旅游人力资源的教育、培训渠道。总的来说，社会上旅游人力资源培养由两个部分完成：一个是各旅游院校的教育，旅游院校的职能是教育学生，使其具备较高的职业素质；另一个则是旅游企业从业人员的培训，它主要侧重于在职员工能力的进一步提高和理论知识的相应补充，使其在短期内水平能够有一定的提升。

另一方面，建立一定规模的旅游教育机构。无论是从事旅游人才的教育工作，还是从事旅游企业从业人员的培训，各级旅游教育机构是必不可少的中坚力量。旅游院校依据规模、档次不同可分为旅游高等院校、旅游中等专业学校及旅游职业中学。在发展旅游教育的过程中，要注意使各类旅游院校的设立与当地旅游发展相协调，在有条件的地方，旅游教育工作的发展可以适度超前于旅游业的发展，以免使旅游教育最终成为旅游地发展的瓶颈因素。

旅游企业仅有完备的设施和先进的技术装备是不够的，还要有较高的员工个体素质和企业群体素质作为支撑。旅游企业通过内部的提升和调职、外部的招聘，可以获得基本适应服务工作和管理工作的员工。但这些员工能否胜任本职工作，还需要看其是否具备从事服务工作和管理工作的能力，这些能力必须由企业对员工加以培训而产生和提高。在旅游规划中，要为旅游企业制订人才培养的计划方案。

4.1.5.2 旅游人力资源的引进

旅游人力资源的引进机制主要包括两个方面：一方面是招募旅游人才；另一方面是建立一个灵活的人才流动机制。

招募旅游人才是为旅游地中一定的岗位选拔出合格人才而进行的一系列活动，是旅游人力资源引入的主要方式，是将优秀人员安排在合适岗位的过程，是旅游人力资源开发成败的关键。因此，要特别关注优秀人才的招募状况。

建立灵活的人才流动机制是引进人才的一个重要环节。实践表明，行业的人员流动性越强，其生命力也就越旺盛，企业员工综合素质的提升越迅速。旅游业十分重视工作人员的从业经验，需要其工作人员具有较为丰富的阅历，因而从整个行业的长远发展来看，旅游地应该建立一套灵活的人才流动机制来促成人力资源的不断升级和更新。这里的人才流动机制包括内部人才流动机制和外部人才流动机制两个方面，其中，内部人才流动即员工在企业内部不同部门、不同岗位间的流动，而外部人才流动则是指员工在不同的企业或不同的行业间进行流动。人才流动机制的建立：一方面有助于达到旅游人才在行业范围内的最佳配置；另一方面有助于激励旅游企业迅速发展、留住人才。

旅游产业是新兴的产业，是具有特殊意义与特别责任的行业，其人才培养规划的制定与实施需要多部门参加，需要多学科通力合作，应当重视人力资源建设，造就一支训练有素、工作负责的人才队伍，保障旅游规划与开发目标的顺利实现。

4.1.6 旅游人力资源规划的作用

旅游业属于劳动密集型的服务性行业，人在所有资源中起着最重要的作用。因此，为了实现旅游组织的战略目标与战术目标，必须对人力资源在质量和数量上有所规划。旅游人力资源规划对于旅游组织的发展具有重要意义，具体表现在以下方面。

4.1.6.1 推动旅游组织战略与目标的实现

旅游人力资源规划是根据旅游组织的战略目标而制定的，它实际上是旅游组织的战略目标在人力资源保障与配置上的分解，它与组织的其他方面的规划共同构成组织目标的支撑体系。由于旅游组织所处的内外环境是不断变化的，组织的战略目标也需要不断进行调整，因此旅游组织对资源的需求之一——人力资源需求也随之而变化。这种需求的变化必然导致人力资源供需之间的失衡。比如，目前许多旅游企业面临的一个共同问题是人员流动率较高，导致员工录用标准下降，影响旅游企业目标的实现。旅游人力资源规划的作用就是要根据组织目标的变化和组织的人力资源现状，分析预测人力资源的供需，采取必要的确保措施，平衡人力资源的供给与需求，以确保旅游组织目标的实现。

4.1.6.2 实现旅游人力资源开发与管理工作

旅游人力资源规划是旅游人力资源开发与管理的基础，它在广泛收集内外部信息的基础上，具体规定了旅游人力资源开发与管理需要做的工作和事项。它由总体规划和各类执行规划构成，为管理活动，如确定旅游组织人员的需求量、供给量、调整职务和任务、培训等，提供可靠的信息和依据，以保证旅游组织管理活动的有序化。通过人力资源规划，一方面可以建立稳定的、有效的内部劳动力市场；另一方面可以促使人才进行合理流动，优化组织的人员结构，最大限度地实现人尽其才、才尽其用，为旅游组织在竞争中充分发挥人才优势提供基础和保证。

4.1.6.3 有助于调动员工的创造性与主动性

现代人力资源管理要求组织在实现发展目标的同时，尽可能满足员工个人的多层次需求，包括精神需求和物质需求两个方面。只有在具备了合理的人力资源规划的前提之下，员工对自己需求得到满足的程度才是明确的，工作的积极性才会相应地被调动起来。也就是说，当组织所提供的机会或者福利待遇与员工所预期的需求基本一致时，他们会向这一明确的目标积极进取。反之，员工对自己和组织的目标或结果不明确，他们的积极性和创造性就会受到不同程度的削弱和抑制，在一定条件下还会严重影响组织的工作效率，甚至造成组织高级人力资源的流失。例如，对旅游企业经营与管理有重要影响的职业经理人与熟练员工的流失，必将大大削弱组织的整体实力，同时会绝对或相对增强竞争对手的实力。更严重的是形成人才流失的恶性循环，造成连锁反应，使人力资源的供求关系日益失衡。

4.1.7 制定旅游人力资源规划

制定旅游人力资源规划的目标是从旅游规划区人力资源的实际情况出发，为旅游规划区实现总体规划目标提供稳定的人才支撑与智力支持，制订必要的人力资源培训、开发和管理计划，从而确保旅游发展对旅游人力资源在数量和质量上的需求。考虑到旅游发展的实际情况，旅游人力资源规划应具有预警性和适当的宽度、与总体规划整合及具有一定的灵活性等特点，并侧重实用原则。制定人力资源规划有以下四个相互关联的主要步骤。

(1) 进行需求预测。应根据旅游区的组织结构状况和未来的经营业务水平，对所需的人力资源进行估算。估算时，要充分分析旅游业工种要求的人数、素质、游客数、客房数、游客停留时间、季节性及劳动力的可获得性，如招待员、服务员、帮厨等季节性聘用很明显，而经理、会计、审计、保安等人员聘用相对稳定。

(2) 进行供应评价。旅游区应有一个数量充足、稳定且具有奉献精神的雇员来源。考虑到旅游业需要当地社区居民的参与以及使用成本的问题，旅游区除从外面引进人才外，还应从当地居民中招聘相当部分的从业人员，因此，应关注当地劳动力的数量、结构、素质、社会人口学特征与流动性，以及他们对旅游的态度、宗教信仰方面的约束等。

(3) 确定人力剩余和缺需。在需求预测和供应评价的基础上，旅游规划中应确定旅游区未来人力剩余和缺需情况。

(4) 制订人事计划。旅游人事计划要与经营计划同步，可分为短、中、长期计划，具体规定外部招聘、提升、调职的方法，制定旅游人力资源预算及其标准，确保合适的时间、合适的人处于合适的职位。

4.1.8 旅游人力资源规划的影响因素

4.1.8.1 宏观环境与政策的改变

宏观环境与政策的改变，如经济体制的变化、区域性的金融危机、政局的动荡、国家与地区政策法规的变更等都会影响到旅游组织人力资源规划。在我国，中央和地方各级政府的相关人事管理政策的变化在很大程度上影响着旅游人力资源规划的制定和调整。政府允许人才流动的政策、地方政府的户籍政策、大学毕业生就业政策的变化，都促使人员流动及供求的变化加快，促使旅游组织的人力资源管理者需要不断调整人力资源规划，并实施旅游组织的人才战略规划，一方面采取措施留住人才、储备人才；另一方面，又要减少人才流动的各种壁垒，促进旅游组织人才的合理流动。

4.1.8.2 组织形式的变化

现代管理要求组织形式要不断地适应市场经济的大环境。现代组织结构的一种趋向是朝着扁平化的方向发展，旨在减少中间层次的信息与资源损耗，改善人际关系，进而提高员工的工作效率。因此，旅游组织的人力资源规划也必须做出相应的调整，如授予基层与员工更多的权利，利用计算机技术，加强组织成员间的联系，以支持组织结构的变化，促进旅游组织结构走向合理化和完善化。

另外，旅游组织管理者对人力资源管理所持的管理理念，也直接影响组织人力资源规划工作的有效性。显然，如果组织管理者能够充分认识到人力资源管理工作在旅游组织发展过程中的重要作用，视员工为企业第一资源，那么，组织的人力资源规划工作和人力资源管理工作就能最好地与组织的发展战略相匹配，支持组织总体发展战略的实施和实现。

4.1.8.3 旅游组织的战略与计划

人力资源规划要真正奏效，需要与组织的规划密切相关，并受到组织规划的制约。从图 4-1 可以看出，旅游组织规划是如何影响人力资源规划的。

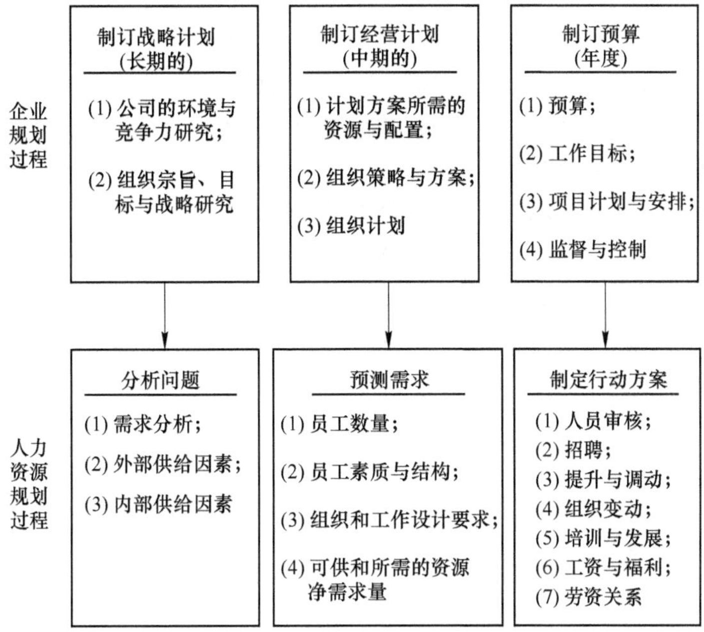

图 4-1 三个层次旅游组织规划与人力资源规划的关系

在战略计划的层次上，旅游人力资源规划需预计企业未来总需求中管理人员的需求，预计企业外部因素（如人口发展趋势、未来退休年龄变动的可能性等）影响及估计未来企业内部员工数量。

在经营计划层次上，旅游人力资源规划需对员工供应量与未来需求量进行详细预测，包括员工数量、员工素质与结构、组织和工作设计可供和所需的人力资源等。

在年度计划层次上，旅游人力资源规划需根据预测制定具体的行动方案，包括具体的招聘、晋级、培训、调动、工资福利等工作。

4.1.8.4 技术创新及技术升级换代

市场竞争推动技术进步，技术创新及技术升级换代已渗透到越来越多的行业与领域。传统的旅游业主要以劳动密集型为其特征，而现代旅游企业越来越多地使用先进技术手段打造核心竞争力，如 GDS 即全球预订系统已成为国际饭店业开始广泛使用的新技术。不同的技术需要不同类型、不同专业人力资源，会使旅游企业员工发生根本性变化，这一因素对旅游人力资源规划影响相当大。

4.1.8.5 劳动力市场的情况

在人力资源管理中，劳动力市场是劳动力供给方和劳动力需求方相互作用，从而决定劳动力价格的地理区域或劳动力特征的概念，确定劳动力市场范围的主要因素有地理位置和从事工作所必需的文化程度或技术能力等。根据所需的人力资源与旅游组织的关系，可以把旅游组织面临的劳动力市场分为外部劳动力市场和内部劳动力市场。

劳动力市场的变化分为劳动力需求或供给的单方面变化及多方面变化等。旅游组织制定人力资源规划的依据是对人力资源供给与需求的预测，在不同的人力资源供求状况下，会制定相应的人力资源规划。因此，劳动力市场的变化会直接影响到人力资源的规划工作。在目前专业技术人才和优秀职业经理人才短缺的旅游劳动力市场上，旅游组织的人力资源规划必须充分考虑优秀员工的补充计划、在职员工的培训计划和薪酬激励方案等的制定工作，力争为旅游组织招聘或培养出更多、更优秀的人才，采取切实有效的措施，帮助员工做好职业生涯设计，并实现员工与旅游组织的共同发展目标。

4.1.8.6 体制与方法的变化

随着科学技术的飞速进步和人们受教育水平的普遍提高，现代组织中的员工结构比以往有了重大的变化，例如，白领员工的总体比重逐步加大，技术熟练的蓝领员工成了推动组织发展的主力军，传统的人事管理体制和管理方法已经远远落后于时代前进的步伐。因此，现代人力资源管理制度和方法越来越受到组织的重视，并且正在逐步取代传统的体制和方法。在制定旅游人力资源规划时，必须充分地考虑到这一点，并在实施过程中做出及时的调整，保证员工结构、素质能适应旅游组织的人力资源管理的变化，促进组织生产效率的不断提高。

此外，旅游人力资源开发与管理部门人员素质的高低，组织对人力资源管理的重视程度都会影响人力资源规划。只有弄清这些影响因素，才能制定出有针对性、有适应性的旅游人力资源规划。

4.1.9 旅游人力资源规划的程序

旅游人力资源规划作为旅游人力资源开发与管理的一项基础工作，其核心内容包括旅游人力资源需求预测、旅游人力资源供应预测、旅游人力资源供应与需求综合平衡三项工作。旅游人力资源规划的最终目的是通过人员的规划与管理获得和保持企业的竞争优势。随着组织所处的环境、企业战略与战术计划、组织目前的工作结构与员工的工作行为的变化，人力资源规划的目标也在不断变化。因此，制定旅游人力资源规划不仅要了解旅游组织现状，更要认清旅游组织的战略目标方向和内外环境的变化趋势，不仅要了解现实的表现更要认清旅游人力资源的潜力和问题。旅游人力资源规划程序一般可以分成四个阶段。

4.1.9.1 调查分析准备阶段

信息是制定旅游人力资源规划的依据。调查分析阶段的主要任务就是广泛搜集旅游组织内部和外部的各种有关信息，并进行分析整理，为后续阶段做准备。

旅游组织外部信息主要包括宏观经济发展趋势、旅游行业的发展前景、主要竞争对手的动向、相关技术的发展、劳动力市场相关人才的供需状况、政府的政策法规等，旅游组织内部信息主要包括旅游组织战略、人力资源战略、旅游组织员工流动状况、员工的素质、人力资源的成本及其变动趋势、产品的市场占有率、岗位、需求的变化等。

4.1.9.2 供给和需求的预测阶段

供给和需求的预测阶段是人力资源规划中关键性的部分。在所搜集的人力资源信息基础上，采用定性与定量相结合，以定量为基础的各种统计方法和预测模型，对企业未来的人力资源状况进行预测。预测的目的是得出计划期各类人力资源的余缺情况，即得到“净需求”的数据。

旅游人力资源的预测主要从供给和需求两个方面进行。旅游组织在进行人力资源预测时，应把重点放在内部人员拥有量的预测上，其预测的准确度相对比较高。外部拥有量的预测则着重于关键人员，如高级管理人员、专业技术人员等。

旅游人力资源的供需预测是一项技术性较强的工作，其准确程度直接决定了规划的有效性。因此，除了正确选择方法外，对预测人员数量、结构、素质、业务能力和经验的选择也很重要。

4.1.9.3 规划的制定和实施阶段

规划的制定与实施紧密相连。通常旅游组织首先形成人力资源战略，根据人力资源战略制定总体规划，再制定各项具体的业务计划以及相应的人事政策，以便各部门贯彻执行。旅游人力资源规划的制定要保持各项计划和政策的一致性，确保通过计划的实施使未来旅游组织对人力资源的需求得到满足，旅游人力资源战略的目标得以实现。旅游人力资源供求达到协调平衡是人力资源规划的基本要求。

旅游人力资源规划最终要付诸实施。在方案执行阶段，关键问题是必须要有实现既定目标的组织保证。除分派负责执行的具体人员外，还要保证实现这些目标所需的必要权力和资源。

4.1.9.4 规划的评估和反馈阶段

旅游人力资源规划是一个持续循环的动态过程，它具有滚动发展的性质。旅游组织将人力资源的总体规划和各项业务计划付诸实施后，要根据实施的结果进行评估，并及时将评估结果进行反馈，以修正人力资源规划，使其更切合实际，更好地促进旅游组织目标的实现。

在评估审核的方法上，可以采用目标对照审核法，即以原定目标为标准进行逐项评估审核；也可以采用广泛搜集并分析研究有关数据的方法，如在某一时段内各类人员的流动情况、员工的生产积极性等。

在对旅游人力资源规划进行评估时，一定要尽量做到客观、公正和准确。同时，要进行成本效益分析以及审核规划的有效性。而旅游人力资源是否有效运用，也可从若干指标显示出来，如人力成本降低、劳动生产率提高、服务质量改善等。

在有些企业中往往存在只重视人力资源规划的制定与实施，而忽视人力资源规划的评估工作，这可能导致人力资源规划流于形式，最终导致战略目标无法实现。对人力资源规划的实施结果进行评估可以明确规划的有效性，了解问题所在，促使规划得到更好地落实。

4.1.10 旅游目的地人力资源管理体系

旅游已经成为中国居民生活消费的重要组成部分，旅游目的地工作人员的素质如何，对旅游目的地的长远发展是至关重要的。如果服务人员素质高，则可以在很多方面弥补旅游目的地的不足；如果服务人员素质低，则会在很大程度上影响旅游目的地的形象、声誉。因此，在旅游目的地人力资源开发的过程中，要十分注重对人力资源的规划和管理。

4.1.10.1 旅游目的地所需人力资源分析

A 旅游宏观管理人员

旅游宏观管理人员主要包括旅游规划建设、企业管理、市场营销、环境保护等科室的专业管理人员，集团公司高层管理人员、规划建设专家、旅游企业管理专家、市场营销专门人员、保安专家、财务与旅游统计专业人员等。

B 酒店与餐饮管理服务人员

酒店与餐饮管理服务人员主要包括管理人员、生产人员和餐厅服务人员。管理人员通常分为三个层级，即高层管理人员、中层管理人员和低层管理人员；生产人员包括：总厨、厨师、助理厨师、餐具服务助手、管事员、仓库验收保管员、面点师等；餐厅服务人员是指在餐厅、酒吧等餐饮设施中面对面为旅客提供服务的工作人员，包括餐厅的餐厅经理、领班、值台员、引位员、调酒师、传菜员、收银员等。

C 体育、娱乐设施管理服务人员

体育、娱乐设施管理服务人员主要包括旅游中的潜水、赛艇、帆船、水上降落伞、水上牵引滑水、垂钓烧烤、登山、攀岩、探险、狩猎、拓展、球类等项目的管理人员，以及教练员、医务人员、服务员和水上运动的救生员等。

D 旅游景点管理服务人员

旅游景点管理服务人员主要包括自然、人文景点的管理人员，出纳员、售票员、保洁、保安、检票员、巡守员、导游员等。

E 旅行社与旅游代理机构管理服务人员

旅行社与旅游代理机构管理人员主要包括旅行社与旅游代理机构的高层管理人员，旅行社与旅游代理机构的联络部、接待服务部、票务部、财务部、人力资源部、宣传公关部、办公室等部门的管理人员，以及导游员和服务工作人员。

F 基础设施管理服务人员

基础设施管理服务人员主要包括交通、通信、医疗保健、托儿教育、金融保险、商业等各类管理人员、技术人员和服务人员。

G 旅游商品生产营销人员

旅游商品生产营销人员主要包括生产各类旅游商品的创意设计人员、技术人员，企业管理人员及商品的销售、服务人员。

H 旅游专业研究人员

旅游专业研究人员主要包括对旅游产业发展战略、旅游市场营销、人员培训等方面进行宏观研究的研究人员和对民俗文化、服饰饮食等进行专门研究的专业研究人员。

4.1.10.2 旅游从业人员需求预测

人力资源需求预测是企业为实现战略和经营目标，从而对未来某阶段需补充人员的数量、质量和结构进行推算的过程。目前，人力资源需求预测方法很多，总的来说可以分为定性预测法和定量预测法两大类。

A 定性预测法

经验预测法：可分为“自上而下”和“自下而上”两种方式。前者是指由管理层根据经验预测总需求，制定需求指标然后分配到各部门；后者是指统计各部门需求进行汇总。

专家预测法：召开专家会议，让专家交流意见并讨论，最终形成意见一致的预测报告。

德尔菲预测法：用信函方法向多位专家征询预测意见，并经几轮征询，使预测意见趋于集中，最终做出符合需求的预测报告，如图 4-2 所示。

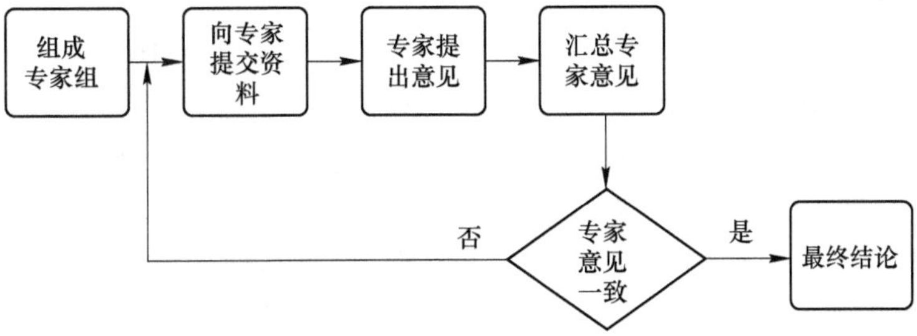

图 4-2　德尔菲预测法

驱动因素预测法：找出组织经营活动中对人力资源需求影响最大的因素，预测驱动因素的变动，进而预测人力资源需求。

B　定量预测法

趋势预测法：根据组织过去几年的人员数量，分析它的变化趋势并预测未来人员的需求量。

回归预测法：找出与人力资源关系密切的因素，并根据过去的相关数据确定它们之间的数量关系，建立回归方程，然后根据这些因素的变化以及确定的回归方程预测人力资源需求。

比率预测法：先预测出人均的生产效率，然后根据组织未来的业务量预测出对人力资源的需求。这种方法还可进一步延伸，利用各类人员之间的比率关系，根据已知的某类人员的数量来预测对其他人员的需求。在对人力资源需求预测过程中不能只采用某一种方法，而应将多种方法结合起来使用，使预测更为精确，符合实际需求。

4.2　旅游目的地人力资源开发

长期以来，人们对于旅游目的地旅游质量的认识，习惯上认为它只适合于旅游资源和旅游产品。实际上，人力资源质量已成为旅游企业核心竞争力的重要来源，必须加以提升以适应不断发展变化的市场需求。旅游业是一种服务性行业，相对于其他服务性行业来说，旅游企业应更加重视知识的运用以及人力资源的管理。人是旅游的核心所在，人力资源的质量对于旅游目的地的发展前景有着至关重要的影响，因此，旅游目的地必须关注高素质人才的开发与管理，吸引人才、培养人才、壮大人才队伍。

4.2.1　旅游目的地人力资源开发原则

4.2.1.1　充分考虑内部、外部环境变化原则

旅游目的地人力资源规划，只有充分地考虑了内外环境的变化，才能适应需要，真正做到为旅游目的地的发展目标服务。内部变化主要是指旅游目的地发展模式的变化、旅游

目的地开发方式的变化、旅游目的地发展战略的变化、旅游目的地员工的流动变化等；外部变化主要是指消费市场的变化、政府有关人力资源政策的变化、人才市场的变化等。为了更好地适应这些变化，在人力资源规划中应该对可能出现的情况做出预测和风险衡量，最好能有面对风险的应对策略。

4.2.1.2 确保人力资源保障原则

旅游目的地人力资源保障问题，是旅游目的地人力资源规划中应解决的核心问题，包括人力资源的流出、流入、社会人力资源的供给状况、人力资源的流动比率分析。只有有效地保证对旅游目的地的人力资源供给，才可能进行更深层次的人力资源管理与开发。

4.2.1.3 保障员工长期利益原则

人力资源规划不仅是面向旅游目的地的规划，而且是面向旅游目的地工作人员的计划。旅游目的地的人力资源规划应保障员工的各种利益，包括基本的劳动报酬权、应有的休息休假权、获得劳动安全卫生的权利、享受社会保险的权利、享有职业技能培训的权利等。优秀的人力资源规划，一定是能够使旅游目的地工作人员得到长期利益的规划，也一定是能够使旅游目的地和工作人员共同发展的规划。

4.2.1.4 立足本地原则

优质的旅游目的地人力资源规划，必须是有旅游目的地当地人员参与的，人力资源开发立足本地，可以达到人员队伍稳定、企业经济实惠、本地经济得到带动发展的多重效果。当然，少数紧缺专业本地一时没有，从外地引进是必要的，这并不与立足本地原则相矛盾。

4.2.1.5 以人为本原则

树立以人为本管理思想，人在经济发展中属于最活跃的因素，是一个企业取之不尽用之不竭的资源。我国旅游从业人员众多，与此同时旅游从业人员的大量流失却是旅游业发展的一种普遍现象。虽然人力资源的合理流动可以给旅游企业注入新鲜血液，但流动过大既会增加旅游企业的培训成本，员工思想不稳定，管理难度增大，又易泄露旅游业的大量商业秘密。因此，在旅游管理中应坚持以人为本，改革现行的旅游人才工资制度，实行不同岗位工资分配的层次化管理，给员工更多的发展机会和晋升空间，重视培训和教育，使员工在心理上受到重视、感到满足。

4.2.2 旅游目的地人力资源开发策略

4.2.2.1 通过多种形式、多种渠道引进及培养人才

要强化我国旅游市场人力资源的开发必须要有效整合我国旅游教育方面的资源，形成一个多形式、多层次的人才培养以及旅游教育体系。同时，还要坚持区外引进与本地培训并重，在岗培养与院校培养并重，终身教育、竞赛教育以及继续教育共同作用的原则来壮大我国旅游业人力资源的队伍，通过多形式、多渠道引进及培养人才，以此来满足我国旅游业发展的需要，推动我国旅游业的发展。

4.2.2.2 培养旅游业人力资源开发与管理意识

人力资源是推动旅游业发展与进步的首要资源，在旅游业的发展过程中要正确看待人力资源的开发与管理工作，把这项工作真正落实到位。旅游企业的管理人员要树立正确的人才观念，充分认识到人力资源在社会及经济发展中的决定性、战略性、重要性以及基础

性作用，把吸引、培养以及用好人才当作其重要任务抓好抓紧，树立正确的人才观念，为更好地开发及管理人才服务。

4.2.2.3　重视人力资源，增强旅游市场人才结构的稳定

要稳定旅游市场人力资源队伍的结构，第一，要对现有的分配制度进行必要的改革，通过层次化管理来分配工资，从而逐渐消除薪酬体系中存在的各种不公平问题。同时还要对其他行业的薪酬情况有一个大体了解，这样才能确保相同职位的平衡薪酬，防止出现恶意争夺人才的问题。第二，旅游企业要通过开展员工辞职面谈、工会协调、福利制度以及有特点的休闲等来对员工进行肯定。第三，要给员工提供一个良好的发展空间，旅游企业管理人员要努力创造能够锻炼及发挥员工才能的机会，使员工从中不断提高自己，并获取提升的机会与空间。第四，要逐渐改变不尊重员工、不顾及员工感受的传统的权威式的管理模式，给员工创造一个愉快轻松的工作氛围，使其在工作中有足够的自主权，并能够获得别人对自己的尊重与认同，不断培养员工的成就感。第五，要积极改变员工的结构队伍，通过个性心理结构、性别结构、年龄结构以及知识结构等对员工进行科学合理的组合，使其在一个融合度极高的群体中工作。第六，对素质较低的员工进行必要的培训，使其不断提升对工作的热情，如果部分员工不能通过培训来努力提高自己，工作态度方面存在较大问题则可以通过减员的方法优化人才结构，增强人才结构的稳定性，进而更好地保障我国旅游业的稳定健康发展。

4.2.2.4　抓好旅游市场的人力资源开发与管理工程

我国旅游企业要根据自身的需要来发展与引进人才，在补充内部人才时要抓住以下三点。首先，培养优秀的行政管理人才，旅游企业行政管理者专业素质以及领导能力直接影响到旅游企业的发展与进步。旅游企业要对各级管理人员进行有计划、分层次的培训，以此来提高其有效管理以及依法行政的能力。其次，加强对紧缺人才的培养，旅游企业的紧缺人才主要是高级职业管理人员，可以通过专业技术人才、电子商务人才、旅游商品设计人才、旅游商品开发人才、会展人才、市场促销以及度假区管理培训等途径进行培养。在培养的过程中还要通过职业经理制度进行管理，不断加快人才培养的步伐。最后，还要积极引导相关院校增开一些新的科学及新的专业来培养急缺的高级管理人才，还可以鼓励与支持一些培训机构进行快速培养。

4.2.2.5　健全人才管理机制以及激励机制

旅游企业要建立健全人力资源开发与管理机制，不断优化工作环境，以此来稳定与吸引人才。旅游企业要通过人力资源开发与管理机制引进与招聘各种人才，并科学合理地吸引人才，使用人才、留住人才以及管理人才，努力做好人力资源开发与管理的规划，分析与调研工作来优化人力资源环境，以此推动旅游企业对人力资源的开发与管理。此外，还要把员工看作是企业的无形资产或者重要资源，而不单单是生产成本，大力开发与培养人才，引进各方面优秀人才，这就要求管理人员必须要用战略性的以及长远发展的眼光来看待人才。同时还要建立健全人才激励机制，不断培养人才的归属感以及成就感，满足其自我实现需求以及被尊重的需求。通过健全人才激励机制还可以使员工真正地参与管理，从而培养其集体荣誉感，增强自己的责任感。另外，旅游企业还要通过建立高风险汇报以及高职高薪机制来引进与培养高级管理人才与紧缺人才，并通过采取各种奖惩措施激发旅游企业员工的工作热情。

4.2.3 旅游目的地人力资源开发的任务

4.2.3.1 科学地了解和评价旅游从业人员

科学地了解和评价旅游从业人员，是不断培养和造就各类旅游人才，促进旅游业正常运作与发展的基础。了解旅游从业人员，不仅要了解他们的需求与动机，而且还要了解旅游各岗位对他们的生理需求、伦理需求、智力需求与技能需求；从保护人力资源、挖掘人力资源的潜力出发，树立其主人翁意识，地位与责任，通过目标管理和竞争机制，达到旅游从业人员的自我设计与自我完善的目的。对人的评价既要从整体观念出发，树立科学的评价原则与方法，也要从个体的特殊性出发，评价个体的基本素质、思想意识、能力与业务水平及造就的可能性。

4.2.3.2 积极造就及合理使用旅游从业人员

旅游从业人员要适应旅游业的发展，必须具备旅游行业素质，而旅游业是一个庞大的旅游行业集合体，各类专业人才素质要求各异，客观上需要对他们进行专业训练和素质培养，才能达到规定的行业素质标准。训练和培养既包括有计划有目的的旅游服务经营技巧和岗前、岗后培训，素质培训和专业培训；也包括积极引导及创造条件让从业人员发挥其主动性，进行自我训练和培养，求得自我发展。旅游业是服务性行业，特别是旅行社行业更是知识密集型的服务性企业，需要大量具备广泛知识和高超服务技能的员工，制度化的培训因此成为旅游人力资源开发中的重要一环。

造就人才的目的就是为了使用人才。合理使用人才就是要通过旅游各行业工作分析，职位分类，绩效考核，职位调动和提升，根据每个人的个性、性格、气质、能力的特点，扬长避短，恰当地分配工作，即把个人特征同工作岗位的特征有机地结合起来，使岗位要求与个人素质相匹配，工作报酬与个人能力相匹配，充分发挥人的有效技能，以获得理想的人力资源开发效果。

4.2.3.3 旅游人才的有序流动和调配

合理的正常的旅游人才流动既是市场经济发展的必然结果，也是旅游业各部门之间以及旅游业与其他行业之间竞争的产物。旅游人才的流动对于流出地来说，可能造成一定的经济损失，也可能由于提高其劳动效率并减少工资支付而取得效益；对于流入地来说，能够得到人力资源，使自己的经济活动注入新鲜血液，特别是高质量的人才流入，更能节省人力投资，取得经济效益。因而，旅游部门要想做好人才流动工作，就应懂得人才流动的必然性，并根据人才流动的规律，适时制定旅游人才的引进战略、培养战略和稳定战略，建立合理的人才流动机制和旅游人才库，促进旅游人才的有序流动。

人才调配是指旅游各行业内部允许个人根据自己的特点、爱好和对岗位的适应性，在各岗位间进行适当的调整。它是挖掘人力资源潜力，减少员工对本职工作厌烦感，提高其工作积极性的好方法，也是提倡员工从专才向通才转化，实现灵活性的劳动组织管理制度的客观需求。同时，旅游人才的调配、岗位的变换，对全面培养员工的整体观念十分有利。

4.3 旅游目的地人力资源管理

4.3.1 旅游目的地人力资源管理体系构成

人力资源管理体系是指为了实现组织的战略目标，对人力资源实施有效管理，即对人力资源进行计划、获取、整合、开发、利用和控制的管理体系，它是组织管理体系的一个子体系。旅游目的地人力资源管理体系是由职务分析体系、招聘选拔体系、绩效管理体系、薪酬福利体系、培训与发展体系、反馈评估体系组成。旅游目的地人力资源管理体系是一个有机的整体，其各个组成部分之间存在着有机的联系。人力资源管理体系各个组成部分之间的关系，如图 4-3 所示。

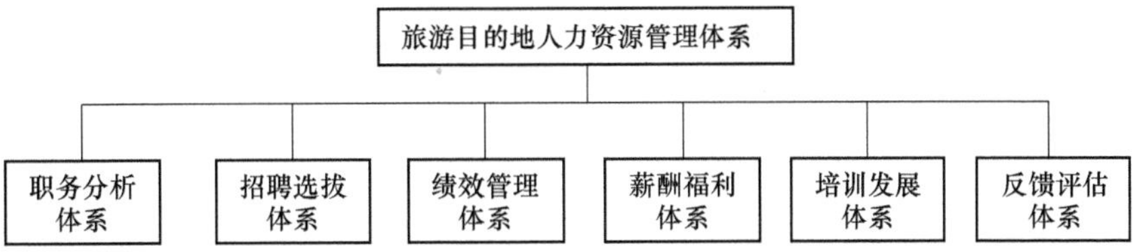

图 4-3　旅游目的地人力资源管理体系

4.3.2 旅游目的地人力资源管理体系的构建

相对完整的旅游目的地人力资源管理体系包含四个系统，即导向系统、理念系统、业务系统、保障系统。旅游目的地人力资源管理体系的构架，见表 4-1。

表 4-1　旅游目的地人力资源管理体系

系统	内容	系统	内容
导向系统	管理者素质的提升	理念系统	人力资源价值观和理念、团队精神和沟通机制、企业人际关系、企业文化理念
业务系统	制度与政策的建立、岗位分析与工作职责的制定、人员招聘管理、薪酬福利管理、绩效考察管理、人员离职管理	保障系统	战略人力资源管理、员工职业生涯设计、培训与人才开发

4.3.2.1 导向系统

导向系统，即引导、构建、运营整个体系的系统，主要指的是旅游服务企业的管理者，特别是高层领导者。因为旅游服务企业的高层领导无疑是设计、实施人力资源管理体系并指引其发展方向的核心。

现代企业人力资源管理工作早已超越了人力资源部门本身的范畴，转换为企业所有管理者的协同工作。人力资源管理的核心是人，只要涉及管理员工的管理者就是人力资源管理的实施者。在体系的构建过程中，不断提升管理者的素质，有针对性地开展非人力资源经理的人力资源管理实务培训是目前的当务之急。

4.3.2.2 理念系统

理念系统是指支持该体系构建和运行的企业观念集合，其中包括塑造企业人力资源价值观和统一的理念、团队精神和沟通机制、企业人际关系以及企业文化等方面。理念系统构成了企业的软环境，为构建人力资源管理体系打下基础。

A 人力资源和价值观理念

构建旅游服务企业人力资源管理体系的前提是在企业内部推广先进的人力资源管理理念，特别是对企业各级管理人员的理念进行提升和引导，从而形成统一的人力资源价值观，突破原有人事劳资管理的惯性思维。

B 团队精神和沟通机制

好的沟通机制是构建团队、塑造团队精神的重要渠道，也是判断企业良性发展的重要依据。流畅的沟通机制，一方面表现了企业管理者优秀的管理能力，另一方面也反映了企业内部成熟的制度和积极的文化。

C 企业人际关系

从实践中发现，旅游服务人员的情绪好坏与服务效率或者质量成正比关系。当员工处于积极的正面情绪时，其服务效率或质量都明显提高，反之则相反，而调节员工情绪的重要途径是建立和谐的企业人际关系。国际先进的旅游服务企业已经建立起了一套科学完善的服务人员情绪管理方法，值得同行业的企业学习。

D 企业文化理念

企业文化的重要性日渐受到企业的重视，越来越多的企业正在试图建立起符合自身需求的企业文化，同时，希望通过持续的口号式传播，最终在企业树立自身独特的企业文化。不过，在形成企业文化的实践过程中，公司应该更加弱化语言层面的文化理念，更加注重在员工感受层面的理念塑造。当企业在大力宣传和引导某种文化理念的同时，更应该将这种理念落实在日常经营管理的过程中。

4.3.2.3 业务系统

业务系统执行了人力资源管理体系的核心功能，主要包括制度与政策的建立、岗位分析与工作职责制定、人员招聘管理、薪酬福利管理、绩效考评管理、人员离职管理等内容。

A 制度与政策的建立

我国旅游服务企业大多处于从原有人事劳资管理向现代企业人力资源管理逐步发展的过渡时期，很多企业已经有意识地制定了许多人力资源管理制度，这无疑为管理转型奠定了基础。不过，一方面，这些制度和规定需要更加紧密地与企业实际需要和现状相结合并不断更新发展；另一方面，企业需要在经营管理中进一步提升执行的力度和强化转型的决心。

B 岗位分析与工作职责制定

岗位分析包含两部分，即岗位说明和任职条件。岗位说明是指根据实际情况，围绕岗位本身，对岗位的相关内容进行客观叙述，通常包含岗位含义、责任和职权、上下级关系以及工作环境等内容，这是人力资源管理规范化的前提。任职条件是对该工作岗位的关键胜任要素进行概括，其中包括胜任人员的基本条件、工作经验、专业技术能力、岗位培训要求以及岗位特殊要求等方面。企业可以通过详细的任职条件，有效地实现人岗匹配。

C 人员招聘管理

人员招聘与录用是企业发展的首要环节，面对旅游服务行业高强度的竞争态势以及高素质旅游服务人才的不断流失，人员招聘管理工作已经成为旅游服务企业人力资源管理的重点和难点，许多企业已经将优秀人才作为未来发展的重要战略资源来培养和储备。同时，由于旅游服务企业的工种较多、服务范围广，企业需要通过不同的招聘手段和技术、不同的招聘渠道来寻找胜任不同岗位的人才。

D 薪酬福利管理

薪酬制度是人力资源管理的核心制度，集中表现了企业人力资源管理的引导方向和关注重点。一套有效的薪酬体系不仅能提高员工积极性，同时也可以激发员工潜能，为企业发展积蓄后劲。

福利是员工的一种间接薪酬形式，可以帮助企业增强员工归属感，提升企业声誉。当同行业企业之间的薪酬水平相差不多时，不同的福利制度就突显出巨大的差异。

E 绩效考评管理

绩效考评管理是指企业管理者和员工共同执行的绩效目标制定、绩效考核执行、绩效结果沟通、绩效考评应用、绩效目标实现的持续引导过程，绩效考评管理的目标是不断提高员工及企业的绩效水平。

在实际操作过程中，一线服务人员的绩效考评指标往往过于主观化，很难客观地反映其工作效率和质量，使得员工很难把握绩效改进的重点。另外，大多数企业还停留在只“考”不“评”的状态，即使有些企业要求各部门、各班组开展考评，也往往因为绩效指标不合理而流于形式。

F 人员离职管理

旅游服务行业的离职率一直比较高，尤其是优秀的年轻员工。虽然一定的员工流动可以优化组织结构，为经营增加活力，但过高的流动率会削弱员工积极性，提高招聘和培训成本，最终影响服务质量。所以，企业应通过科学的离职面谈，不断反思和改进可能存在的问题，让离职者成为公司最优质的资产。

4.3.2.4 保障系统

保障系统主要是指为其他系统的运营提供支持和保障，没有保障系统的补充，人力资源管理体系的建立是不完整的，是缺乏发展潜力的。保障系统包括战略人力资源管理、员工职业生涯设计、培训与人才开发等内容。

A 人力资源战略管理

人力资源战略管理的含义是，为实现企业发展战略和经营目标而执行的一系列有计划、具有战略性意义的人力资源部署和管理行为。旅游服务企业的员工离职率较高，在这样的行业特点影响下，尽快将人力资源规划上升到企业战略管理的层次是必要的，这将提高人力资源部门管理的整体效能。

B 员工职业生涯设计

旅游服务企业的员工职业生涯规划大致有三个类型：

（1）纵向延伸，即员工职务级别由初级到中级，再到高级不断提高，但越到高级的职务越少，竞争越为激烈，职位总体呈正金字塔结构；

(2) 横向延伸，即员工在同一岗位级别的不同职务之间进行调配，这样的岗位流动可以挖掘员工潜能，同时促使员工掌握不同的工作技能，为晋升奠定基础；

(3) 向中心积聚，在员工职务等级没有提升的前提下，安排其承担更多的工作任务或者管理职责，甚至给其参与企业重大决策的机会。

以上三种路径都可以有效地推动个人在企业的发展。在我国旅游服务企业的实践中，企业往往通过等级薪酬制度，引导员工的职业生涯朝纵向发展，但往往因为中高级职位相对固化，影响员工持久的积极性，从而导致人才流失。企业应该通过建立宽带薪酬体系，有意识地为员工建立起横向发展机制以及向中心发展的渠道，有效地留住高素质人才。

C 培训与人才开发

培训与人才开发是人力资源管理的突出职能。传统人事劳资管理将企业的员工视为成本或者负债，对员工是消极被动的假设，传统落后的旅游服务企业主要采用降低工资、减少福利、裁减人员等措施进行人事管理；而现代企业人力资源管理将人看作一种可供开发的资本，对员工抱有积极能动的假设，在市场竞争中领先的同行业企业往往将提升员工素质、挖掘人力潜质作为人力管理的首要职责，将企业的关注点调整到如何更大程度地发挥人力作用，创造更大收益。

4.3.3 旅游目的地人力资源管理方法

4.3.3.1 建立以人为本的文化

贯彻落实以人为本的经营理念，建设以人的全面发展为目标的企业文化，有利于旅游企业在人力资源管理领域有所突破并取得新的发展。这不仅仅是企业的根基，其竞争的原动力皆取决于人力资源，所以对人力资源的定位至关重要。要先从观念上打破传统观念，然后在行动上落实以人为本的理念。只有将员工个人的发展需求与企业的战略目标相融合，员工才能更好地融入企业，为企业的可持续发展贡献力量，而企业才能为员工创造更好的条件，两者是互促互进的关系。

4.3.3.2 加强校企合作

旅游专业是实践性非常强的专业，针对目前旅游教育培训中理论与实践脱节的问题，促进旅游人才教育体系和培训体系的融合至关重要。高校要改革培养模式，走产、学、研结合的培养道路，加强旅游院校与企业的紧密结合，引导旅游企业、行业协会等介入高等教育，鼓励社会创办、联办或协办旅游高等院校，聘请具有丰富实践经验的企业专家走进课堂，通过专家的言传身教，培养一批全面了解行业专业知识和实际状况的专业人才；旅游院校可以通过建立实习基地和培训基地，在解决旅游院校理论与实践脱离相互矛盾的同时，也帮助旅游企业解决实际问题，真正实现校企之间的资源共享和共同促进。旅游院校要在教育理念、教育体制、教育结构、人才培养模式和教学方法等方面进行一系列改革，培养出能体现本地化、国际化、科技化、实用化的人才，即培养市场需要的人才。

4.3.3.3 注重旅游人才培养

明确人力资源培养目标、培养模式和培养方式，不断地进行探索、引进、深化和总结富有特色的理念和方法，比如瑞士洛桑酒店管理学院的经验，以及国内旅游院校近年来提出的构建产、学、研一体化人才培养模式和机制的经验。突出主题化培养，并不是否定特色和专业化培养，全球一体化既需要复合型人才，也需要管理人才本土化。在人才的培养和选聘上必须遵循“合适的才是最好的”这一人力资源管理原则，扎扎实实做好工作，致力于培育旅游人力资源优化配置的基础环境，营造旅游人才辈出的组织文化（企业文化）氛围，促进专业化配置的良性发展。建立和管理旅游人力资源数据库，深刻理解各类旅游人才的价值取向和行为特征，更好地为人力资源的优化配置提供服务，增加人才的价值，做到以制度留人、感情留人、待遇留人、人尽其才。

4.3.3.4　运用新方法和新技术

源于美国和日本等国家的现代人力资源管理学，经过不断的丰富、完善和实践，已经成为具有可操作性的系统的管理理念和体系。对于我国旅游企业的发展来说，该管理理念和体系具有一定的借鉴意义，有利于及时改进该行业的发展；与此同时，应考虑到我国具有中国特色的社会主义市场经济与西方的资本主义经济的不同之处，有选择地应用，从而实现该管理理念和体系的中国化。从我国企业当前的情况来看，已经开始运用现代人力资源的一些新技术和新方法，如目标管理和平衡计分卡以及人事测评技术等，虽然对这些技术和方法的核心部分还未彻底掌握，但企业要坚持使用，以期实现现代人力资源管理在我国旅游业发挥巨大的作用。

本章小结

本章阐述了旅游目的地人力资源概念，分别从旅游目的地人力资源开发原则、策略、任务解释了旅游目的地人力资源开发，阐释了旅游目的地人力资源管理。

思考与练习

4-1　试述旅游目的地人力资源的概念。

4-2　旅游人力资源的规划包含哪些内容？

4-3　旅游目的地人力资源管理体系由哪几部分构成？

4-4　如何对旅游目的地人力资源进行开发？

4-5　结合你所在城市的具体情况，提出旅游人力资源管理的建议。

5 旅游目的地游客管理

本章导读

本章从旅游目的地游客管理理论入手，对旅游目的地的构成进行了划分，阐述了旅游目的地游客行为管理、影响管理。

学习目标

(1) 了解旅游目的地游客管理理论。
(2) 掌握旅游目的地游客管理的构成。
(3) 学习旅游目的地游客行为管理、影响管理。

关键概念

游客管理理论、行为管理、影响管理。

5.1 游客管理理论

5.1.1 游客管理的内涵

游客管理是指旅游管理部门或机构通过运用科技、教育、经济、行政、法律等各种手段组织和管理游客的行为过程。游客管理的目标是，在不破坏旅游地资源环境质量的前提下，最大限度地满足游客需求和提供高质量的游客体验，同时实现旅游地经济、社会和环境三大系统的可持续发展。游客管理有助于旅游管理部门更加全面深入地了解现有和潜在的游客需求偏好，建立科学的管理决策机制，提高旅游目的地经营管理水平，因而具有重要的理论和现实意义。作为一个新兴的研究领域，游客管理涉及行为学、环境学、管理学、社会学、心理学等众多学科。

5.1.2 国外游客管理研究进展

游客管理作为一种管理理念，已为发达国家旅游目的地所广泛应用。然而，长期以来，在我国旅游管理的理论研究与实践中，人们更多地关注从旅游活动客体（即旅游资源与环境）的角度研究旅游目的地的规划和管理问题，而对旅游活动主体（即游客及其管理）这一研究视角则并未引起足够的重视。总结和借鉴国外旅游目的地游客管理领域的研究成果及经验，对我国游客管理理论和实践的发展将起到十分重要的启发和促进作用。

5.1.2.1 游客需求和偏好管理研究

在游客需求和偏好研究方面，Um S 等（1990）从游客需求偏好的角度出发，研究了游客选择出游地的决策过程，并认为游客从感知到需求的过程是一个被动转为主动的变化过程；Bill Bramwell 指出，全面深入地了解游客的需求偏好对旅游规划的编制和旅游产业的发展具有十分重要的意义，Deborah Crick-Furman 提出了旅游者的多重价值观模型；Stephen W. Litvin 的研究表明，普通民众与游客以及第一次来目的地的游客与回头游客之间在旅游产品的需求偏好上存在明显差异；Noam Shoval 以耶路撒冷为例，采用“co-plot 多元分析方法”，分析了不同城市旅游者对不同城市旅游吸引物的偏好，并发现游客在旅游地逗留时间的长短和到旅游地的次数对他们在旅游地的消费有重要影响；Alison J. McIntosh 将游客对于异质文化旅游产品的需求偏好归结为 5 个方面：猎奇；了解当地传统和现代生活方式；文化的原真性；与当地人交流以及寓教于乐的学习机会等。Yong Kun Suh 研究了来自欧洲、北美和日本的国际游客对韩国首尔的旅游需求偏好，并认为游客对特定游憩活动的偏好与他们在该活动中的花费之间并没有直接的联系。

5.1.2.2 游客容量管理研究

旅游地的资源环境难以承受游客的无限增长。为了避免旅游业的过度增长为旅游地资源、环境和社会造成不可挽回的破坏，游客容量管理变得十分必要。从已有的研究成果来看，对于游客容量的研究既包括形体上、生态上的容量，也包括经济容量和社会容量。

A 客流预测的方法和技术

在旅游客流预测方面，Albert Vandermey 以加拿大卡尔加里市为例，研究了城市旅游的系统模型以及确定城市潜力和旅游需求的方法。C. J. S. C. Burger 利用时间序列法对南非旅游城市德班的旅游客流进行了预测。Lawson 等利用计算机模拟工具，虚拟出一系列游客在选定地点内作日间旅行的路线网络，并据此对旅游地的社会容量进行预测，从而完成了对 Arches 国家公园游客容量的先期预测和适应性游客管理研究。

B 游客容量管理战略和方法

Kim 通过 GIS 技术的运用来研究游客在特定地点（Lake Mead）的游憩活动、影响参数和满意度之间的相互关系，并据此确定需要实施游客容量管理的地域。Fred P. Bosselman 等将游客容量管理战略归结为 3 种：保护战略、渐进增长战略和增长限制战略。Tony Prato 在对 LAC 和 VIM 理论进行整合的基础上，提出了由自适应生态系统管理模型（Adaptive Ecosystem Management，AEM）和游客容量多种指标评分法（Multiple Attribute Scoring Test of Capacity，MASTEC）构成的游客容量的量化评价模型系统。

5.1.2.3 游客行为管理研究

H. Randy Gimblett 等尝试在定位图与 GIS 数据相结合的基础上建立动态仿真模型，对游客行为进行跟踪监测和管理，考察游客活动与景区环境以及游客游览过程中彼此之间的互动关系及其对游客体验质量的影响。Joseph Obua 等和 Samuel Seongseop Kim 等分别考察了乌干达 Kibale 国家公园和韩国国家公园游客的行为特征。Martin Oppermann 分析比较了第一次去新西兰旅游的游客和回头客之间的行为差异，发现回头客在旅游地的逗留时间通常更长，而活动范围却相对集中。Eric Laws 讨论了遗产旅游地游客行为管理对遗产保护的必要性。Neil Carr 对选择国内旅游和出境旅游的英国青年单身游客的行为做了对比研究，发现这两个群体的行为具有明显的差异，从而推翻了 Buswell 提出的旅游地的地理位置不会对游客行为产生影响的观点。

5.1.2.4 游客体验管理研究

游客体验是一种可因个人、环境、所处的情景以及个性等因素有关的，甚至是与沟通能力有关的、对特定事物的最强烈的体验（Graefe & Vaske）。早期的游客体验管理研究大都来自心理学、社会学以及人类学等领域的研究视角，然而随着学科融合趋势的发展，该领域的研究也逐渐走上了多学科融合的道路。

Benedict Dellaert 调查了荷兰游客周末在巴黎的旅游活动，发现购物和观光是当地游客体验评价最高的城市旅游活动；M. S. Jackson 提出了游客体验的归因框架。M. Doossen 等将游憩体验质量分解为使用质量（Utilisation Quality）和感知质量（Preception Qualit），并认为静谧度、可达性、水质以及其他侵扰因素是影响生态旅游地游客体验质量的主要因素。David Bowe 通过对东南亚英国包价旅行团和散客进行满意度问卷调查（Customer Service Questionnaire，CSQ）和随团考察（partcipant observation），研究了国内长途旅游团队及散客对于游憩体验的评价，并将其研究成果与以往的理论成果进行对比。Kenneth Hornback 和 Eagles 将消费领域“顾客满意度”的概念引入了国家公园和保护区管理，提出了游客服务管理、游客满意度和游客满意度管理等概念，并在加拿大的几个国家公园的规划和管理中得到应用。Natasha A. Ltnn 等将游憩使用对风景游憩地造成的冲击和对游客体验质量产生的负面影响归结为孤独感、疏离感、自然感以及人工化等 4 个方面。Atila Yuksel 根据对 Kusadasi Chamber of Commerce 数据库的分析，发现国内游客和国际游客在购物偏好、购物体验及评价等方面存在明显差异。

5.1.2.5 游客管理的运行机制

游客管理的运行机制主要包括游客管理的主体、对象、方法与工具、效果评估等内容，总体上这方面的研究较少且不够系统。国外对游客管理的研究还涉及游客安全管理、游客冲击管理等方面。总的来说，国外旅游目的地游客管理研究的内容比较广泛，但无论是学者还是管理者最感兴趣的都是游客管理的方法与工具，因而此类成果相当突出。

5.1.2.6 游客冲击管理

最早关注游客冲击问题的是 Meinecke。Bates 在这一领域开展了大量的实证研究，并成为游客冲击管理领域的重要奠基人。目前，游客冲击管理的研究内容主要包括生态、社会经济以及文化等三个方面，研究方法主要有实地考察、实验以及问卷调查等三种类型。

A 生态冲击

对环境生态冲击的研究起步最早，文献数量上也远胜于其他两方面的研究。Bayfield 关于人类践踏行为对土壤和植被破坏的研究，在全球范围内引起了学术界对于游客冲击的广泛关注。Cole 致力于游径和露营地等对山区生态冲击的研究，并提出了一项有关游客生态冲击的标准草案。对于保护旅游资源，尤其是自然旅游资源的目的，Wyoming Game 等倡导“非消耗性的休闲旅游”，即尽量以观光游览取代参与性旅游活动。Meiczkowshi 和 Hevengeaard 将游客对遗产旅游地造成的冲击概括为过度拥挤、过度开发、无规则游憩活动、垃圾污染、汽车活动以及对土壤、植被产生的冲击和影响等。尽管 Hardie 提出了“游客冲击与游憩使用程度之间没有直接的联系”的观点，但是到目前为止，大多数学者都认为，游客对目的地的冲击与游憩使用程度之间存在正相关关系。Nina S. Lukashina 研究了俄罗斯 Sochi 地区在游客冲击下的环境退化和旅游产业发展问题。Dave Alden（1997）从生态经济学的角度，提出了公园生态系统游客冲击管理的 4 项指导性原则灵活的团队管理（adaptable community control）、数量限制（quantity constraints）、平等可入（equity of access）以及花费最少原则（least cost）等。Natalia Tabatchnaia-Tamirisa 研究了夏威夷能源使用与不断增长的游客接待之间的关系。Ricccardo Beltramo 等主张通过建立旅游地环境管理体系来对游客活动及其他变量进行规制，并引入 Stella 模型分析旅游地可持续发展问题。制定游客行为规范是最常见的生态冲击应对策略，其他措施还包括在特定地点对特定的游憩活动进行限制（Hawes）；设置栅栏或围篱（Blamey，CALM，Hawes）等。

B 社会经济冲击

Smith 提出了"旅游人类学"的概念，从而使游客对旅游地社会文化冲击领域的研究取得了突破性进展。John Glasson 研究了牛津作为英国国内和国际旅游接待的中心地之一，面临着巨大的游客冲击压力。Nicholas Haralamboulos 等认为，游客对于目的地经济社会方面的冲击主要表现为引起物价上涨、毒品泛滥、公共设施破坏、嘈杂、性骚扰以及犯罪等。Fox 把游客对目的地社会、文化的影响定义为"人类之间的冲击（People Impact）"，即指游客对宗主社区的影响及与当地人之间相互影响的过程。Stuart Mc Minn 对洪都拉斯伯里兹城的不同游客群体对城市经济、文化和社会的影响做了研究。D. Sun 认为应当从规划、管理、教育以及法律等 4 个方面来应对游客冲击。Joseph E. Mbaiwa 认为"飞地旅游（enclave tourism）"不利于实现旅游目的地经济社会的可持续发展。

5.1.3 国内游客管理研究进展

5.1.3.1 环境容量管理

国内关于游客管理的研究源于对旅游地环境容量的研究，基本公认的游客管理措施就是把游客量控制在环境容量范围内。吴必虎指出，游客管理的关键之一，就是确定正确的旅游容量，包括自然容量、感应容量、生态容量、经济容量以及最佳容量。胡忠行和朱爱珍把旅游环境容量分为旅游资源容量、旅游生态容量、旅游经济发展容量以及旅游心理容量，并以天台山国家风景名胜区为例对这几种容量的计算方法进行了介绍。

5.1.3.2 游客行为管理

从生态学的角度开发多种游客行为管理的措施。在饮食方面，设计、使用生态化餐具，树立游客生态消费的观念；鼓励游客使用距产地近的食品，减少流通环节中能源消耗；提醒游客适量点菜；鼓励游客打包剩菜。在住宿环节，对游客进行集中的教育。在交通方面，实行环保包车，开辟换乘中心，且让游客深入了解实施这些措施的目的，避免旅游项目的泛化和庸俗化。旅游者行为包括决策过程、旅游活动、旅游后活动。

5.1.3.3 游客体验管理

游客体验管理实质就是满足游客体验需求，提高游客旅游满意度。游客体验是旅游者在旅游过程中通过与旅游产品取得联系而改变其心理水平并调整其心理结构的过程，根据旅游需求把旅游体验分为情感体验、文化体验、生存体验、民族风情体验、学习体验、生活体验、自然体验、梦想实现体验、娱乐体验等九种。游客体验管理有现实性和必要性及其评价方法，对游客管理的构想，分析游客体验世界、设计品牌旅游体验、营造体验旅游氛围、建立与游客的接触。体验旅游是旅游发展到高级阶段的一个标志，游客对文化的、生活的、历史的体验，重视游客参与性与融入性，并按照游客参与及体验的深刻程度将旅游体验分为表层体验、中度体验、深度体验三个层次。在旅游项目体验设计中，其设计应从旅游者直接体验出发、从旅游内容功能出发，并提出其应达到全身心、全方位、创新、创异等目标和五可、五看的要求。

5.1.3.4 *游客管理方法与措施*

针对游客对资源环境的影响和游客对自身的影响等问题，开发一些可供选择的管理策略。一是运用科学的计划管理框架指导决策，以生态环境承载力为决策原则，建立资源监督系统，实现对保护区的限制性管理。二是运用配额法、收费法、集中选择法、强制规定法、调控法等应对策略有针对性地进行最优化方案的游客管理。

我国旅游业部分服务人员的整体技能、职业水平参差不齐，并存在大量的流动性兼职导游，提出应加强游客管理人员及导游人员的培训和管理。

针对游客管理中管理者意识薄弱、管理内容侧重使用间接管理手段等问题，其提出了相对系统的对策：

（1）制定系统的城市游客管理规划；

（2）建立完善的旅游信息资讯系统；

（3）实施游客分流技巧；

（4）做好热点景区的排队管理；

（5）加强旅游服务质量的管理；

（6）建立高效的游客投诉体系；

（7）巩固城市的游客安全管理；

（8）培养旅游者环保意识。

对旺季游客量过大的问题开发了三条管理策略：

（1）“预防”与“治理”双管齐下，调节景区游客流量；

（2）增加游客体验活动，应用现代科技，实现管理系统的自动化；

（3）营造良好的景区环境，促使游客自我管理。

针对郊野公园的游客管理问题，开发了“内外兼修”的游客管理模式。

外修方面：加大法律法规的制定与实施，明确游客在旅游景区的权利与义务。

内修方面包括：

（1）促使游客积极参与法律法规和管理条例的制定；

（2）加大科普知识的宣传与教育，增加游客的体验式学习与活动；

（3）搭建游客与旅游管理人员沟通交流的桥梁；

（4）发挥社会力量的监督与配合作用。

我国游客管理的不足之处具体表现为：

首先，过度追求经济效益，增加游客数量，缺乏游客管理的意识；

其次，缺乏对旅游从业人员的管理能力和管理意识的培训；

最后，旅游景区的硬件设施不完善，未能形成行之有效的景区管理体系或方案。

针对以上不足，具体举措如下：

（1）出台游客管理的行为准则和管理条例，加强宣传教育；

（2）加强旅游从业人员的培训，提高其职业道德素质；

（3）采用“激发型”和“约束型”双管齐下的游客管理方法，实现游客行为管理的目的；

(4) 完善硬件服务设施建设，营造良好的旅游氛围。

对公园中游客对环境的冲击、游客的各种不良行为、管理监管力度不够、公共管理欠缺等现象提出游客限制策略，游客分散管理，游客环境教育与宣传，增加资源的耐久使用长远利益等建议。

5.1.4 旅游目的地旅游管理案例比较研究

5.1.4.1 游客容量管理

目前旅游目的地解决游客容量排队问题可归纳为三种方案。

(1) 优化产品或服务的运营方案，也就是巧妙使用已有资产，致使等待时间缩至最短。如在英国奥尔顿塔楼、伦敦眼等主题公园引入绩效排队体系，即通过计算机订票系统保留各自位置，并在指定时间获得相应位置，绩效排队的意义在于基本避免了排队等待现象。有时为达到数量控制目的，可以采取特别的办法，如美国黄石国家公园采取抓阄进入的办法控制每日入园人数。在澳大利亚出现一种利用计算机程序模拟游客时空分布的管理方式，通过虚拟游客行走运行的状况，实时监测游客时空分布状况。这样能够详细严格的管理、预测游客的行为分布，将游客管理的效率大大提高。

(2) 优化客流方案，就是使客人在体验服务过程中能够自主的安排他们的活动。在迪士尼乐园，游客可根据《迪士尼指南》在尚未进入迪士尼之前就可以知道他们的选择。为了提高游玩质量，公园里提供的小册子和指南也包含许多小提示，并且在提示板上列有每个景点需要排队等候的大概时间。目前国内欢乐谷也采用了类似措施。

(3) 优化排队体验方案，也就是游客在排队等候过程中，可播放一些预告短片减少客人的烦躁心情。在迪士尼，上述各种方法只不过是用来解决令人头痛的排队问题的一些策略样本，而迪士尼最新措施——快速通关服务，最受欢迎。快速通关是一项革命性的计算机预约系统。当客人来到一处具有快速通关服务的景点时，他们既可以选择传统的排队方式等候，也可以通过刷卡通过十字转门。游客刷卡时会随即产生一个通关标志，可获得一小时的自由支配时间。游客只需在规定的时间内返回，便可以通过一个短的、专用的队伍直接进场观看预演或者是进入景点的乘车区。

5.1.4.2 游客满意度管理

如今旅游目的地都会通过顾客管理信息系统（CRM），提升游客满意度，力争在激烈的竞争中立于不败之地，迪士尼也不例外。不同的是，迪士尼运用现代的数字技术，把顾客管理系统做得更加完美。迪士尼的客户管理系统由 Pal Mickey 和顾客信息数据库两部分组成。Pa Mickey 是鼻子里装有一个功能强大的红外传感器的玩具娃娃，可以为游客提供最短的游览线路乘车提示以及各项娱乐活动的信息，这方便了顾客在游玩的过程中做出决定。迪士尼还建立了一个规模巨大的顾客信息数据库。该数据库可以随时更新，迪士尼的工作人员可以随时了解游客的来源、游玩的具体情况，并根据具体情况提供个性化的服务。迪士尼公司在迪士尼大学培训计划中把“顾客至上”这一观点贯彻得非常好。他们培训员工的时候从细节入手，教导员工如何向游客微笑，怎么与游客打招呼，更重要的是教会员工礼貌的待客方式，愉快地与游客交流及怎样帮助解决游客的问题。迪士尼不但用自己的方式帮助顾客，而且还会及时听取游客的意见。迪士尼对待游客不分尊卑，他只在乎让每一位来到迪士尼乐园的游客高兴而来，满意而归。

在行业系统良好运作的有利环境中，法国旅游供应商为国内外游客提供独特的优质服务。根据法国旅游委员会的国际游客满意度调查报告，91%的受访者对法国旅游满意，而非常满意的约占62%。在景区、景点的规划与管理上，法国并不会为经济利益而牺牲珍贵的文化遗产。相反，通过发展旅游，可使其价值更好地服务于包括当地人在内的社会公众，同时也加强对历史和自然遗产的保护。

举个简单的例子，在巴黎游客最集中的塞纳河游览，便可深切地认知法国为征服世界游客所展现的创造力。法国旅游从业者们还十分注重高新技术的应用，并走在时代前列。在大大小小的博物馆里，参观者通常可以见识到新技术十分人性化的应用，这使得人们的参观更加富有趣味。最后，组织有方的文化节庆活动也让法国魅力四射，高水平的地方性节日可以说是遍地开花。如南部地区戛纳电影节、尼斯嘉年华、阿维尼翁戏剧节、昂蒂布朱安爵士节，每年这些盛会都会吸引众多来自世界各地的游客。

5.1.4.3 游客行为管理

在游客行为管理案例中，要分为刚性管理和柔性管理两种方式。刚性管理方式是指旅游目的地采取一些规范与约束游客的措施。如在西班牙有关部门对个别不文明行为采取两种措施：一是不严重的事件用文明的劝说方式加以制止了事；二是个别严重的不文明事件予以报警，由警方出面处理。西班牙所有的旅游景点都不准开饭馆和咖啡馆，也不准零售任何食品、水和纪念品，更不准乱停车。沿街叫卖的小商小贩在西班牙旅游景点是绝对禁止的，违者严惩不贷。游客吃饭、喝水和买纪念品必须到城里的饭馆、咖啡馆以及附近出售纪念品的商店。车必须停在旅游景点之外，这种情况尤其在中小城市要求更加严格。

对游客行为的柔性管理是指在旅游目的地形成良好的氛围，依靠游客的自觉性来约束自己。坐落在市中心的马德里王宫和布拉沃古典绘画博物馆一年到头都有游客排队参观，那里良好的秩序始终如一。这两个景点的大门口没有任何人维持秩序，但是有两排弯曲的白色栏杆引导人们前进，室内只有看护文物的保卫人员。在那里，如果发生什么不文明的行为，就会让人觉得是一件十分丢人现眼、极其难堪的事情，这种文明的环境促使人们不敢有什么不文明的举动。

5.1.4.4 旅游体验管理

国内外案例大多通过在生活和文化方面增强游客的体验，如普陀山在服务管理方面，实行游客的个性化管理，建立普陀山数字文化库，以便在对游客提供个性化服务中进行有效管理。通过实行档案式管理及时为特殊游客提供婚嫁服务、生日宴会、棋牌服务、健身服务、赠送纪念礼品等特色服务，提供超值体验。游客在美国H20oohh室内水上乐园游玩将无须携带钱包、信用卡或现金，游客们只需佩戴腕带即可进入乐园，还可以用腕带购买食品以及在现场储物柜存储物品。这项措施的目标就是提升游客体验，游客感到满意后将会再次光临并广而告之，以此带动游客流量，提高营业额。在文化方面，旅游目的地一般通过演出与展览形式给游客带来高质量的文化体验。

5.1.4.5 游客投诉管理

在游客投诉处理方面，案例多集中在两方面。一方面是通过人为力量来解决，例如韩国政府在首尔试点设立“观光警察”，101名“观光警察”将在首尔多个主要景点上岗值勤，受理外国游客的咨询和投诉。他们的主要职责是打击各种针对外国游客的乱收费及非法出租车营运问题。另一方面是通过先进技术来解决，如长兴岛景区便设立数辆流动投诉车，在景区内巡逻，随时接受游客的咨询与投诉，以提高投诉的解决效率。海南的远程视频旅游投诉系统服务中心一样也很人性化。

5.1.4.6 游客安全管理

目前，对于游客安全管理的案例主要集中在旅游灾害事故和旅游犯罪上。在预防旅游灾害事故上，保障游客安全是迪士尼乐园首要的价值诉求。每逢节假日由于客流量增加导致拥挤混乱时，工作人员为了保证游客享受到应有的服务标准，出于安全考虑会采取诸如限制入园人数以及游客的移动途径等措施以保障游客安全。在一些惊险、刺激的娱乐项目中，公园都会有详细的安全提示，并为有特殊需要的游客提供专门服务，如在观看唐老鸭等四维电影时，剧院第一排的固定座椅是专门为老人、年龄太小的儿童准备的，公园在让他们感受立体电影逼真效果的同时，也保护他们的安全。

在预防旅游犯罪上，法国在巴黎各景区加强警力，且这些治安方案还将在波尔多、尼斯、马赛等法国其他主要旅游城市中实施。值得关注的是，巴黎警方还编制了包括中文在内的多语种的《巴黎旅游安全指南》，在机场及景点发放，供游客阅览，里面详细提供了如何辨别真假警察、怎么防范背包被抢、如何识别真假出租车，以及面对暴力袭击或被盗窃时如何应对等重要信息。

5.1.5 我国游客管理实践的不足

现实中，大多数旅游目的地的游客管理都只是权宜之计，缺乏包括游客管理程序、方法、效果评估与监控等内容的系统的游客管理运行机制，导致游客管理无效或低效，这与我国旅游业的快速发展极不相称。

5.1.5.1 对游客管理的重要性认识不够

我国多数旅游管理者的关注点还在如何吸引游客，提高旅游的经济效益，对游客进入后带来的负面影响考虑不周全，缺乏可持续发展的前瞻性。一些旅游地为促进游客消费，忽视对游客环保意识和文明旅游的教育，甚至对一些游客的不文明行为视而不见，对游客管理缺乏应有的认识和重视。

5.1.5.2 旅游从业人员素质较低

我国旅游业从业人员队伍缺乏稳定性，基层管理人员素质相对偏低，同时很多旅游景区和企业对从业人员的培训和管理不到位，缺乏对从业人员的管理能力和管理责任意识的培养和要求，缺乏应有的责任感，缺少起码的职业道德。在国内的很多景区，游人会随意触摸文物古迹，在文物古迹边嬉戏，并和文物拍照，而从业人员对其视而不见，使得文物资源在不经意间被逐步破坏。

5.1.5.3 旅游服务设施不完善

许多游客不文明或破坏性行为是由目的地或景区旅游服务设施不完善所引发的。例如，停车场、游道位置设计不合理，导致游客为走捷径踩踏植被；牌示系统的标识不鲜明，游客不文明行为缺乏引导性制约；厕所、垃圾桶等设施的数量、位置、分布、通道不合理，导致不文明行为的增加，等等。

5.2 游客管理构成

根据国内外游客管理的研究以及实践中游客管理的实际应用，我们把旅游目的地游客管理分为淡化环境负面影响管理和提升游客体验管理两大类，具体包括容量管理、行为管理、影响管理、体验管理、安全管理和投诉管理六个方面，如图 5-1 所示。

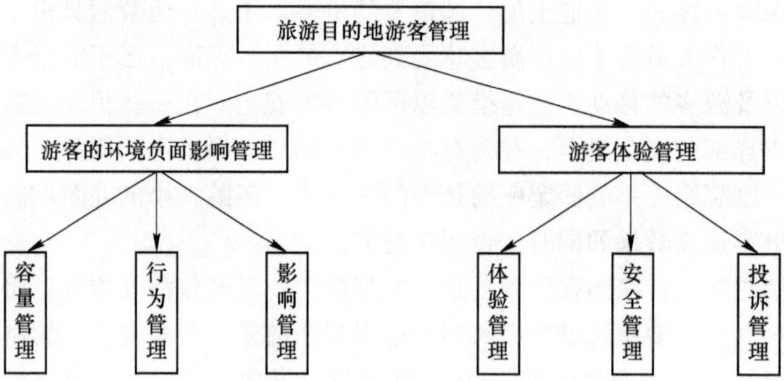

图 5-1 旅游目的地游客管理的结构体系

5.2.1 旅游目的地游客容量管理体系

作为游客管理系统中的重要组成部分，游客容量管理是指通过核定和公布最大承载量，以此为前提制定和实施旅游者流量调控方案，进行流量监控、超载上报、疏导分流等一系列措施，以实现对目的地接待游客数量进行管理的全过程。可以将游客容量管理理解为景区最大承载量的核定与公布，游客流量调控两部分。旅游容量分为空间容量、设施容量、生态容量和社会心理容量四类。对一个旅游区来说，最基本的要求是对空间容量和设施容量进行测算，对生态环境容量和社会环境容量进行分析。有条件的话，也应对后两个环境容量进行测算。

5.2.1.1 空间容量

空间容量是指旅游资源依存的游憩用地和游览空间等有效物理环境空间能够容纳的游客数量。

5.2.1.2 设施容量

设施容量是指旅游目的地的旅游行业人员向游客提供服务时依托的各项物质设施和设备能够容纳的游客数量，包括交通运输设施、食宿接待设施、游览娱乐设施、旅游购物设施、供水供电和安全卫生设施等的容量。

5.2.1.3 生态容量

生态容量是指在旅游目的地生态环境承载力允许的范围内，景区可容纳的最大游客数量。

5.2.1.4 社会心理容量

社会心理容量是指旅游者和旅游地居民双方面对旅游活动的容忍上限、旅游活动对旅游地人文环境冲击的上限以及旅游地能够实施有效管理的上限。

5.2.2 旅游目的地游客行为管理

很多游客存在不文明行为，这些不文明旅游行为从根本性危害上看，可能导致旅游景区环境污染，景观质量下降甚至寿命缩短，其最终结果必然是造成旅游景区整体吸引力下降、旅游价值降低。它严重影响和直接威胁着旅游景区（点）的可持续发展。更有甚者，还可能给景区带来灾难性影响，如违章抽烟、燃放爆竹、违章野炊等行为很容易引起火灾，一旦发生，后果将不堪设想。游客的不文明行为产生的原因有多种，主要是游客的环保意识不强、生态道德素质底下，游客在旅游过程中的“道德感弱化”，游客不文明行为与旅游中人们难以形成保护环境的愿望的特点有极大关系，很多游客缺乏责任意识。

为提升我国公民旅游文明素质，纠正旅游中的不文明行为，树立文明健康的中国游客形象，按照中央文明委部署，中央文明办、国家旅游局与有关部门共同组织实施“提升中国公民旅游文明素质行动计划”（以下简称“行动计划”）。“行动计划”最终成果包括主题标识和四个文件：

(1)《中国公民国内旅游文明行为公约》；

(2)《中国公民出境旅游行为指南》；

(3)《中国公民旅游不文明主要表现》；

(4)《提升中国公民旅游文明素质建议》，对提高我国公民旅游文明素质有很大帮助。

5.2.3 旅游目的地游客影响管理

游客影响管理，主要是指对游客的负面影响管理。例如，由于游客数量过多造成的拥挤，游客对景区、景点的破坏，由于过度发展旅游造成目的地土地占用、楼价上升、环境污染等。最早关注游客影响问题的是 Meinecke 和 Bates，他们在这一领域开展了大量的实证研究，并成为游客影响管理领域的重要奠基人。目前，游客影响管理的研究内容主要包括生态、社会经济以及文化等三个方面，研究方法主要有实地考察、实验以及问卷调查等三种类型。游客影响管理针对的主要是游客在旅游活动中所产生的负面和消极作用。

5.2.4 旅游目的地游客体验管理

游客体验是一种可因个人、环境、所处的情景以及个性等因素有关的，甚至是与沟通能力有关的、对特定事物的最强烈的体验。对游客旅游体验进行科学的管理是一项极为重要而复杂的持续性工作。旅游体验管理涉及与游客体验相关的所有因素（不仅仅是食、住、行、游、购、娱六大要素），其主要任务包括确定游客城市旅游体验的要素和内容，调查与分析游客城市旅游体验质量、满意度，分析游客城市旅游体验质量的影响因素以及确定旅游体验管理的方法等方面。

5.2.5 旅游目的地游客安全管理

世界旅游组织曾指出，安全是任何高质量游憩体验的重要构成因素，不仅游客得益于此，所有旅游行业相关的人员都能因此而受益。

游客安全管理是指为了达到游客安全目的，目的地旅游管理组织、旅游企业有意识、有计划地对旅游活动中各种不安全现象进行安全教育、防范与控制活动的总称。这些活动既包括安全的教育与宣传，安全管理方针、政策、法规、条例的制定与实施，也包括安全防控、处理措施的制定与安全保障体系的构建与运作等。一般情况下，游客安全问题主要表现在犯罪活动、交通事故、游览游乐设施安全事故、火灾、疾病、中毒、恐怖活动和其他意外事故等。

5.2.6 旅游目的地游客投诉管理

旅游投诉是旅游者、海外旅游商、国内外旅游经营者为维护自身和他人合法权益，对损害其合法权益的旅游经营者和有关服务单位，以书面或口头形式向旅游行政管理部门提出投诉、请求处理的行为。

这里所说的游客投诉，是指游客为了维护自身的合法权益，对损害其合法权益的旅游经营者和有关服务单位以书面或口头形式向旅游行政管理部门、法律部门、新闻媒介等提出投诉、请求处理的行为。投诉行为的主体限定为游客，投诉的受理者为旅游管理部门、法律部门。

5.3 游客行为管理

5.3.1 旅游决策

旅游决策是指旅游者对旅游行为的决策，即人们做出外出旅游的决定。旅游决策是一个从一般决策到重大决策的连续体，针对不同的决策条件，旅游者将会采取不同的方式进行决策。旅游决策是一种特殊的消费决策，是游客根据自己的出游目的，收集相关的旅游信息，选择自己的旅游方案或旅游计划，最终付诸实施的行为。而旅游决策直接受到游客旅游需要和旅游动机的影响，其间有主观内在的因果联系。游客从产生旅游动机或旅游需要并发展为旅游决策的过程中受到许多因素的影响，如经济、闲暇时间、交通、知名度、服务、文化、自然环境、安全、个人偏好等，对不同的游客将构成不同的制约。

5.3.2 旅游行为

广义的旅游行为是指旅游者整个的旅游过程中，以旅游为目的的空间移动、游乐活动及相关的生活行为，包含游客的食、住、行、游、购、娱六个方面。狭义的旅游行为主要是指旅游者在目的地内具体的游乐活动，即与旅游地理环境的性质和特性密切相关的那部分行为内容。旅游行为的研究对象为旅游者或潜在旅游者，包括旅游前的决策行为、旅游景点的体验、体验评价与旅游后行为趋向等内容。旅游行为包含旅游前、旅游中、旅游后三个阶段。

5.3.3 旅游决策影响因素

从1970年开始，就有国外学者对家庭旅游决策影响因素进行了研究，此后，相关学者逐渐开始从各个方面展开研究。Plog认为旅游决策受到旅游者心理类型的影响。Dann在1977年提出了著名的“推拉”理论，之后阐述了旅游决策的推力因素和拉力因素。Iso-Ahola在1983年从逃避—寻求理论的角度阐述了旅游决策的影响因素。Mayo和Jarvis

研究了多种旅游决策的影响因素，并把这些影响因素分成了心理因素和社会因素两大类。Pearce从反向角度着手，研究了旅游决策的阻止因素的影响。Alison、Mcintosh等用手段—目的理论对旅游者决策行为进行研究，阐述了旅游者个人价值对旅游者个人决策行为的影响。Hsu和Huang都把旅游决策的影响因素分为两个部分，即：内部因素和外部因素。Hosany和Martin通过研究自我一致性对旅游决策行为的影响作用，得出自我一致性能够直接影响游客的旅游体验，并且间接影响游客旅游满意度。Zhang和Sun（2017）对旅游信息网站的不同类型的文本旅游信息的特征进行了识别，并且探索了旅游文本信息对旅游者目的地决策意愿的影响。Atadil和Sirakaya等（2017）根据DMS因素把旅游者市场细分为理性决策者、适应性决策者和非适应性决策者，并通过实证对这三类不同决策风格的旅游者在决策态度上的差异进行了分析。

国内学者对旅游决策影响因素的研究大多从综合影响因素方面开展的。陈建昌和保继刚认为，游客旅游决策主要受游客对旅游环境的感知、决策过程中的最大效益原则以及游客自身的旅游偏好的影响。郭亚军提出，旅游决策受社会因子、放松因子、知识因子以及技能因子的影响。邱扶东等通过问卷调查，把旅游决策影响因素分为旅游服务因素、社会支持因素、群体支持因素、个人心理因素、个人经济因素和其他因素六个部分。赵现红发现在目的地选择中，目的地吸引力、金钱和时间花费对旅游决策影响最大。林明太、朱玲锦等从人口学的角度分析了游客的特征，并从旅游动机、信息获取渠道、消费水平、目的地决策等方面研究中小城市休闲农业旅游的游客旅游决策特征。杨军辉从人口学特征对女性旅游者进行研究，发现婚姻和学历是女性旅游决策的根本影响因素。陈慧英和彭桂芳探索了宣传推广、价格水平、文化内涵、环境氛围和情感需求对旅游者文化旅游决策的影响。

国内还有许多学者从特定影响因素对旅游决策进行研究。江明华等通过对年轻群体的实证研究，发现心理因素对大学生的旅游决策具有重要影响。白凯、马耀峰等通过对西安旅华背包客旅游决策的调查，以行为分割空间作为切入点，探讨了环境感知因素对游客旅游决策的影响。王贵斌以感知价值为中介变量，验证了网络口碑对旅游者的旅游决策具有正向影响。李艳萍验证了网络消费因素对旅游者旅游决策的影响。王碧云等以大学生为研究群体，探索了网络信息中的基础口碑因子、娱乐游览因子、消费因子对大学生旅游决策的影响。

5.3.4 游客游览行为的管理

大量旅游影响研究表明，游客的良好游览行为会对目的地社会、经济、自然、文化产生正向的、积极的推进作用，而游客的不良游览行为也可以造成环境污染、文化冲击、道德弱化等一系列负面影响。

由于游客脱离了原有社会自然形成的道德约束，到目的地容易出现道德松弛现象，表现出一些不良游览行为，如大声喧哗、不尊重当地文化风俗、不注意公共卫生和公共秩序、损害旅游资源和设施，等等。对这些不良行为若不进行主动干预与引导，就会影响旅游活动的健康开展。不良旅游行为一方面会给目的地带来多重负面影响；另一方面也会影响到其他游客的旅游质量和满意度，最终给目的地形象带来损害。

因此，加强游客游览行为管理，是游客管理的一个极其重要的方面。目前，虽然许多旅游景区都制定了针对游客游览行为的规定，也推出了文明旅游公约，但往往流于形式，缺乏应有的约束效力。

游客游览行为的管理，除了加强对游客的教育与宣传、强化自律外，应该高度重视游客游览行为管理的重要性，通过制订专门的《游客游览行为管理处罚条例》、在旅游合同中增加行为约束条款、加强现场管理等措施，使游客游览行为管理法制化、系统化、自觉化和常态化。

5.4 游客影响管理

游客影响管理是旅游目的地游客管理的重要内容。旅游的发展离不开游客，如果没有旅游者的到来及其源源不断的经济注入，旅游目的地就失去了自我维系和发展的能力。

游客在目的地所创造的旅游氛围中，通过对各种景观、文化和习俗的了解、欣赏及参与而得到身心的愉悦。然而，旅游目的地与游客也存在着对立。

一方面，城市内许多旅游吸引物是建立在独特的自然资源、建筑物、人造景观、文化遗产基础之上的，与众不同和质量是城市旅游产品的核心。向游客开放这些景点会带来许多潜在的破坏性危险，结果使游客对他们想看到的东西兴味索然。越是向公众开放吸引物，潜在的消极影响就越大。

另一方面，这些潜在的消极影响还会波及游客自身的旅游体验。例如，在旅游旺季，某些热门景区人满为患，过度的拥挤和长时间的等待会极大地破坏游客的兴致。

5.4.1 游客过于拥挤

旺季时游客拥挤会带来一系列的问题，由于旅游者骤增，突破景区的承载能力，可能产生对旅游资源、生态环境、景区设施的破坏性影响。在几个旅游黄金周期间，许多热点旅游景区的客流都大大突破了景区的最佳接待量，有些地区甚至超过了最大接待量。假日旅游时间短、节奏快、人数多，消费大的现象，导致景区、景点以及旅游线超负荷承载，以致景区管理、配套服务失控，个别地区出现了对自然生态环境以及公共设施的人为破坏。旺季旅游客流的集中使旅游安全问题成为最大的隐患。目前，各地安全生产形势比较严峻，安全隐患较多。黄金周期间，各地客流密集，涉及地区和行业广泛；一些旅游设施经过淡季之后刚刚启用，就面临大客流、长时间连续运转的考验，也给旅游安全工作提出了更高要求。解决方法可以降低客流在景区内部某些景点的时空集中程度，从而减少某些景点的游客拥挤。根据游客和配备工作人员的数量，可将队列分为单列单人型（一队游客有一个服务员）、单列多人型、多列多人型等，改变硬件设施，让游客在比较宽松的环境中排队等候，排队等候地方，最好选择较好的区域，设置相应的座位和防护栏等，让游客有耐心地等下去。

5.4.2 人为磨损与破坏

人为磨损与破坏，这类游客影响包括践踏、触摸、潮湿、温度、偷窃和涂鸦。

旅游活动对植物的影响中，游客践踏是最普遍的形式。只要游客一踏上公园或绿地，他的双脚就可能施压于植物身上。游客观赏自然风景区后，势必产生植物种群的改变，即使是轻度的使用，有时也会造成重大的变化。游客对植物践踏行为会引起一系列的相关反应。如会影响到植物种子发芽，因土壤被踩实而导致幼苗无法顺利成长；对于已成长的植物，则可能因踩踏而导致其生理、形态等发生改变；步行道规划设计不合理，也可能影响到濒危植物物种生长；游客所搭乘的交通工具常会留下车痕，造成植物组成的改变。

采集也是对植物的一种伤害行为。游客最常见的采集动机是想摘下某朵漂亮的花，或想尝尝果实的滋味，或是想带一部分植物回家种植。此外，许多游客迷恋植物的神奇疗效，一到野外看见药用植物就摘，使许多药用植物的天然族群越来越少。

此外，由于旅游者不慎或管理不善可能导致的森林火灾，致使植被覆盖率下降；任意砍伐树、竹作木屋、竹屋和烧柴等，毁坏了一些幼木，改变了森林树龄结构；大量垃圾堆积，导致土壤营养状态改变，还会造成空气和光线堵塞致使生态系统受到破坏等。

5.4.3 交通问题

大多数游客是开车或乘坐长途汽车进入旅游目的地的，尤其是自驾车一族日益增多，由此引起交通堵塞、汽车尾气污染、交通事故概率的增加、由于停车场不足造成的草坪损坏、阻碍其他交通工具的正常运行、对建筑物的冲击等问题。一些旅游吸引物由于坐落在城市中心地带，所以游客带来的交通拥挤更加剧了交通问题。交通问题在旅游高峰期最为明显，小型的历史文化名城（如平遥古城、凤凰古城），以及大都市（如北京、上海、南京）尤其会受到游客带来交通问题的影响，一到旅游旺季就被大量游客淹没，因此当地需要对行人与车流的交通拥塞进行疏导。数以万计的游客使用的私人交通工具，是最没有效率的运输方式，它不但会消耗更多的资源，也会排放出更多的大气污染物。这种车辆所引起的大气污染以光化学烟雾污染最具伤害性，光化学烟雾中存在许多高反应性的光化学物质，不但会影响植物，还会危害人体健康。光化学烟雾严重时会影响视线，降低能见度，造成游客困顿；它所含的某些物质可能会刺激眼睛，造成流泪等不舒适的感觉。此外，交通工具所排放的废气还可能含有有毒物质，威胁地球生态的健康。从全球气候变化的角度来看，废气排放可能导致酸雨，也可能排放使地球增温的温室气体，或是排放诱发臭氧层空洞的物质，这类问题主要依靠增加环保交通工具、限制交通流量等措施加以解决。

5.4.4 对当地社区的影响

随着旅游活动的开展，旅游者不可避免地会将自己的生活方式带到旅游目的地。具体表现在：有些人通过对来访旅游者行为的观察，逐渐在思想和行为上产生消极变化。他们开始对自己的传统生活方式感到不满，向往来访旅游者的生活方式，先是在装束打扮和娱乐方式方面盲目模仿，继而发展到有意识的追求，从而使赌博、卖淫、投机诈骗、贪污受贿、走私贩毒等犯罪和不良社会现象增多，影响社会秩序的安全。此外，由于受西方自由思想的影响，传统的道德观念、价值标准受到冲击，其结果是导致婚姻破裂的增多和离婚率的上升等。这类问题主要通过对游客和社区居民双方的教育引导加以解决，使游客能尊重、顺习当地社区文化和道德行为规范，同时使社区居民正确对待旅游活动引发的文化渗透和融合。

本章小结

本章主要解释了游客管理的内涵以及国内外对游客管理的研究进展和一些比较案例，阐述了游客管理的构成，解释了游客行为管理。

思考与练习

5-1 试述旅游目的地游客管理的内涵。

5-2 解释国内外游客管理研究的区别。

5-3 试述游客管理的构成。

5-4 简述游客对旅游目的地的影响。

5-5 结合所在地的实际情况，谈谈如何对所在地进行游客管理。

6 旅游目的地开发

本章导读

旅游目的地开发与规划是旅游目的地管理的核心内容之一，涉及的理论、思想、方法和技术十分广泛庞杂，同时也是一项实践性和操作性很强的内容，需要特别注意理论联系实际，在具体问题的指引下完整理解有关理论。

学习目标

(1) 自我构建旅游目的地开发的基本理论框架。
(2) 了解旅游目的地开发的基本内容。
(3) 全面理解旅游目的地开发的影响。
(4) 掌握旅游开发规划工作的基本内容和特点。
(5) 了解我国旅游开发工作的一般范式。

关键概念

旅游系统、开发、规划、理论。

6.1 旅游目的地开发理论基础

6.1.1 系统论

6.1.1.1 旅游系统理论的定义

将旅游作为一个系统，按照系统论的方式认识旅游，已经成为旅游业界的共识。认识旅游系统的结构、功能及内部要素间的关系，是制定旅游目的地开发政策和策略的基础。

系统是基于某种联系规则，由相互联系、相互作用的许多要素结合而成的，具有特定功能的统一体，这个统一体又称为“整体”或“总体”；“要素”又称为“元素”“局部”或“子系统”，子系统之间通过一定的规律建立联系。系统包含多种尺度，其类型复杂多样，而表现形式也不尽相同。

旅游系统的特点包含：整体性、层次性、复杂性、开放性、动态性、地域性。

国外学者对区域旅游系统（Regional Tourism System，RTS）的研究始于20世纪20年代，那个时候的研究主要包括旅游系统的界定、旅游系统的构成要素以及旅游系统要素之间的非线性作用关系等内容。1972年苏联地理学家普列奥布拉任斯基首先提出地域旅游系统是一个社会地理系统，具有功能上和地域上的完整性，是一个客观存在的社会功能系统，可以理解为旅游系统的空间优化与布局，并以旅游产业地域组织研究为理论基础提出地域游憩系统（TPC）模型。甘恩从供需两个方面首次正式提出了区域旅游系统的概念，并构建了完整的区域旅游功能系统模型，进一步指出区域旅游系统是一个动态系统。

我国学者张亚林第一次较为系统地提出了地域旅游系统的概念。他认为，地域旅游系统是指人类各种旅游活动与各种旅游资源，通过一定的媒介或方式，在一定的地域范围上的有机结合，是一个社会—地理系统。

6.1.1.2 旅游系统的结构

旅游系统即由旅游客源市场子系统、旅游目的地吸引力子系统、旅游企业子系统以及旅游支撑与保障子系统四个部分组成，是具有特定的结构、功能和目标的综合体。对旅游系统的内部结构有多种认识和描述，总体上一般包括以下几个部分。

（1）市场系统。或者称为客源系统、旅游主体子系统等，是旅游系统的子系统。又根据客源的分布、数量、结构、需求等类型特征进一步有不同的细分市场。

（2）目的地系统。包括为游客提供服务的全部产品、服务，以及支撑它们的载体和平台，也有的用供给系统来表达类似的概念。

（3）出行系统。或者称为旅游通道，包括游客使用的交通设施（公路、铁路、航空、水运等），主要有旅行社提供的出行服务（旅游信息咨询、旅游服务预订）以及政府提供的信息服务等。

（4）支持系统。包括旅游业生存和发展所必需的环境、政策、科技、人力等方面的因素。

旅游系统的特点又包括整体性、层次性、复杂性、开放性、动态性和地域性。

6.1.1.3 旅游系统的功能

旅游系统的功能可以按旅游资源类型、效益类型、运行方式、产业地位等方法进行各种目的的多种分类和分析研究。本着认识旅游规划的目的，从旅游系统结构的社会目的和运行机能的角度着眼，旅游系统的主要功能至少包括三大方面，即流转功能、竞争功能和效益增值功能。

A 流转功能

旅游系统的流转功能包括人流、信息流、物质流、能量流和价值流“五流”的流动和转化，它们作为旅游系统的基础功能，把旅游系统各因子联结成为有序的结构功能整体。旅游系统的内部运行是否正常，要看该旅游系统内部“五流”的运行是否合理、有效。

B 竞争功能

旅游系统是风险性高、替代性强的社会经济环境边缘组合系统，旅游系统的竞争功能事关旅游系统的生存。在现代交通、信息和市场条件下，旅游系统的生存风险越来越高，市场竞争功能日趋增强。该竞争功能的要素至少包括特色、区位，竞争环境、资金、技术、管理、内在质量和效益、发展时机。它们在优势、弱点、机会、威胁四个方面，通过生存与发展状态显现其功能的时空强弱状态。

C 增值功能

旅游系统的社会目的是价值增值，它包括经济价值、环境价值和社会价值三个方面。

（1）旅游系统的社会价值。通过旅游者消费闲暇时间和货币，将资源和信息吸收转化为阅历、知识、爱、精力，促进了教育、交流、和解（民族和解、家庭和睦）、健康、觉悟（环境觉悟、友爱互助等）和能力（独立生活能力、自然中的生存能力、探索与求助能力等），从而实现"行万里路"的社会价值增值。

（2）旅游系统的经济价值。与其他"无烟"的外向型产业、高科技产业一样，成为现代经济的热点而备受关注。因为它出售的只是"信息"，获取的是宝贵的外汇或外地财富。该外来财富不仅直接增加了地方税收，而且通过当地居民收入的增加和视野的开拓，也促进了当地社会消费需求的增长，即激活了旅游系统内部的资金流转速率，从而进一步增加了财政税收（据有关估算约为3倍于旅游收入）。

（3）旅游系统的环境价值。这是现代旅游系统的生命线，《马尼拉宣言》（WTO）明确提出："自然资源是吸引旅游者最根本的力量"。现代旅游系统的良性运行，要求社会对环境资源的重新认识、对环境质量的依赖和重视，进而通过物资、技术、资金、管理对环境进行投入。通过对资源的重新认识、环境估息（商品）的加工、物化生产、市场交换、书业发展（当地居民福利）等途径，环境价值得以流动和增值。该环境价值可以通过资源修复的经济补偿机制，进行必要的"二次分配"，从而实现对环境资源价值及其增值的合理配置。环境价值流的增值，将有力地推动旅游系统的发展，并对实现地方社会经济的可持续发展产生十分积极的影响。

6.1.2 空间理论

对于"空间"一词的解释，开始它是一个地理概念，一般词典上解释为"物质存在的一种客观表现形式，是由长度、宽度、高度等因素表现出来，是物质存在的广延性和伸张性的表现"。它是我们经验可以感知的具体存在的本体。

在西方学者空间理论分析中，空间通常分为第一空间、第二空间和第三空间。所谓第一空间指的是空间形式具象的物质性，它是由经验来描述的事物，而第二空间指的是人类认知形式中的空间，它是由空间的观念进行再表征的；第三空间则结合了第一空间和第二空间视角，同时又开展了地理性和空间性想象的范围。在这一空间中，是既真实又有想象化的。而通常第一空间会被认为是真实的，而第二空间被认为是想象的。

与旅游目的地紧密相关的空间理论包括区位论、空间相互作用理论、空间开发理论等。在旅游目的地的开发中，所有设施和项目均具有空间属性，因而空间理论对于旅游目的地的开发是至关重要的，主要体现在区域旅游产业布局、旅游景区功能分区、旅游项目选址等方面。旅游开发中的景观建设，也属于空间问题，将在后文介绍。

6.1.2.1 区位论

"区位"一词来源于德语"standort"，英文于1886年译为"location"，即定位置、场所之意；我国译成区位，日本译成"立地"，有些意译为"位置"或"布局"，在某些情况下也可用。如农业生产中农作物种的选择与农业用地的选择，工厂的区位选择，公路、铁路、航道等路线的选线与规划，城市功能区（商业区、工业区、生活区、文化区等）的设置与划分，城市绿化位置的规划以及绿化树种的选择，房地产开发的位置选择，国家各项设施的选址等。

区位，即事物占有的空间或所处的场所，区位论产生于19世纪20年代。德国经济学家杜能最早研究了农业区位问题，出版了《孤立国同农业和国民经济的关系》一书，提出了围绕消费中心，不同类型的农业生产呈圈层分布的思想。随着工业革命的发展，工业区位论研究成为热点，另一位德国经济学家韦伯提出了工业区位论，并提出了一系列有关区位分析的概念，如区位指向、等费用线等。

进入20世纪，伴随垄断资本主义的来临和发展，新的区位理论相继问世，如美国经济学家费特尔的贸易边界理论，瑞典经济学家帕兰德的市场竞争区位论，德国经济学家克里斯塔勒的中心地理论等。20世纪50年代，还形成了以区域综合开发和组织为研究对象的区域科学。旅游研究者将区位论的思想方法运用于旅游研究，形成了“旅游区位论”，用于描述和解释旅游活动或现象的空间差异。

对“区位”一词的理解，严格地说还应包括以下两个方面：

(1) 它不仅表示一个位置，还表示放置某事物或为特定目标而标定的一个地区、范围；

(2) 它还包括人类对某事物占据位置的设计、规划。

区位活动是人类活动的最基本行为，是人们生活、工作最初步和最低的要求，可以说，人类在地理空间上的每一个行为都可以视为是一次区位选择活动。例如：农业生产中农作物种的选择与农业用地的选择，工厂的区位选择，公路、铁路、航道等路线的选线与规划，城市功能区（商业区、工业区、生活区、文化区等）的设置与划分，城市绿化位置的规划以及绿化树种的选择，房地产开发的位置选择，国家各项设施的选址等。

6.1.2.2 空间相互作用和空间开发理论

空间相互作用是指区域之间所发生的商品、人口与劳动力、资金、技术、信息等的相互传输过程。旅游空间相互作用是空间相互作用的重要表现形式，深刻地影响着旅游者行为和旅游业进步。

在宏观（国家、省和地区一级）旅游目的地开发过程中，空间相互作用理论和空间开发作用理论具有重要作用。它在设置区域旅游服务中心、旅游线路、设施和服务供给带等领域发挥作用。

例如，旅游研究和实践中经常用到的引力模型，就是来源于物理学并被广泛运用于区域开发与规划工作中的空间作用模型。克朗蓬（Crampon）首先证明引力模型在旅游研究中的作用，沃尔夫（Wolfe）、爱德华兹（Edwards）和切萨里诺（Cesario）等在随后几年中对旅游市场的引力模型做了进一步调整和改善。在中国，保继刚等学者将这一模型和理论在研究中做了运用和讨论。引力模型的基本形式：

$$T = G\frac{PA}{D}$$

式中 T——客源旅行强度的某种量度；

P——客源地人口与经济规模的某种量度；

A——目的地吸引力的某种量度；

D——以距离为主的旅行成本的某种量度；

G——经验常数。

上式中，各个变量上面一般还有经验指数。

空间开发理论是一定区域范围内社会经济各组成部分及其组合类型的空间相互作用和空间位置关系，以及反映这种关系的空间集聚规模和集聚程度的学说。该理论包括社会经济各发展阶段的空间结构特征，合理集聚与最佳规模，区域经济增长与平衡发展间呈倒"U"形相关，位置级差地租与以城市为中心的土地利用空间结构，城镇居民体系的空间形态，社会经济客体在空间的相互作用，"点-轴"渐进式扩散与"点-轴系统"等。空间开发理论在实践中可用来指导制定国土开发和区域发展战略，在旅游规划和开发中也有着广泛的应用。

"点-轴"理论中，"点"是指一个区域的中心，即中心城市或者城镇。这些中心城市相对密集，人口和工业带是该地区的主要发展目标。而各级中心城市，即"点"，通过线性基础设施等相连。这些线在特定方向上连接"点"，并且集中成轴，轴心及周围的经济实力较强，发展潜力较大，通过物质和信息流辐射到附近地区，形成"开发轴线"或"发展轴线"。

6.1.3 心理学理论

随着我国社会经济的不断发展，心理学正逐步渗透到每一个行业，而且发挥着越来越重要的作用。对旅游行业来讲，从业者应当了解和掌握旅游者及旅游从业人员的心理，并以正当合理的方式和措施顺应、满足旅游者及从业人员的心理需要，以增强旅游从业人员对于企业的归属感和认同感，提高旅游企业的向心力，这是旅游企业取得长足发展的关键。因此，作为将来的旅游从业人员，旅游专业的学生学习旅游心理学对发展旅游事业有着重要的意义。

6.1.3.1 旅游心理学的研究内容

旅游心理学是研究旅游者和旅游从业人员在旅游活动过程中的心理现象及其规律的学科，是心理学的一个分支，是在社会实践中产生和发展起来的一门新型学科，属于应用心理学，当然在旅游业发展中起着十分重要的作用。在旅游活动中，旅游心理学的研究内容主要有旅游者心理、根据旅游者心理活动建立旅游设施和安排旅游活动、旅游从业人员心理、旅游服务心理、旅游管理心理等。

6.1.3.2 学习旅游心理学的重要性

旅游心理学是在整个旅游业中一门新的学科，也是一门日日渐红的学科，当然它在旅游活动中起着十分重要的作用，被旅游业界视为旅游从业人员的必修课程。因为只有了解旅游者在食、住、行、游、购、娱这几方面的心理活动，才能最大限度地为旅游者提供周到、满意的服务。

旅游业作为第三产业，它的重要地位已经不可小觑，在国家及各级政府的大力支持下正向更高的层次迈进，方方面面都在紧锣密鼓的不断完善。因此，为了让旅游业更好的发展，提高旅游服务质量和效率，为旅游从业人员提供心理学依据，让旅游者得到更为满意和周到的服务，旅游心理学便应运而生了，并将在旅游业中发挥极其重要的作用。

学习旅游心理学的重要性在于了解旅游者的心理，提高旅游服务的针对性，有助于培养旅游从业人员的心理素质，适应职业需求，合理建立旅游设施和安排旅游活动，有助于提高企业经营管理水平。

6.1.3.3 消费心理学

消费心理学是微观旅游目的地开发中另一个重要的理论支撑，用于指导项目设置、氛围营造和销售策略等。消费心理是指人作为消费者时的所思所想。而消费心理学是心理学的一个重要分支，它研究消费者在消费活动中的心理现象和行为规律。研究消费心理，对于消费者，可提高消费效益；对于经营者，可提高经营效益。

消费心理学的主要研究内容包括两个方面，即影响消费者购买行为的内在条件（如个性特征），以及影响消费者心理及行为的外部条件（如社会环境、购物环境等）。在进行产品设计和旅游市场营销时，要在细分客源市场的基础上，把握各个年龄层和性别群体的不同消费心理，设计适销对路的产品。比如，针对少年儿童，应以科普教育、拓展训练等项目为主，而年轻人则以娱乐、度假为主，中老年人则以文化产品和康体疗养类产品为主。

从消费心理的角度看，旅游者的追求分三个层次：

第一个层次是好奇心；

第二个层次是求知欲；

第三个层次是审美感，达到了一个审美感受也可以说是一个审美体验的过程，也是作为一个审美感不断满足的过程。

同时，心理学方面马斯洛的需求层次论等也解释了游客对旅游服务的要求的满足过程。

6.1.4 管理学理论

古典管理理论是指19世纪末20世纪初，西方管理理论的总称，由泰勒的科学管理理论、法约尔的管理过程理论、韦伯的古典行政组织理论构成。厄威克和古立克系统整理泰勒、法约尔、韦伯等人的管理理论，提出了适用于一切组织的八项管理组织原则和七种管理职能。首次将管理的重要性提到应有的地位，把管理看作任何有组织的社会必不可少的因素，是协调集体、努力达到目标、取得最大成效的过程，强调管理的科学性、精密性和严格性。在组织结构上强调上下严格的等级系统，视组织为一个封闭系统，组织职能的改善仅靠内部合理化，而少考虑外部环境影响，忽视人的心理因素。参见《科学管理理论》《组织管理理论》。

6.1.4.1 科学管理理论

泰勒认为，科学管理的根本目的是谋求最高劳动生产率，最高的工作效率是雇主和雇员达到共同富裕的基础，要达到最高的工作效率的重要手段是用科学化的、标准化的管理方法代替经验管理。他认为最佳的管理方法是任务管理法，他在书中这样写道：广义地讲，对通常所采用的最佳管理模式可以这样下定义：在这种管理体制下，工人们发挥最大限度的积极性；作为回报，则从他们的雇主那里取得某些特殊的刺激。这种管理模式将被称为“积极性加刺激性”的管理，或称为任务管理，对之要做出比较。

6.1.4.2 组织管理理论

韦伯是德国的古典管理理论代表人物之一。他在管理思想方面的贡献是提出了理想行政组织体系理论，被人们称为“行政组织理论之父”。

行政组织机构内涵认为，行政组织是通过公职或职位来管理；权利论，权利分为三种，合法合理的权利、传统的权利和个人魅力型的权利；理想行政组织体系认为，主要负责人其职能是决策，行政管理人员是执行上级决策，一般工作人员职能是做实际工作。

韦伯的行政组织理论，主要反映在他的《社会组织与经济组织理论》一书中。韦伯认为，理想的行政组织体系是所谓官僚制，也叫作“科层制”。这种行政组织体系包括6项内容：

(1) 为了实现一个组织的目标，要把组织中的全部活动划分为各种基本的作业，作为公务分配组织中的各个成员；

(2) 各种公务和职位是按照职权的等级原则组织起来的，每一职位有明文规定的权利和义务，形成一个指挥系统或层次体系；

(3) 组织中人员的任用，完全根据职务上的要求，通过正式考试或教育训练来实行；

(4) 管理人员有固定的薪金和明文规定的升迁制度，是一种“职业的”管理人员；

(5) 管理人员必须严格遵守组织规定的规则和纪律，使之不受任何人的感情因素的影响，保证在一切情况下都能贯彻执行；

(6) 组织中的各级官员必须完全以理性为指导，他们全没有个人目标，没有仇视、偏爱、怜悯、同情，然而却有理性，尽管这种理性带有机械性。

6.2 旅游目的地开发的内容

6.2.1 旅游目的地开发的目标

旅游开发的目标可以有多种角度的取向，如旅游开发是为了接待国际旅游者还是国内旅游者，是专题性开发还是大众化的旅游开发，是供观赏的还是供娱乐的，是面向全国的还是面向本地市场的，这种开发的取向选择与资源本身的“可塑性”有关，也与旅游市场的需求有关。

6.2.1.1 重点旅游景点建设

旅游资源在旅游业中必须要经过开发才能被利用，旅游景点和景区就是旅游开发中的一个重要组成部分，旅游景点和景区建设包括两个类型：旅游景区、景点的初次建设、旅游景区、景点的深入开发建设和改造等。但是，这里说的建设是广义上的概念，不一定指的就是新景点的兴建和传统景点的改造，它应该还包括对旅游资源的保护等方面内容。

6.2.1.2 旅游地的交通安排

旅游活动具备异地化的特征，旅游者往往要经过漫长的旅途来到旅游地。因此，如何合理地安排旅游地的外部和内部交通是旅游开发中的又一重要内容，这里的交通安排包括交通路线的设计、旅游交通设施的配套、交通工具的选择等方面。现代旅游者对舒适和效率的要求越来越高，往往要求旅途所用的时间尽量短而舒适，旅游的过程相对长而且参与性强，在对旅游交通进行规划时要充分考虑旅游者的这些要求。

6.2.1.3 满足游客的需求

旅游目的地的开发，首先要满足游客的需求。事实上，只有能够满足游客的需求，才能够称得上是一个旅游目的地，或者说是一个好的旅游目的地。在游客的需求获得满足的同时，游客也在支付相应的旅游消费费用，一个依托旅游消费而形成的产业链条才得以存在，各个利益相关方的利益才能够相应地产生并进行分配与流动。

6.2.1.4 获得经济收益

旅游开发的主体和投资者，不管是地方政府、企业或是其他机构与个人，都需要通过开发获得足够的经济收益，这是旅游投资得以进行的前提和保障。在目前情况下，绝大多数的旅游目的地开发，获取经济收益实际都是首要的目的。旅游业因其特殊的规模与发展速度，已经成为中国地方政府和企业的投资热点，全国大多数省一级政府都将旅游业作为支柱产业或主导产业。

6.2.2 旅游目的地开发的基本内容

旅游目的地的开发包括某一单项旅游资源的开发、多项旅游资源的综合开发、某一旅游点或旅游地的开发。开发的主要内容包括以下五个方面。

6.2.2.1 提高旅游地的可进入性

提高旅游地的可进入性指旅游资源所在地同外界的交通联系及其内部交通交通条件的通畅和便利程度。

6.2.2.2 建设和完善旅游基础设施

建设和完善旅游基础设施指主要为当地居民使用，旅游者也需要依赖的旅游设施。例如，供水、电、气系统，道路交通、车站、码头、机场等，医院、银行等。

6.2.2.3 建设旅游上层设施（或服务设施）

建设旅游上层设施（或服务设施）主要供外来旅游者使用的服务设施，如饭店、问讯中心、旅游纪念品商店、娱乐场所等。

6.2.2.4 旅游景区、景点的开发建设与管理

旅游景区、景点的开发建设与管理包括新景区、景点的开辟，也包括对原有景区、景点的改造和更新。

6.2.2.5 培训服务人员

培训服务人员主要包括服务态度和服务质量等问题。

6.2.3 旅游禀赋与旅游开发

6.2.3.1 旅游禀赋匮乏地区的旅游开发

旅游禀赋匮乏的地区往往比旅游禀赋平庸的地区，在旅游开发上更容易成功。一方面，旅游禀赋匮乏地区往往不具备开发旅游的优势，所以，它并不会选择以旅游业作为核心产业，而将其他产业作为核心产业发展当地经济，由此产生了不少新兴的建筑、文化和娱乐设施等。其他产业的发展重构创造了该地区旅游内在价值，反而会吸引外来的游客。

另一方面，因为这些地区本来就不适合开发旅游，所以，在开发者通过人为重构的手段开发旅游时不会存在过多争议，这个过程相当于从无到有。旅游开发者相当于在白纸上通过人造景观的方式，完全重构了该地区的旅游内在价值。诸如特色小镇、主题乐园、度假社区等，都有一些人为造景的因素。旅游开发者可以通过人造手段将旅游内在价值匮乏的地区，直接重构成旅游内在价值优异的地区。

6.2.3.2 旅游禀赋平庸地区的旅游开发

旅游开发之前首先需要进行评级。因为旅游禀赋平庸地区的开发者往往丝毫没有意识到，该地区的旅游内在价值完全不具备比较优势。该地区虽然具备审美价值、文化价值以及消遣价值等旅游内在价值，但是，这些价值都处在一个相当平庸的水平，没有什么优势可言。

这些地区往往拥有古建筑、古村落、文化和自然风光等。以审美价值和文化价值来评判，这些地区虽然有古建筑和自然风光，其审美价值可能并不高，甚至其审美价值不及现代建筑。这些地区虽有文化，但是很可能其文化对游客来说缺乏文化共鸣。

旅游资源匮乏和平庸的地区如果执意选择旅游开发，一定要重塑其内在价值。在审美价值上，可以依靠后天的建筑弥补其先天的不足；在文化价值上，可以将其融入有广泛共鸣的更高层次的文化上面，或者突出其文化的独特性，以引发游客的好奇心；在消遣价值上，可以重新构建游客的旅游模式，例如由参观式旅游转变成浸入式旅游。

6.2.4 对自然与旅游结合发展和文化与旅游结合发展的分析

6.2.4.1 涉及自然生态的旅游开发

涉及自然生态时，旅游开发需要与自然生态保护保持平衡。然而，这种平衡很难达成，因为生态保护学者太过强调自然的内在价值，而旅游开发者则希望通过旅游开发创造经济价值。

以旅游为主体进行分析时，会发现自然环境其实只是旅游目的地的一部分，尽管对于有些景区，自然景观占据了主要部分，但是，人造建筑仍是不可缺少的。旅游内在价值既包括自然景观，同时也包括人造景观。所以说，以自然内在价值的视角去分析旅游开发是不全面的，这样会导致过分强调自然内在价值对旅游开发的意义。

严格地说，生态旅游并不是人们想象中的自然与旅游结合开发。它是以生物中心主义为基础理念的非消费型旅游形式，目的是让游客尽可能对本地环境产生最低影响，以维护各个物种及其栖息地和生态环境。生态旅游经常存在于欠发达地区，在某种情况下，生态旅游不仅不会给当地居民带来好处，反而使当地的经济更差。

旅游开发本身就是以人类为中心的。虽然它需要考虑到自然生态保护的问题，但也只能是在人类中心主义的基础上，囊括非人类中心主义和生物中心主义。旅游本身不可能避免地会破坏生态，不仅如此，生态旅游还影响了当地的经济发展。所以说，在进行旅游开发时，提倡广义上的生态旅游，即在旅游开发的同时尽可能地保护生态环境。

6.2.4.2 涉及文化保护的旅游开发

在我国，文化保护与生态保护类似，都是与旅游开发很难达成平衡的。文化与自然的不同在于，自然是不可替代的，而文化不是。自然生态是人类的家园，无论其自然风光如何，至少能为人类提供新鲜的空气以及焕然一新的环境。可见，保护自然环境是人类必须要尽的职责，只是存在保护程度的差别。然而，文化作为人类的产物，既有精华也有糟粕，它只能在文明发展的特定阶段产生价值。所以说，文化价值并不一定等同于旅游价值。

6.3 旅游对旅游目的地开发的影响

6.3.1 旅游影响的基本内容

6.3.1.1 旅游影响的三个基本方面

一般认为，旅游影响包括三个方面，即经济影响、社会文化影响与环境影响。威廉姆斯（Williams）将旅游影响分为经济影响、社会影响和环境影响。这种分类方法被广泛地采用，也有学者将社会影响拆分出社会影响和文化影响两个方面。墨菲（Murphy）指出：社会影响包括对社区的社会结构所产生的更直接的影响和对目的地的经济和产业的调整等方面，文化影响是对社会准则和标准的更长期的改变，这种改变会逐渐体现在社区的社会关系和人造物品之上。主流的意见仍然认为，社会影响和文化影响不应该也不便于分开，还是应当结合起来。如麦瑟尔森（Mathieson）和华尔（Wall）在《旅游：经济、环境和社会影响》（Tourism：Economic，Physical and Social Impact）一书中指出：社会影响和文化影响之间逐渐地失去清晰的界限。本书也按照经济影响、社会文化影响和环境影响三个方面来分类。

A　经济影响

a　带动了经济的腾飞

旅游景区依托丰富的文化旅游资源，大力实施“旅游带动”战略，文化旅游产业迅速崛起，经济增长快速。据有关数据显示，某旅游景区游客人数从 17 万人次上升到 450 万人次，旅游收入从 20.34 万元上升到 18 亿元，门票收入从 165 万元上升到 1.3 亿元。

b　增加了就业机会

据相关资料统计，在某旅游景区的旅客住宿床位中，宾馆与家庭客栈各占一半。景区共有家庭客栈 400 家（其中星级饭店 2 家）、餐饮服务 200 家、旅游产品经销店 500 家、旅行社 6 家，旅游产品加工作坊 60 家，旅游产业直接提供就业岗位 1.5 万个。

旅游产业的发展直接促进了旅游地人民收入的提高，通过分析近年人民收入情况，可以发现无论是城镇居民还是乡村农民收入均有较大的提高，分别从 3309 元、1245 元增加到 8891 元、2434 元，居民收入水平大幅度提高。

c　调整产业结构

旅游开发之前，景区是一个典型的“烟酒财政”，巅峰时期，景区 GDP 的 52%和财政收入的 76%来源于烟酒产业。而自多年以来，烟酒产业提供的税收占财政总收入的比重逐年下降：2014 年，仅占 8%；2015 年却只占 1%了。可是，景区还是取得了高速增长的好成绩。究其原因，是旅游业发展的缘故。从相关数据可以发现，以旅游业为龙头的第三产业发展迅速，成为促进新农村建设，推动城乡和谐发展，拉动景区经济健康、快速发展的主导产业。

B　社会文化影响

a　文化影响

文化是旅游的灵魂，有文化支持的旅游就会有持续长久的发展力。例如，某景区是一个以民族为主体的多民族聚居的山区，在长期的发展过程中，形成了独特的各式各样的、独具魅力的民族文化，可以将其纳为服饰、饮食、民俗节日、民间工艺等类型，具有一定特色的文化旅游产品，提升了景区文化旅游产业的整体竞争力。

b　提高社会知名度

随着旅游发展的需要，近年来某景区加大了促销手段，加大宣传力度，比如组团参加国内旅游交易会和国际旅游交易会、游园推介会、欧洲旅游推介会等。通过这些活动促销、形象策划手段，构建了庞大的旅游营销网络，旅游市场已经辐射到了国外。

c 改善了居民生活环境

生活环境氛围与生活质量伴随着景区旅游业的发展和城镇化进程，旅游地社区居民的生活环境氛围也在发生着变化。在经历了外域文明和城市文化的冲击后，景区本土文化与外来文化也在一定程度上得到了有效的整合，使旅游地社区的生活环境氛围较旅游开发初期有所改善。

与此同时，就业机会和经济收入的增多，使当地居民的经济生活质量也得到了明显提高。根据初步调查显示，64%的社区居民认为生活环境氛围变好，55.3%的居民认为生活质量得到了提高，而只有9.7%的社区居民认为生活环境氛围变差，10.5%的居民则认为生活质量较以前有所下降。

C 环境影响

旅游对环境积极影响：使历史建筑和古迹遗址得到维护、恢复和修整，使休闲和娱乐场所及相关设施的数量得以增加，使道路、交通运输服务等基础设施得以改善，使旅游接待地区的环境卫生得以重视和维持。

a 旅游对环境的消极影响

对地表和土壤的影响：随着各自然区域内旅游活动的开展，无论是陆地还是水域表面都可能受到旅游活动的影响，岩岸、沙滩、湿地、泥沼地、天然洞穴、土壤等不同的地表覆盖都可能承受不同类型的旅游冲击，尤其是地表植物所赖以生存的土壤有机层往往受到最严重的冲击。

b 对植物的影响

人类的旅游活动对地表植被和植物的影响可分为直接影响和间接影响两大类。直接影响行为包括移除、踩踏、火灾、作为营火材料采集和对水生植物的危害，间接影响包括外来物种引入、营养盐污染、车辆废气、土壤流失等问题，这些都会间接地影响植物的生长和健康。

c 对动物的影响

旅游区的开发可能会破坏野生动物的栖息地或庇护所。游客总喜欢“有吃又有拿”，嗜吃各种山珍海味，又偏爱收集各类野生动物制品，以显示自己的霸气，这样野生动物的生命就受到了威胁。

6.3.1.2 双向影响与衡量标准

旅游活动不仅会对旅游目的地产生影响，同时也会对旅游者本身甚至对旅游客源地产生反作用。旅游影响的这种双向性容易受到忽视。同时，对旅游影响的认识和研究还应注意到一些衡量标准的不确定性。例如，目的地的社会文化影响，常常难以量化评价，一些影响从不同利益主体、不同文化背景和不同思维模式的人的角度看来也会有所不同。

6.3.2 旅游对旅游目的地经济的影响

6.3.2.1 积极的经济影响

A 增加目的地经济收入

旅游的发展可以使旅游目的地经济收入增加，能调节旅游地区购买能力，提供大量就业机会，吸收农村剩余劳动力。旅游业作为劳动密集型、服务型的第三产业，具有就业门槛低、数量大、受经济衰退影响小等特点，使旅游地有着较大的人口压力和就业压力的文化程度普遍不高的农村剩余劳动力得到有效利用。

B 带动关联产业的发展

旅游业的发展不仅提供了许多直接就业的机会，还刺激着相关产业的发展，提供着许多间接的就业机会。旅游活动本身包括“食、住、行、游、购、娱”六大要素，所以它一方面给交通运输、饭店宾馆、餐饮服务、商业网点等带来客源，另一方面也带动影响了旅游地轻纺工业、建筑业、加工制造、邮电通信、房地产、金融保险业、文体事业等发展，起到了“一业带百业”的作用。

C 平衡地区经济发展，缩小地区差异

当经济落后地区的某些旅游资源足以吸引经济发达地区居民前去旅游时，这些游客在旅游目的地的消费开支对当地来说显然是一种外来的经济注入，这些新增资金无疑将会刺激该地经济的扩大发展，从而缩小地区差别。

D 增加外汇收入

旅游出口帮助一些国家实现了国际收支平衡，对一些国家的外汇短缺形成了补救，也可以替代一些面临危机的传统出口产业。在许多发展中国家，旅游业都是创取外汇的最大来源。一些国家的国际旅游收入占到出口总额很大的比例，例如，肯尼亚占15%、坦桑尼亚占24%、牙买加占35%、塞浦路斯占48%、希腊占20%。

旅游者在目的地的消费，从经济收益上来看，与目的地向客源地的出口具有同样的意义，即资金由客源地流向了目的地。

6.3.2.2 消极的经济影响

A 引起物价上涨

一般情况下，由于外来者的收入水平相对比较高或者他们又有支付高价的心理准备，在购物时往往愿意支付较高的价格，所以旅游地物价上涨是必然趋势，这势必会损害当地居民的利益。

游客的增多带来物资需求的增多，平时的生活必需品供不应求。此外，周边优美的环境带动了以休闲度假为目的的旅游地产的兴起，加剧了房价的上涨，当地居民想要购买房屋或是在周边购买房屋则需要付出比以前高很多的价格，这对于一直生活在当地的居民产生巨大的压力。

B 有可能使产业结构发生不利变化

例如以农业为主的地区，发展旅游业后，个人从事旅游服务收入高于务农收入，因此常使得大量的劳动力弃田从事旅游业。这种产业结构不正常变化的结果是：一方面旅游业的发展扩大了对农副产品的需求；另一方面却是农副产品产出的能力下降。旅游地居民失去了赖以生存的基本生产方式，一旦危机来袭，就会产生社会问题，还可能会影响到社会和经济的安定。

C 过重依赖旅游业会影响旅游地经济的稳定

旅游业具有脆弱性，包括旅游业有明显的淡旺季，对客源地依赖性大，旅游业的相关性强，旅游业的敏感度高等特点。其活动受制于市场，一旦影响旅游业的因素发生不利变化，也会使旅游需求大幅度下降，目的地旅游业乃至整个经济都严重受挫，造成严重的经济和社会问题。

6.3.3 旅游活动对旅游目的地环境的影响

6.3.3.1 积极影响

旅游会带来旅游目的地城市的绿化、环境的净化和美化、旅游透明度的提高，通过到自然风景旅游区旅游，公众对环境问题会有更深入的了解和认识。另外，游客需要在轻松舒适的环境下游览和体验城市风光、风情、历史和文化，这样就促使旅游接待地政府重视环境问题，下功夫改善环境，搞好接待地的卫生。

促进地区饮食、交通运输等基础设施得以改善和完善。由于旅游是个综合性产业，既以其他部门的发展为基础，又能带动和促进其他部门的发展，旅游兴而百业兴，旅游的发展可以促使旅游接待地增加酒店餐饮休闲和娱乐场所，为旅游者提供良好的旅游环境和暂居条件，从而提高地方的知名度，促进经济的发展。

使历史建筑和古迹遗址得到维护、恢复和修整，所有旅游目的地的环境和文化遗产通常都是主要的吸引物。为发展旅游业，当地有关部门必然会加强管理，维护、恢复这些旅游发展的基础。如果管理得当，就能促进旅游业的长足发展，从而为环境和文化遗产的保护提供一种经济保障。这些资源的持续利用能为当地创造就业机会和收入，也能长期为政府增加税收。

6.3.3.2 消极影响

破坏旅游目的地本来的正常生态环境和自然环境。旅游景点的过度开发会造成对周围野生生物的干扰，导致某些生物灭绝。例如，保护区人口数量的季节性增加、车辆流动和废气排放都会对动植物本来宁静的生存环境造成干扰，对处于繁育期的水禽造成影响，迫使鸟类弃巢，导致种群数量减少，破坏生态平衡。

旅游开发还会破坏森林植被，使高纬度地区和山区易受水土流失、淤积河道的影响；湿地水位下降，使芦苇和水草枯死，增加了草原火险隐患，破坏了动植物系统。生态资源遭到破坏，人类生存环境就会恶化。

6.3.4 旅游活动对旅游目的地社会文化的影响

6.3.4.1 积极影响

A 使目的地社会文化发展获得资源

旅游发展的经济收益，使得目的地获得资金，能够进一步完善旅游吸引物和旅游环境。一些文化遗产得到保护和恢复，目的地居民获得更多的受教育、文化交流和从事经营活动的机会。同时，大量的基础设施和公共文化设施建设起来，使得目的地居民有机会和游客共享这些新的资源。目的地居民获得了更多现代知识和思想，妇女也在这个过程中获得更多发展机会，这些都促进了目的地社会文化的发展。

B 增进目的地居民的自豪感

外来游客对目的地文化的欣赏也促使目的地居民反过来重新审视自己的文化，目的地居民和经营者更加有意识地保护和利用自己的文化遗产。目的地居民在参与旅游开发的过程中，对自己的文化产生了强烈的自豪感和归属感。在一些历史文化名城，可以看到本地居民主动地向外来游客介绍自己所在的城市和地方，并将传统的文化元素向外部世界做宣传。

C 有助于促进传统文化的复兴

随着成千上万游客源不断地涌入，带来了多方面的尤其是对当地的民族传统文化的需求，使得许多濒临失传的传统精神文化和物质文化在旅游大潮的触动下得以复苏，并融入旅游市场，得到重构和新生。

D 推动当地社会文化的对外交流

例如，外国游客来北京旅游，了解学习我国的文化、历史、习俗等。

6.3.4.2 消极影响

A 对旅游目的地居民的正常生活造成干扰

大量旅游者进入旅游地，会对当地居民生活造成影响。例如，旅游者大量到来造成旅游地交通拥堵，物价上涨，进而引发旅游者与当地居民之间的矛盾。

B 促使旅游地居民消费观念与消费能力失衡

旅游者在旅游地的消费其实是一种失真的消费，但是旅游地的居民常常把旅游者这种失真的消费与平时生活消费进行等同，旅游地居民通过模仿可能会产生不符合消费能力的消费观念，从而给社会、经济及家庭结构带来许多不良影响。

C 使旅游目的地地方文化的独特性逐渐消失

地方文化的独特性往往与地理的封闭性紧密相连，当旅游地得到开发后，其地方文化的独特性便会随着外来游客的不断涌入而逐渐淡化甚至消失，使得旅游目的地文化丧失其本义和原真性。

D 使旅游目的地文化过度商品化

在展现旅游地当地传统文化方面，一般民俗活动和传统节日庆典的举办，都有其传统的特定时间、特定地点和特定内容；然而，由于发展旅游业的需要，很多这类传统文化活动都已被商品化。

6.4 旅游目的地开发规划

旅游规划是旅游目的地开发的蓝本，更是保障旅游目的地在社会、文化和生态等“非现实利益”和长远利益的关键所在。WTO 和西方学者十分重视旅游规划工作。中国的旅游规划尚不能完全满足旅游目的地开发的需求，尤其在切实保障可持续发展和人文关怀方面，仍需要从法规、人才、意识和技术方法等方面大力提高。

6.4.1 旅游目的地开发规划概述

6.4.1.1 旅游规划工作的目的

旅游景区规划设计具有战略性的指导意义，它明确提出旅游景区发展的方向、规模、速度和目标，以及实现目标的对策和措施，是旅游景区发展的基本依据。其目的具体表现如下。

(1) 发展旅游经济。从根本上说，旅游景区规划的首要目的就是经济效益，这是制定旅游景区规划的基本出发点和核心思想。旅游的经济、社会和环境三大效益中，经济效益是基础。

(2) 满足游客的需求。景区规划设计的目的是合理地利用旅游资源，提高旅游资源的吸引力，突出旅游景区特有属性和主题形象，塑造旅游精品，扩大游客的满意程度。

（3）协调好经济、社会、环境三个方面的矛盾。旅游景区规划的目的主要体现在经济、社会、环境三个方面，或者说体现在如何尽量满足旅游者、社区、政府各自所追求的利益上。

6.4.1.2　旅游规划工作的意义

旅游规划，是一个地域综合体内旅游系统的发展目标和实现方式的整体部署过程。旅游规划经相关政府审批后，是该区各类部门进行旅游开发、建设的法律依据。旅游规划要求从系统全局和整体出发，着眼于旅游规划对象的综合整体优化，正确处理旅游系统的复杂结构，从发展和立体的视角考虑和处理问题。因此，旅游规划必然要站在高屋建瓴的角度统筹全局，为旅游实现提供指导性的方针。

旅游景区规划设计是旅游景区发展的纲领和蓝图，旅游景区规划是当地发展旅游业的宏观指导方针和战略推进的依据。其意义如下。

（1）确定旅游景区发展的合理目标。引导当地旅游业与关联行业在共同发展中促进地区经济发展，获取效益，使人民生活水平得到明显的提高。

（2）促使各项旅游要素的相互整合。旅游要素的整合首先是市场与资源的整合。旅游景区规划的意义，在于自觉地、完整地整合社会经济规划、物质性规划的科学知识和技术方法，科学合理地确定资源与市场的平衡点；在于调动社会经济系统中已有的支持力量，或组合、创建新的支持力量，指导和强化有关各方的协同关系。

6.4.1.3　旅游规划工作的中心任务

旅游总体规划的主要任务是以区域旅游发展规划、社会经济发展规划、国土规划等为依据，综合研究旅游资源、旅游市场和旅游发展条件，确定旅游在本地国民经济中的地位、作用和发展目标，并对如何实现目标做出整体性部署。通过总体规划，完成旅游市场细分、确定旅游产品特色、合理进行景点布局、科学确定环境容量和有关规划指标，统筹处理旅游产品体系、旅游支撑体系和旅游保障体系三方面的关系，以及远期与近期、保护与发展等全局性关系，以确保旅游业在规划区内稳定、健康地发展。

旅游规划，是对旅游目的地的旅游系统要素所做的规划或设计，用于指导旅游目的地的开发、建设、经营和管理。旅游规划的中心目标和任务包括以下三个方面。

A　确定开发目标

通过对旅游资源、旅游市场和其他发展条件的全面分析，确定合理的开发目标。目标的制定既要有高度，又要实际可行。目标来源于发展条件的分析，同时将统领具体的发展策略和方案。目标的制定通常与定位相结合。除了总体发展目标，通常还包括经济效益目标、环境目标等多角度目标，也应当根据发展的时间阶段，制定阶段性目标。

B　制定开发策略

旅游目的地的开发和经营过程中，会遇到各种各样的问题，需要规划工作做出系统的解决安排。常见的问题包括：旅游市场发生变化，原有产品不能适应；旅游开发的资金和人力不足；旅游开发与社区居民和生态环境矛盾加深；旅游营销效果不佳；旅游基础设施和配套要素不完善等。应当在客观分析的基础上，结合委托方的实际情况和条件，为委托方制定切实可行的解决问题的方案；或以客观的立场反映问题并提出解决方案，交由决策者作为决策的参考和依据。旅游规划方案通过评审后，报有关部门审批，将成为具有法律效力的文件。根据发展目标制定策略时，需要特别注意策略的系统联结性以及策略方案的可操作性。发展目标的实现，需要互相匹配的多层面的策略配合，才能够得以实现。

C 保障持续发展

把旅游业培育成国民经济的战略性支柱产业和人民群众更加满意的现代服务业。大力发展旅游购物，提高旅游商品、旅游纪念品在旅游消费中的比重。以大型国际展会、重要文化活动和体育赛事为平台，培育新的旅游消费热点，把提升文化内涵贯穿到食、住、行、游、购、娱各环节和旅游业发展全过程。集中力量塑造中国国家旅游整体形象，提升文化软实力。

6.4.1.4 旅游规划工作的特点

A 综合性

旅游规划涉及自然、经济、社会、人民生活等各个领域，涉及农业、建筑业、交通运输业、宾馆餐饮业、商贸、邮电、通信等社会经济的各个部门，内容十分广泛。社会经济各个部门都有各自的专业规划，旅游规划要对各部门规划内容在综合分析基础上进行旅游发展和建设的统筹安排。

B 协调性

旅游规划着重综合评价、综合分析论证，强调旅游活动过程中各项要素的相互协调性。从历史基础、现状特征、未来变化趋势，对多个部门、各方面进行综合的系统分析研究，全面权衡利弊，逐步加以明确。

C 比选性

旅游规划工作的重点是研究旅游产品、基础设施的空间布局，而这些空间布局都不是唯一的，任何一个功能区域都可以给出多种多样的未来发展蓝图。因此，最后的决策是在多方向、多目标、多方案综合比较中筛选出来的。

D 依赖性

旅游开发是一项依赖性很大的经济活动，旅游业发展水平很大程度上依赖区域经济发展水平。旅游系统是依赖于很多行业支持的系统，没有这些行业的支持，旅游系统就难以运行。这些支持行业具有双重任务：1）满足旅游系统运行的需要；2）满足自身及其他产业正常运行的需要。

旅游规划必须协调这些行业与旅游业之间的关系。这种情况：一方面要求旅游规划编制专家认真研读相关的社会经济发展规划、城乡规划和其他重要文件；另一方面也急需在旅游规划领域做相关立法，明确旅游规划的权限和职能。

E 动态性

旅游规划不能一蹴而就，要在动态变化中跟踪调整。旅游者的需求会随着政治、经济、社会环境和人的观念变化产生变化，这就决定了旅游规划是一种动态规划，要适应旅游发展趋势，尤其是旅游项目的选择与布局必须具有弹性。旅游规划要重视市场及其变化，充分了解和研究市场需求，掌握其变化趋势，是旅游规划成功的基础之一。应当不断学习市场上成功的案例，学习和吸收成功的经验，更体现在预测市场的发展趋势，提前调整旅游产品，甚至创造全新的产品，引导市场需求。

6.4.2　问题导向与目标导向的规划路线

开发一个特定的旅游目的地，有两类常用的分析思路：一类着重解决当前发展中的问题；另一类着重实现预定的开发目标，即问题导向型思路和目标导向型思路。

6.4.2.1　问题导向型路线

发现问题、分析问题、解决问题是基本的思维方式。“问题导向”是以问题为中心，围绕问题研究其特征、规律，给出解决方案的方法。“问题导向”中的“问题”泛指旅游发展中存在的问题。

旅游目的地开发的问题导向型路线示意图，如图 6-1 所示。

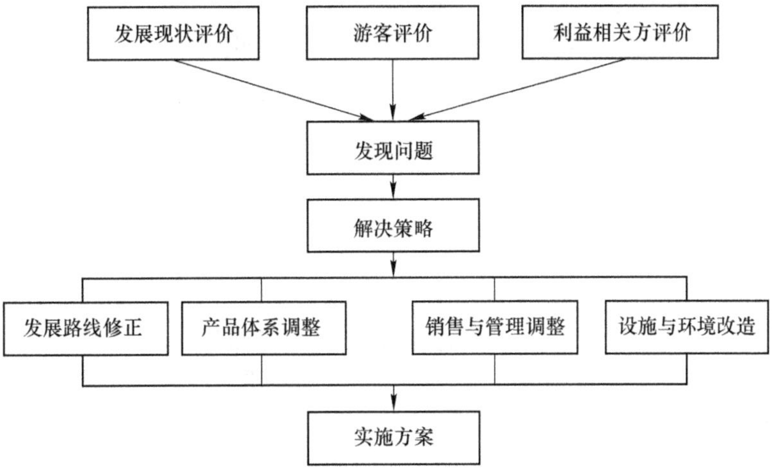

图 6-1　旅游目的地开发的问题导向型路线示意图

6.4.2.2　目标导向型思路

以宏观目标为切入点，进行调查分析，确定发展目标，制定实现目标的战略，进而推出实施策略及保障措施。这种研究思路是基于旅游发展目标对于旅游产品设计、品牌塑造等的导向作用，它关注的焦点在于：(1) 目标的确立：根据优势、劣势、机遇、威胁的分析和旅游发展历史与现状的研究，合理确定旅游发展目标，这在实质上就确定了旅游发展的方向和要达到的水平；(2) 战略的确定：根据旅游目的地的发展基础和条件，瞄准确立的目标，制定为实现旅游发展目标需要采取的战略。

在目标导向型方法中，确定适合的旅游发展目标是分析研究工作的核心，其他内容都是围绕这个核心而展开的。不管是前期的旅游资源调查分析与评价、旅游市场的分析与预测、旅游发展背景的分析，还是后期保障体系的制定，都是为了能确定和实现旅游开发的目标。

6.4.2.3　目前我国旅游开发规划的工作范式

国家旅游局颁布的《旅游发展规划管理办法》中将旅游发展规划的内容定为 7 个方面：

(1) 综合评价旅游业发展的资源条件与基础条件；

(2) 全面分析市场需求，科学测定市场规模，合理确定旅游业发展目标；

（3）确定旅游业发展战略，明确旅游区域与旅游产品重点开发的时间序列与空间布局；

（4）综合平衡旅游产业要素结构的功能组合，统筹安排资源开发与设施建设的关系；

（5）确定环境保护的原则，提出科学保护利用人文景观、自然景观的关系；

（6）根据旅游业的投入产出关系和市场开发力度，确定旅游业的发展规模和速度；

（7）提出实施规划的政策和措施。

可以看出，在旅游发展规划的文本中，旅游发展战略在内容编排上一般位于现状评估和旅游资源调查之后，各项旅游业发展要素专项规划之前，如：旅游产品规划、旅游形象设计、旅游市场规划、旅游业支撑体系规划等。这是因为从逻辑学的角度来说，旅游发展战略的制定有赖于对旅游规划区域现状的评估和旅游资源赋存情况的调查，而旅游发展战略一旦制定，则对于各项旅游业发展专项要素具有积极指导的作用。

旅游区规划是指为了保护、开发、利用和经营管理旅游区，使其发挥多种功能而进行的各项旅游要素的统筹部署和具体安排。旅游区规划按规划层次分总体规划、控制性详细规划、修建性详细规划等。不同层次的规划任务、内容、编制程序与成果要求也不相同。

旅游区总体规划的内容包括；对旅游区的客源市场的需求总量、地域结构、消费结构等进行全面分析与预测；界定旅游区范围，进行现状调查和分析，对旅游资源进行科学评价；确定旅游区的性质和主题形象；确定规划旅游区的功能分区和土地利用，提出规划期内的旅游容量；规划旅游区的对外交通系统的布局和主要交通设施的规模、位置；规划旅游区内部的其他道路系统的横向、纵向和交叉形式；规划旅游区的景观系统和绿地系统的总体布局；规划旅游区其他基础设施、服务设施和附属设施的总体布局；规划旅游区的防灾系统和安全系统的总体布局；研究并确定旅游区资源的保护范围和保护措施；规划旅游区的环境卫生系统布局，提出防止和治理污染的措施；提出旅游区近期建设规划，进行重点项目策划；提出总体规划的实施步骤、措施和方法，以及规划、建设、运营中的管理意见；对旅游区开发建设进行总体投资分析。

总的来说，这个一般范式就是“战略思想-战略目标-战略措施”。战略思想是旅游发展战略的第一个重要内容，又被称为发展构思、发展思路、指导思想等。战略目标是旅游发展战略的核心内容，它一般包括战略定位和目标体系两大部分。战略措施是旅游发展战略的最后一个重要内容，它一般包括战略方针和具体措施两大部分。旅游区可根据实际需要，编制项目开发规划、旅游线路规划和旅游地建设规划、旅游营销规划、旅游区保护规划等功能性专项规划。

本章小结

旅游目的地开发是一项综合性的工程，既要考虑到开发带来的经济效益，又要兼顾社会、文化和环境的综合效益，并且在所有相关要素中找到一种平衡。做好旅游目的地的开发工作，需要有充分的理论和方法作为基础，其中包括系统理论、空间理论、心理学理论、管理学理论等。在旅游目的地开发的具体过程中，还要有足够的思考能力和灵活性。

思考与练习

6-1　旅游系统的功能包括哪几个方面？

6-2　旅游系统的结构是什么？

6-3　旅游目的地的经济影响包括哪几个方面？

6-4　旅游目的地的文化影响包括哪几个方面？

6-5　旅游规划工作的目的表现在哪些方面？

7 旅游目的地安全与危机管理

本章导读

旅游目的地危机管理是应对非正常情况下目的地突发问题的管理活动，危机事件涵盖了经济、社会、文化和环境等多个方面的因素。本章介绍了旅游危机管理的相关概念，从旅游目的地危机的类型、危机管理的主客体、危机管理的过程控制入手，提出了旅游目的地危机管理的应对策略。

学习目标

(1) 了解危机管理的起源与发展趋势、旅游业危机事件的影响。

(2) 掌握旅游目的地危机管理模型。

(3) 掌握旅游目的地危机的预警防范管理。

(4) 了解危机应对处理及影响管理。

关键概念

旅游业、危机、影响、管理。

7.1 危机管理概要

7.1.1 概念及特点

早在1974年，世界旅游业遭受世界能源危机的严重冲击，旅行研究协会（The travel research association）就开始关注危机问题。此后的30年中，国外研究者从各个方面对旅游危机管理进行了深入的研究，2003年非典的爆发唤醒了中国旅游业对危机管理的重视。

7.1.1.1 旅游目的地危机

目前由于研究视角不同，不同学科对危机的含义有着不同的定义。旅游业比较公认的危机概念是指由于不确定性的、突发性的重大事件的发生而对旅游业造成的重大破坏和后续不良影响的状态。

从游客的视角定义，旅游危机是指能够实际或者潜在对于游客产生负面影响的突发事件，且该突发事件使得游客难以容忍，极大地破坏了旅游体验。

从旅游目的地视角定义，旅游危机是指旅游目的地受到不可控的负面情形影响，从而导致了目的地的旅游发展产生了非正常波动的情形。

7.1.1.2 旅游目的地危机的特点

危机具有隐蔽性、突发性、破坏性、公开性、扩散性、复杂性、双重性和周期性等特点。旅游目的地危机是危机在旅游行业的具体表现，因此还有一些独有的特性。

7.1.1.3 旅游目的地安全的概念及特点

A 旅游安全的概念

安全，即平安、不受威胁。1943 年，美国著名心理学家亚伯拉罕·马斯洛提出“需要层次理论”，他指出人类动机是由多种不同性质的需要组成的。这些需要又有先后与高低之分，即有一个需要层次，由低到高依次为：生理需求、安全需求、社交需求、尊重需求和自我实现需求。安全需求同样属于低级别的需求，其中包括对人身安全、生活稳定以及免遭痛苦、威胁或疾病的需求等。

在旅游活动中，旅游者离开居住地到达一个陌生的环境，其人身安全、财产安全等问题需要得到保障。什么是旅游安全？传统意义上，旅游安全的概念有广义和狭义之分。

广义的旅游安全是指：旅游活动中各相关主体的一切安全现象的总称。它包括旅游活动各环节的相关现象，也包括旅游活动中涉及的人、设备、环境等相关主体的安全现象；既包括旅游活动中的安全观念、意识培育、思想建设与安全理论等“上层建筑”，也包括旅游活动中安全的防控、保障与管理等“物质基础”。

狭义的旅游安全是指：旅游者的安全，包括旅游者在旅游过程中的人身、财产和心理安全。

B 旅游安全的特点

旅游安全的显著特点表现在集中性、广泛性、巨大性、隐蔽性、复杂性、特殊性、突发性。

7.1.2 西方危机管理发展历史

危机理论是西方政治学研究的传统课题，主要分析的是政治危机，包括政治制度变迁、政权与政府的变更、政治冲突和战争等。

7.1.2.1 20 世纪 60 年代以前

关于危机的研究最早可以追溯到第一次世界大战以后，当时德国出现的恶性通货膨胀和 1929 年在美国发生的严重经济萧条的情况，使得危机管理作为企业防卫的管理而产生。20 世纪 50 年代，有关一般危机处理决策、谈判理论的书籍及危机个案研究相继问世。

7.1.2.2 20 世纪 60~70 年代的理论萌芽

20 世纪 60 年代初，美国学者开始提出危机管理这一概念。危机管理作为一门学科，成为决策学的一个重要分支，它首先被运用于外交和国际政治领域，是西方政治学研究的传统课题，主要分析的是政治危机，包括政治制度变迁、政权与政府的变更、政治冲突和战争等。

7.1.2.3 20 世纪 70~80 年代的逐渐成熟

20 世纪 70 年代，西方危机管理的研究出现一次高潮，研究领域从政治领域向经济、社会领域扩展，从自然灾害领域向公共危机管理领域扩展。危机管理成为一门学科，形成企业危机管理和公共危机管理两个既独立发展又相互融合的学科分支，大量的研究著作出版，危机管理成为大学的学科和专业，也成为一种社会职业。

7.1.2.4　20 世纪 80~90 年代的主要理论发展

20 世纪 80 年代以后，随着企业竞争环境不确定性的增加，一些学者将危机管理理论扩展到研究经济及企业管理问题，探讨企业在遭遇危机以后如何实施紧急对策，危机管理开始在企业中日益受到重视。

7.1.3　我国危机管理发展历史

从历史观点来看，危机管理的古典理论诞生于中国。“存而不忘亡，安而不忘危，治而不忘乱，思所以危则安矣，思所以乱则治矣，思所以亡则存矣”是中国古代危机预防思想的经典概括。“祸兮福之所倚，福兮祸之所伏”是中国古代对危机两面性的辩证思考。“亡羊补牢，犹未为晚”是中国古代危机的总结思想。

20 世纪上半叶，中国开始了现代政治学的研究，这其中包含政治危机。真正的现代危机管理理论研究却是在美国“ 9 · 11”事件，特别是 SARS 危机之后，处于起步阶段。今后我国危机管理理论应该在充分借鉴西方现有理论基础上，根据我国国情侧重危机管理立法、危机管理机构、危机预警机制、危机信息沟通、政府与社会的合作协调等方面，结合政治、政府改革和经济、社会发展进行综合研究。

7.2　旅游业危机事件与影响

旅游业是脆弱的行业，尤其是突发事件随时都可能对旅游业造成危害，这时就需要进行及时的应对和处理。因此，旅游目的地对旅游安全与危机要有清醒的认识。

7.2.1　旅游业的危机事件

旅游业具有极强的综合性和脆弱性特征，其健康有序的发展运营涉及众多产业和环境条件，如良好的生态环境、健康的经济市场、顺畅的交通秩序、稳定的政治环境、完善的基础设施建设等；任何一方面的环境因素突变，都会对旅游业的发展产生重大影响，因此旅游业的危机事件来源较为广泛。

我们一般可以将旅游业的危机事件分为以下几类：

7.2.1.1　自然危机

这类危机事件主要有气象性灾害，如洪水、暴雪、冰雹、台风等；地质性灾害，如地震、山体崩塌、滑坡、泥石流等重大灾害引发的危机。

7.2.1.2　突发性危机、设备事故

这类危机事件主要是指在人类社会活动中出现的一些设施、设备突发事件引发的旅游危机，如公路、水运、铁路、民航等旅游交通事故；影响或中断城市正常供水、供电、供气等城市社会事故；通信、信息网络、特种设备等安全事故；原油泄漏、井矿坍塌等重大事故引发的危机。这类危机中，旅游交通事故是频发且严重的旅游危机。

7.2.1.3　人为危机

这类危机事件主要有恐怖袭击、战争、经济动荡、政局混乱等。如美国“9 · 11”事件，即美国东部时间 2001 年 9 月 11 日上午，恐怖分子劫持的 4 架民航客机撞击美国纽约世界贸易中心（双子塔）和华盛顿五角大楼的历史事件。

7.2.1.4 政治性危机

这类危机事件主要有国内或国际经济秩序的动荡、经济形势的恶化等；例如，2013年年末开始的泰国政治动乱，已经给该国旅游业带来严重影响。泰国政府部门和私营机构说，反政府抗议活动已经造成泰国利润丰厚的旅游业陷入停滞。泰国旅游商会说，自2014年初以来，曼谷两个机场的入境外国旅客人数已较上年同期下降了5%，该国在2014年前三个月损失大约225亿泰铢（合41亿元人民币）。

7.2.1.5 旅游与犯罪

这类危机事件包括侵犯财产类犯罪，如盗窃、诈骗、抢劫、抢夺、欺诈勒索等，典型的例子莫过于发生在浙江千岛湖的特大抢劫杀人案，犯罪分子暴力抢劫后焚烧“海瑞号”游船，致使船上32人全部遇难（其中台胞24人）；此案震惊海内外，不仅使当地的旅游业一落千丈，而且对两岸经济文化交流产生不利影响。另外，还有性犯罪与色情引诱犯罪等。

7.2.2 旅游危机事件的特征

旅游危机产生的原因多种多样，影响范围和持续时间长短不同，但旅游危机也有一些共同特征，认识旅游危机的特征可以使我们更好地掌握规律和应对旅游危机。

7.2.2.1 敏感性

旅游业的综合性、依赖性和季节性的产业特征，决定了旅游业的高敏感性。这种敏感性表现在其易受境内外各种突发事件的冲击和影响，出现严重的衰退和滑坡，产生旅游危机；同时，也意味着旅游业与其他产业相比面临更加严峻的挑战。

7.2.2.2 突发性

旅游危机是一种非预期事件，危机的出现往往没有征兆，尤其是一些外部自然灾害，以目前的技术水平很难做到精确预测；而旅游目的地内部管理的一些缺漏和弊端，即使有所征兆，但由于内部员工缺乏相应的敏锐洞察力，容易长期受到忽视，都是以一种突如其来的姿态出现，具有很强的爆发力和破坏性。

7.2.2.3 危害性

旅游业危机的危害性主要是指危机发生会在短时间内对旅游业造成致命的打击。同时，由于旅游产业关联度很高，涉及食、住、行、游、购、娱等许多产业，因此旅游危机往往会对经济社会带来很大的影响。也正因为此，旅游业危机具有波及效应，常常会引发其他不同类型的危机，导致该危机的危害性被进一步放大和延续。

7.2.2.4 破坏性

不论什么性质和规模的危机，都必然给旅游目的地带来不同程度的破坏，造成混乱和恐慌，而且由于决策的时间以及信息有限，有时候会导致决策失误，从而带来更严重的损失。

7.2.2.5 紧迫性

当旅游业危机真正爆发以后，会以非常惊人以及出人意料的速度发展和演变，并引发一系列的后续问题。如：旅游企业生存环境的明显恶化、虚假信息的广泛传播以及公众人心浮动，常常会导致受到冲击的各个旅游企业面临着反应时间有限的突出问题。在此状况下，决策者如果无法在巨大的压力下用尽可能短的时间做出最终的决策，不仅会使解决危机的最佳机会稍纵即逝，而且会导致一系列短时间内难以彻底根除的消极影响。它要求我们在第一时间里迅速应对、做出决策，进行化解。

7.2.2.6 不确定性

旅游危机的不确定性有时又称为是危机的未知性，旅游危机的发生具有很大的不确定性，难以判断危机是否发生，在哪发生，何时发生，难以预测危机，难以对危机的发生情境进行了解，难以采取一般的管理方法。

7.2.3 旅游危机事件的影响

分析旅游危机对旅游目的地的影响可以使我们采取正确的措施来应对旅游危机，消除不利影响，并尽快恢复正常的旅游业态。旅游危机对旅游目的地的影响主要表现为对旅游者的影响、对旅游企业的影响、对旅游产业的影响和对旅游目的地管理组织的影响。

7.2.3.1 旅游危机对旅游者的影响

旅游者作为旅游活动的主体，对旅游危机的反应最为敏感、最为直接，旅游危机对旅游者的影响主要表现为旅游需求的下降和旅游信心的损害。由于危机可能会影响正常的生活，使旅游者会对旅游目的地作为一个具有吸引力、安全的旅游地失去信心，导致旅游者改变旅游行为，如停止或推迟旅游活动、寻求替代性旅游等。然而，这种影响具有短期性和可逆性，在旅游危机结束后，会较快地恢复到常态，甚至会出现新的旅游机遇。

7.2.3.2 旅游危机对旅游企业的影响

旅游企业是旅游产品和旅游服务的提供者，旅游危机对旅游企业的影响主要表现为旅游企业由于旅游者减少而出现营业停顿或下降，旅游设施和供给能力大量闲置，使旅游企业面临较大的经营困难。由于旅游生产和消费的同一性、旅游产品的不可储存性及旅游设施的难以转换性，旅游企业有相当大的经营风险，如果旅游危机持续较长时间并且没有扶持政策，旅游企业将面临生存危机。与此同时，旅游企业还有脆弱性特点，社会政治稳定与否、经济社会发展程度、国际局势变动及自然环境状况，都会使旅游企业发展受到严重的影响。尤其是面临着世界经济社会的快速发展，人类社会面临的各种危机也在不断地显现，且有上升趋势。

7.2.3.3 旅游危机对旅游业的影响

从总体上来看，危机事件主要通过三个因素影响旅游业，即安全性因素、经济社会性因素、物质性因素。安全性因素包括危机中不确定性因素对旅游安全的威胁和对旅游预期安全的威胁。目前，大多数旅游者对旅游活动中的安全性要求的程度越来越高，安全已经成为影响旅游活动的最重要的因素之一，直接影响旅游活动过程和旅游愿望。经济和社会环境是影响旅游需求的最根本因素，这两种因素的波动自然导致旅游需求的波动。危机事件对一个国家或区域的经济社会系统的扰动，改变旅游客源地的经济发展和游客可支配的收入状况，从而导致游客的出游能力和愿望的波动。物质性因素是指旅游资源和旅游基础设施等。危机事件往往可能对旅游资源和旅游交通设施造成极大的破坏，降低旅游目的地的通达性和旅游资源质量，进而影响旅游需求。

7.2.3.4 旅游危机对旅游目的地管理组织的影响

旅游危机对旅游目的地管理组织的影响往往间接发生，旅游目的地发生旅游危机会使目的地形象或声誉受到负面影响，导致旅游吸引力和旅游人数下降、竞争力削弱，并在一定程度上影响到旅游目的地经济、社会、生活等各个方面。如果危机处置的不当，将对旅游目的地产生长远的负面影响。这就为旅游目的地管理组织的工作增添新的内容，继而影响到管理组织的结构变革等。

7.3 旅游目的地危机管理

危机管理的相关研究在当前社会发展背景下具有十分重要的实践意义。旅游目的地危机管理作为危机管理的重要研究领域，也成为近年来诸多学者所关注的重点内容。

7.3.1 旅游危机管理的概念

7.3.1.1 旅游危机

旅游危机管理是指政府、旅游企业对旅游开发、经营、旅游者消费过程中可能产生的危机因素采取预防或消除设施，以及在危险发生后采取弥补的科学管理行为。

A 旅游危机的概念

世界旅游组织（WTO）认为，旅游危机是指影响旅游者对一个目的地的信心并扰乱继续正常经营的非预期性事件。这类事件可能以无限多样的形式在许多年中不断发生。旅游危机就是旅游活动过程中出现的困难，影响其正常活动并带来一定危害的事件。这些事件是非预期性的，并且扰乱了旅游者的信心，对目的地的管理和企业的经营造成了困难，甚至带来一定的危害。如果不加以解决，任其发展扩散，可能会对发生地造成严重的影响。

B 旅游危机的特点

旅游危机具有非常明显的特点，主要表现在以下几个方面。

a 突发性

旅游业是一种敏感度很高的产业，自然、经济、社会环境出现的“非常状态”都可能成为引发旅游危机的诱因。因此，旅游危机往往是在人们意想不到、没有做好充分准备的情况下突然爆发的。相对于常态的发展状况而言，旅游危机是一种超出常规的突发性事件，表现为在短时间内给旅游业及相关行业造成措手不及的一系列的、连锁性的破坏，甚至使它们陷入混乱、跌入低谷。

b 危害性

旅游危机的危害性主要是指危机发生会在短时间内对旅游业造成致命的打击。同时，由于旅游产业关联度很高，涉及食、住、行、游、购、娱等许多产业，因此旅游危机往往会对经济社会带来很大的影响。也正因为此，旅游危机具有波及效应，常常会引发其他不同类型的危机，导致该危机的危害性被进一步放大和延续。

c 紧迫性

当旅游危机真正爆发以后，会以非常惊人并且出人意料的速度发展和演变，并引发一系列的后续问题。如旅游企业生存环境的明显恶化、虚假信息的广泛传播以及公众人心浮动，常常会导致受到冲击的各个旅游企业面临着反应时间有限的突出问题。在此状况下，决策者如果无法在巨大的压力下用尽可能短的时间做出最终的决策，不仅会使解决危机的最佳机会稍纵即逝，而且将导致一系列短时间内难以彻底根除的消极影响，它要求我们在第一时间迅速应对、决策和化解。

d 双重性

危机集“危险”与“契机”于一体，旅游危机的双重性表现为危险与契机并存，危机在对旅游业造成各种直接或间接的消极影响的同时也蕴含着前所未有的发展机遇，危中有机。如果处置得当，往往有“来得快”和“恢复快”的双重性。因此，当危机爆发时，要看到不利的方面，更应高瞻远瞩，充分认识到这种困难局势之中所包含着的发展机遇，把握机会，在逆境中取得突破，在危险中求得生机，变坏事为好事，化危险为机遇。

7.3.1.2 旅游危机管理

管理是指通过计划、组织、领导、控制及创新等方法和手段，综合运用人力、物力、财力、信息等资源，使组织目标能够顺利达到的过程。旅游危机管理（CrisisManagement）就是指目的地为避免和减轻旅游突发事件所带来的严重后果，并通过危机预测、危机预案和危机救治达到恢复旅游经营秩序和环境，消除旅游者紧张心理的非程序化决策过程。

这里的旅游突发事件，是指自然灾害以及政治动荡、恐怖袭击、重大犯罪、恶性疾病等对旅游业造成破坏性影响的事故。因此，为了提高旅游危机管理的针对性和有效性，旅游危机管理的出发点和落脚点应该是旅游者。一方面要高度重视旅游安全，旅游企业需要加强安全意识的教育和培训；另一方面需要为旅游者着想，努力消除他们的心理阴影。

7.3.2 旅游危机的类别

根据发生旅游危机的成因，可以将旅游危机分为来自生态方面的危机、来自社会方面的危机、突发公共卫生危机、来自政治方面的危机、来自经济方面的危机、来自旅游行业自身的危机等类型。

7.3.2.1 来自生态方面的危机

包括自然灾害，也包括人为因素引发的生态危机，主要有气象性灾害如洪水、暴雪、冰雹、台风，地质性灾害如地震、山体崩塌、滑坡、泥石流等重大灾害引发的危机。

7.3.2.2 来自社会方面的危机

主要是指在人类社会活动中出现的一些突发事件引发的旅游危机，如公路、水运、铁路、民航等旅游交通事故，影响或中断城市正常供水、供电、供气等城市社会事故，通信、信息网络、特种设备等安全事故，纵火、抢劫、凶杀等刑事犯罪，以及重大环境污染和生态破坏事故引发的危机。

7.3.2.3 突发公共卫生危机

指各种对人类健康带来巨大危害的突发性疾病引发的旅游危机，包括突然发生、造成或可能造成游客健康严重损害的重大传染病（如传染性非典型肺炎、禽流感、鼠疫、霍乱、血吸虫等）、群体性不明原因疾病、重大食物和职业中毒、重大动物疫情，以及其他严重影响游客健康的事件引发的危机。

7.3.2.4 来自政治方面的危机

主要包括发生战争、政变事件、恐怖袭击事件、经济安全事件、影响较大的针对性破坏事件，以及规模较大的群体性事件等引发的危机。

7.3.2.5 来自经济方面的危机

主要是由于宏观经济发生波动，如金融危机等形成经济衰退乃至产生经济危机，进而对旅游需求和旅游供给产生巨大冲击，包括经济停滞或下降、股市下跌、汇率重大变动等。

7.3.2.6 来自旅游行业自身的危机

主要是指发生在旅游业营运的范围内，直接对旅游业或旅游从业人员发生威胁，影响旅游活动的重大事件，如重大旅游交通事故、大型活动造成人员伤亡事故、饭店发生火灾、旅游设施产生意外事故以及旅游企业发生财力危机等。

7.3.3 旅游危机管理原则

旅游危机管理就是为预防可能危及、影响旅游业正常发展的各种突发性事件的发生，而建立的一套系统防范、沟通、处理、化解危机的日常管理模式。处理旅游危机的管理原则主要有以下几点。

7.3.3.1 长期性原则

危机没有发生时要采取一些日常措施，为危机爆发做好准备和进行必要演练；危机真正爆发时则在日常措施基础上再采取专门针对该危机的早期、中期和后期处理措施。

7.3.3.2 预防性原则

旅游危机虽然有其突发性的特点，但是，一些带有共同性的规律或现象还是可以提前预防的。需要分析旅游危机的特点、概率，做到未雨绸缪。例如，下雨天容易出现泥石流灾害，需要加强防范；南方的夏天在野外活动要预防毒蛇，北方的冬天在野外活动要预防冻灾等。

7.3.3.3 诚实性原则

诚实性原则包括公开安全处理或危机处置的真实状况，不能歪曲事实真相，更不能嫁祸于人、逃脱责任。

7.3.3.4 公开性原则

在网络时代和信息时代，任何旅游危机都很容易第一时间在媒体上曝光。旅游安全事故或灾难出现后相关部门必须公开信息，不能隐瞒或包庇。公开信息有利于占据主动地位，否则会造成“屋漏偏逢连阴雨”的困境。

7.3.3.5 权威性原则

旅游危机事件发生后，决策者、信息发布者、事件评论者等必须是权威性人物，有公信力的人物；不能由与事件毫不相关或公信力低下者应对媒体，否则会失去大众及受害者的信任。

7.3.4 旅游危机管理实施的必要性

7.3.4.1 旅游业的脆弱性要求必须对其实施危机管理

旅游业是一个非常脆弱的产业，它的经营随时会受到多种因素的影响。从需求角度来看，旅游业是一种非基本的需求，一旦受到外部因素的威胁，组织非基本的需求必然要为基本需求让路。从供给的角度来看，旅游业涉及食、住、行、游、购、娱等互相关联的各个行业，旅游活动的完成需要各个不同产业部门的协同配合，其中任何一个环节出现问题都会波及整个旅游业。因此，必须加强旅游业的危机管理，这样才能提高整个旅游产业链的稳定性。

7.3.4.2　旅游产业的特殊性要求必须对旅游业实施危机管理

与一般的商品不同，旅游产品具有无形与有形相结合、生产与消费同时、季节性强、需求弹性大等特征，这些特征使其经营销售过程中易出现异态、产生危机，而且危机一旦出现损失也就不可挽回。因此，建立一套行之有效的预警系统，实施危机管理就十分必要。

7.3.5　旅游危机的应对措施

7.3.5.1　危机初期阶段

这一时期，从旅游目的地的角度来看一切都处于正常状态，即危机的潜伏阶段，稍微疏忽大意，危机就将在平静中酝酿爆发。这段时间如果能够通过战略对策的制定尽可能明智地将一切可能发生的危机事件纳入考虑框架，构建一个旨在降低危机发生的战略性布局，对于有效管理旅游危机有着重要意义。第一，制定危机管理总体计划，使危机来临时有章可循；第二，建立完善制度规范，完善合理的制度规范可以使企业员工责任明确、操作规范，对预防危机事件的发生具有重大意义。

7.3.5.2　危机爆发阶段

(1) 采取积极行动，制定实时决策与行动。危机是一种非常态事件，危机状态下并没有常规管理程序可循。正确而又快速地做出决策，寻求外界支援是危机爆发阶段最直接和行之有效的措施。

(2) 实时危机治理战略，危机爆发阶段的队友措施是旅游业危机管理的最为关键的环节。

(3) 开展产业求助，保持产业的持续和健康发展。目的地政府应该对处于困境的企业提供支持，共同处理整个危机过程中的相关事宜，保持危机过程中业务的连续性。

(4) 开展危机营销，重振旅游业的经营能力。

(5) 构建旅游目的地差异化战略和营销体系。

7.3.5.3　危机后的恢复阶段

首先是企业内部信息恢复。危机事件发生使企业经营效益受到影响的同时，企业内部员工在工作积极性方面同样受挫。在危机后的恢复时期，有效的激励员工重塑企业整体信心，增强企业的团队合力以实现企业振兴，是非常关键的。

接着是对旅游市场的恢复。危机后，在客源市场复苏方面、各旅游企业应树立同盟思想、彼此联合、互惠互利、通过市场调查、搜集相关资料，分析主要客源市场和营销渠道危机的影响程度，进而针对各市场的特点采取应对措施，刺激、鼓励及帮助客源市场和营销渠道复苏和繁荣。

7.4　预警防范管理

国家旅游局出台了四色预警系统，即旅游目的地的旅游安全状况分别用红色、橙色、黄色和蓝色标示。红色旅游预警，建议不要前往该目的地旅游；橙色旅游预警，建议重新考虑前往该目的地旅游的必要性，避免不必要的旅游；黄色旅游预警，建议高度关注旅游目的地已经发生或可能发生的影响旅游安全的因素；蓝色旅游预警，建议关注旅游目的地已经发生或可能发生的影响旅游安全的因素。旅游目的地预警系统如图 7-1 所示。

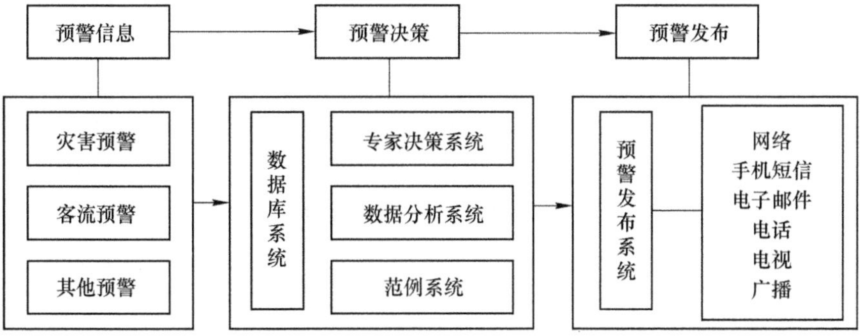

图 7-1 旅游目的地预警系统

（1）预警信息系统。同各地相关部门建立合作关系，利用我国现有的天气、地质等灾害预警系统发布的信息作为预警系统的输入信息，同时将游客的有关信息输入系统作为客流预警的一个参考方面，以确保信息的完整性和不同旅游目的地的差异性。

（2）预警决策系统。该系统利用预警信息系统输入的信息，运用内部多决策系统综合分析输入数据，给出一个实时的预警信息分析结果，并对未来危机情况进行预测。

（3）预警发布系统。预警结果的发布应及时而且广泛，可采用网络、手机短信、电子邮件、电话、电视、广播等多种途径。网络、电视、广播针对大众传播，短信、电话、电子邮件则可以对有信息记录的参与旅游目的地旅游活动的游客进行点对点预警。

7.4.1 预警防范管理的重要性和意义

旅游安全预警主要是旅游目的地安全信息的搜集、分析、对策制定和发布等功能。它在警示旅游者和旅游企业、增加旅游者和旅游企业的旅游安全意识、提高安全防范与控制能力，使旅游者和旅游企业预见问题并采取积极的防范措施等方面有着极大作用。旅游安全预警管理应该规范化，有专人负责信息收集、分析、对策制定及传播。例如，旅游地应该提前掌握天气情况，分析雨量及风力大小对相关旅游活动的影响，实时向社会发布旅游安全提醒信息等。

危机的预警防范有助于培养全员的危机意识。旅游目的地管理面对的环境复杂多变，各种因素层出不穷且变化莫测，因此出现危机的可能性日渐增大。

危机的预警防范能有效地减少危机的形成。危机的预警防范工作，实际就是一种有组织、有计划、有科学规程的危机控制工作。

危机的预警机制有助于提升旅游目的地产品的竞争力。预警机制的建立健全有利于激发工作人员的工作积极性、主动性，甚至创造性，从而提高工作效率。

危机的预警防范是目的地附加利益竞争优势的保证。所谓附加利益就是指对度假的满足超出了基本利益以外的利益。而附加利益竞争优势就是指通过附加的和待续的情感利益所获得的竞争优势，它很难被模仿。

危机的预警防范有利于增加目的地的知名度。旅游经济是体验经济，顾客在目的地旅游就是为了体验和享受生活。

7.4.2 危机预警防范的措施

危机预警是危机管理的第一步，也是危机管理的关键所在。首先要有危机意识。尽管危机多以突发事件形式出现，发生的概率很低，但突发事件是一种客观存在。从这种意义上讲，危机又是必然的，是无法避免的。同时，由于缺乏准备，危机事件带来的损失往往是巨大的，超常规的，人们会在处理危机过程中花去更多的时间与精力。所以，从思想上重视危机的产生是十分必要的。同时，危机预警也是危机管理知识信息系统具有的功能。与常规事件相同，偶发事件也有一个发生、发展的过程，甚至是从量变到质变的过程。在事故发生前，总会有一些征兆出现。只要及时捕捉到这些信号，加以分析处理，及时采取得力措施，就能够将危机带来的损失降至最低，甚至避免危机的产生。

对于目前现实中的某些危机，如地震等自然灾害、交通事故等危机事件，其前期征兆出现时间短、事发突然，在现有的科学技术水平下尚未能有足够有效的预警措施。但从理论上而言，这不代表这类危机事件的预警不具有可能性，而是仍然需要我们不断地探索和实践。

7.4.2.1 建立危机预警检查机制

建立危机自我诊断制度，从不同层面、不同角度进行检查、剖析和评价，找出薄弱环节，及时采取必要措施予以纠正，从根本上减少乃至消除发生危机的诱因。

“警惕性是首要的，大部分危机是可以避免的。”美国危机管理学院（ICM）Smith 说。另一位危机管理专家斯蒂夫·芬科提出，应该建立定期的公司脆弱度分析检查机制。“越来越多的顾客抱怨，可能就是危机的前兆；烦琐的环境申报程序，可能意味着产品本身会危害环境和健康；设备维护不利，可能意味着未来的灾难。经常进行这样的脆弱度检查并了解最新情况，以便在问题发展成为危机之前得以发现和解决。脆弱度分析审查不仅有助于防止危机，避免对公司业务和公司利润的不良影响，而且还会使公司在未来变得更为强大。”斯蒂夫·芬科说。

尽管危机是非常少发的特殊状态，但是它有极大的危害性，旅游目的地管理组织需要设立危机管理机构，通过行之有效的工作，可在有危机先兆时防患于未然；而一旦危机发生，即能加以遏制，以减少其对旅游目的地形象的损害程度。

危机处理机构的主要作用在于：对目的地所有旅游从业人员进行危机培训，使每一名员工都有危机意识，遇到危机时能够快速、合理地处理危机，并能够监察危机的发展及执行目的地相关的危机管理政策；在危机结束时，能够及时调整运营管理行为，运用各种手段恢复危机造成的影响，重新塑造目的地的美好形象。

7.4.2.2 建立危机管理机构

旅游目的地的危机管理机构应该由以下部分构成：目的地管理组织领导、危机管理智囊团、对外公关宣传部门、信息搜集部门、目的地产品及服务的质量保障部门、法律工作部门等。这些部门中如智囊团、质量保障部门、法律工作部门等可作为非常设机构，只在危机征兆出现或危机发生时调集工作。

由危机管理小组，制定或审核危机管理指南及危机处理方案，清理危机险情。一旦危机发生，及时遏止，减少危机对企业的危害。

7.4.2.3 拟定危机管理计划

每次危机的发生可能原因是多样的，不能用一个方案来应对所有的危机，必须要制定尽可能详细的多个策略方案，可以在危机到来的时候提供有价值的辅助借鉴，为快速解决危机打下了基础。在事前对可能发生的潜在危机，预先研究讨论，以发展出应变的行动准则。

7.4.2.4 危机管理培训和演习

由于危机不会经常出现，所以多数人对危机处理是没有经验的。而长期的“和平”环境，可能使目的地管理及服务人员产生麻痹和松懈，一旦出现危机则手足无措，手忙脚乱，失去转危为安、化险为夷的最佳时机。为使旅游目的地在危机处理中掌握主动权，目的地应当未雨绸缪，每隔一段时间举行一次危机演习，使目的地员工熟悉危机防范方案，积累危机处理的工作经验。一旦危机真正发生，能够处变不惊，最大限度地减少危机对目的地的损害。

开展员工危机管理教育和培训，增强员工危机管理的意识和技能，一旦发生危机，员工应具备较强的心理承受能力。同时提高管理小组的快速反应能力，并可以检测危机管理计划是否充实、可行。

7.4.3 危机预警原理

危机预警的原理主要是根据以往发生事件的频率、事物的普遍性等予以推理，主要有下面三种。

(1) 类推原理：依据历史因素进行相关的推断。例如，夏天容易发生中暑、游泳、溺水等事件。

(2) 因果原理：依据事物的普遍联系性原理。事物总是有内在的联系，如大的自然灾害之后容易暴发瘟疫，政治冲突事件发生后会影响旅游业等。

(3) 概率原理：依据变量之间的互相作用原理。例如，食物中毒的概率、缆车的事故概率、汽车的事故概率等。

7.5 应对处理管理

7.5.1 旅游目的地危机应对处理的正确理念

危机事件的突发性、不确定性和破坏性等特点，导致许多危机事件发生不可避免。然而，不能片面地只将危机处理工作作为一种支出和负担，其实，做好危机的应对处理工作，不仅能减轻危机事件的危害度，还能在其中寻找机会。在危机的应对处理中我们要时刻有以下两种正确的理念。

7.5.1.1 危机事件能促进旅游目的地管理更完善

危机事件的爆发往往能暴露目的地管理中的很多问题，如：SARS 的暴发，就暴露了中国在应对大规模公共危机方面，缺乏足够的应对措施和经验，更重要的是缺乏一个专业的危机预警和处理机制。这可以使目的地管理者更真实全面地了解自己，清楚地看到管理中存在的不足，能为自身找到创新的突破点，切实提高旅游目的地竞争力。

7.5.1.2 危机事件能为旅游目的地发展带来新的机遇

Faulkner 曾指出："依据混沌理论，危机管理实质上被看作是一个创造过程。"有效的危机管理可以减轻危机负面后果，并带来新的发展契机。对旅游目的地而言，无论来自外部还是内部的危机冲击，都可视为"创造性破坏"。这种"创造性破坏"将有可能使目的地打破发展僵局，寻找到新的发展机遇。

7.5.2 危机应对处理的原则

7.5.2.1 旅游目的地安全事故处理原则

在旅游安全事故的善后处理工作中，应恪守保护旅游者的基本权利和利益为第一原则。在具体工作中，要遵循下述基本原则。

A 迅速处理原则

第一时间做出迅速恰当的反应是防止危机事件继续恶变的"第一法宝"，危机发生的第一个 24 小时至关重要。危机一般包括突发期、扩散期、爆发期、衰退期四个时期。

如果在危机开始的突发期和扩散期积极应对、遏制危机，往往成本较低，效果也较理想。一旦到了爆发期，处理和平息危机的成本将呈几何级数增长，态势将难以控制。危机旅游安全事故发生后，报告单位应立即派人赶赴现场，组织抢救工作，保护事故现场，并及时报告当地公安部门。

B "四不放过"原则

(1) 事故原因未查清不放过；

(2) 事故责任人未受到处理不放过；

(3) 事故责任人和周围群众没有受到教育不放过；

(4) 事故制订切实可行的整改措施没有落实不放过。

C 属地处理原则

旅游安全事故发生后，原则上由事故发生地政府协调有关部门、事故责任方及其主管部门负责，必要时可成立事故处理领导小组。

D 公开性原则

旅游目的地的危机一旦爆发，立即会引起政府部门、社会公众和相关媒体的关注和报道。此时目的地作为危机事件的当事人，不论是否具有主观上的过错，都应在事件涉及的范围内，向公众公开事件的真相，公布事件的原因、结果及自己的态度，力求取得公众的理解和谅解，而不能藏头露尾，含糊其词，更不能封锁消息，自行其是。

在现代高度信息化的社会空间中，任何一个组织群体都很难隐瞒信息，特别是对自己不利的信息，及时公布信息，可以避免流言蜚语、小道消息所造成的负面影响。

7.5.2.2 旅游目的地安全事故处理的程序

旅游目的地危机的处理，需要有正确的工作程序和要求，这是规范化处理危机的前提。

A 搜集信息，了解实事

事实是处理一切问题的基础，了解事实是危机处理中必需的第一步。当危机发生时，危机管理机构必须在第一时间组织人员做好信息搜集工作，通过深入现场调查、涉及人员问询访谈、相关专业人员咨询了解等方法和手段，力求迅速了解危机发生的事实及原因背景，为危机的进一步处理提供依据。

B 隔离危机

现场管理人员应冷静、沉着地协同有关部门紧急抢救重伤员和遏止事态的继续发展。这一工作的主要目的是将危机的影响控制在一定的范围之内，以免阻碍目的地常态工作秩序和效率。

C 立即报告

应立即向有关消防、公安、交通部门报告；若涉及团队游客，应该及时报告旅行社，旅行社应当及时报告当地旅游行政管理部门，同时报告组团旅行社。当地旅游行政管理部门在接到一般、重大、特大旅游安全事故报告后，要尽快向当地人民政府报告重大、特大旅游安全事故，要同时向国家旅游行政管理部门报告（即在 24 小时内书面报告）。

D 分析情况，确立对策

在全面调查了解危机事实以后，要将获取的信息整理分析，制定危机处理的方案，包括如何对待受害群体、如何对待媒介、如何联络有关利益者、如何具体行动等内容。

E 保护事故现场

在旅游安全事故发生后，公安部门人员尚未进入事故现场前，如因抢救工作需移动物证时，应做好标记，并尽量保护事故现场的客观、完整。

F 做好善后工作

（1）确认伤亡人员情况，并做好统计工作；

（2）通知伤亡者家属及旅游组织者，如果涉及海外游客，需要通知所在国驻华使、领馆；

（3）慰问伤者及接待伤亡者家属；

（4）向伤残者或伤亡家属提供必要的证明文件；

（5）尸体处理；

（6）死者遗物的清理；

（7）理赔。

7.5.3 危机市场管理

危机发生后，面对危机对景区的发展已经造成的损失，危机管理的战略重心是全面修复受到危机影响的旅游景区供需结构，同时重新树立景区形象，逐步恢复公众对景区的消费信心与建立信息关系。

危机后的管理除了重塑旅游目的地形象外，还需要考虑实施新的市场战略，通过新市场开发来寻求市场替代，因为一个多元化的市场是旅游目的地抗击风险的基础。一般性的大众旅游比多元化细分市场更容易受到危机的冲击，优化旅游产品结构、创造面向新的目标市场的旅游产品是行之有效的手段。

从一般性大众旅游向多元化细分市场发展是市场开发的趋势，那些最具抵抗力的细分市场尤其应该重点开发，如从观光型旅游目的地向休闲型、度假型旅游目的地转变，开发文化旅游产品、保健旅游产品等。值得注意的是，危机发生后，旅游目的地不应该进行价格大战或通过大幅度降价来恢复市场，而是应该提供真正物有所值的产品，因为提升价值才有利于旅游目的地的长期恢复。

7.5.4 应急管理机制的概念

应急管理机制可界定为：突发事件预防与应急准备、监测与预警、应急处置与救援以及善后恢复与重建等全过程各种制度化、程序化的应急管理方法与措施。

从内涵看，应急管理机制是一组以相关法律、法规和部门规章等为基础的政府应急管理工作流程；从外在形式看，应急管理机制体现了政府应急管理的各项具体职能；从功能作用看，应急管理机制侧重在突发事件防范、处置和善后处理的整个过程中，各部门单位应通过科学的组织和协调各方面的资源和能力，以更好地防范与应对突发事件。

7.6 危机影响管理

旅游目的地在危机应对处理之后，并不表示危机管理工作已经结束，往往一次危机会对目的地造成很大后续影响，应该尽快且尽力地消除这些影响，并对危机处理过程中发现的管理工作问题进行整改，避免危机的再次发生。同时，以创新的眼光对待危机事件，争取发现目的地新的发展机遇。

7.6.1 危机后的总结评估

危机的总结评估是危机管理的重要环节。危机所造成的巨大损失会给目的地带来必要的教训，所以，对危机管理进行认真系统的总结评估十分必要。危机总结评估可分为以下三个步骤。

（1）调查：指对危机发生原因和相关预防处理的全部措施进行系统调查，形成危机事件始末的整体报告，以及危机预警、处理过程的整体框架。

（2）评价：指对危机管理工作进行全面的评价，包括对预警系统的组织和工作内容、危机应变计划、危机决策和处理等各方面的评价，要详尽地列出危机管理工作中存在的各种问题。

（3）整改：一方面，多数危机的爆发与目的地管理不善有关，通过总结评估提出改正措施，责成有关部门逐项落实，完善目的地正常管理工作；另一方面，同时优化目的地的危机管理工作过程中存在的不当问题。

7.6.2 危机后的自我恢复

由于旅游危机事件的不确定性，经常在危机已经发生以后，我们才能意识到问题的严重性。并且我国旅游危机的管理发展起步晚，实际应对能力不强，在危机发生时，尚存在一些不足，更不用说是当危机紧急事态得到遏制后，危机的恢复工作更得不到重视。危机后给旅游目的地带来的负面影响会待续很长时间，恢复过程需要各部门的协调和努力。

7.6.2.1 加强宣传，恢复目的地社会形象

在诚实透明的基础上，准备充足的信息通过宣传片的形式向媒体展示旅游目的地的情况。通过电视、报纸、网络等新闻媒体，邀请国内外的媒体记者对危机后的旅游地形象进行宣传报道，以尽快恢复游客信心。

对于国家级旅游目的地，可邀请国家领导人亲自对旅游业进行宣传促销。例如，美国总统里根、克林顿，英国首相撒切尔夫人，韩国总统金大中等都曾为本国的旅游业做广告宣传。国家领导人所做的广告宣传势必会引起强烈反响，并对此进行连续报道。

对于地方级或特色旅游目的地，既可邀请当地政府领导人开展对外宣传，也可聘请影视明星等公众人物做旅游形象代言人，以重塑旅游目的地的形象。首先因为媒体十分关注政界名流的行径，曝光率会提高，那么对旅游目的地的印象也就会被大众加深；其次政府官员亲临当地，也在无形中增强了旅游者对旅游目的地的信心；最后也会随着热度到目的地旅游。

7.6.2.2 加强灵活多样的宣传促销

危机之后，另一个重点便是策划宣传促销。由以下三个方面组成。

（1）进行市场细分。旅游的动机是不尽相同的，我们应该借助当地的特色旅游资源，开辟具有抵御冲击能力的市场。比如针对有专门兴趣的特定旅游者，开展特色旅游。

（2）增加旅游产品的附加值。在价格不变的情况，可以考虑增加旅游产品的附加值，比如提高服务质量、赠送景点等。或者将单一的服务方式提升到全程关爱的服务，如提供接待专车、卫生健康专家、专用餐厅、经过严格卫生检查系统的设立等，提供更多的产品附加值来保障游客的安全。

（3）将目标转向最有希望的市场。因为周边地区的旅游者更加熟悉旅游目的地，对旅游目的地的恢复情况获知更快，也更愿意进入目的地。如何策划有效的目标市场，让当地旅游复苏，是一个重要的措施。

7.6.2.3 加强管理提升产品及服务质量

危机后的恢复工作，目标应指向超越危机前的水平。旅游目的地应组织专业的市场调研队伍，对原有及潜在的客源市场进行调查，了解他们对旅游目的地危机后的感知印象。根据调查结果制订恢复工作方案，有针对性地加强各项管理工作，提升目的地产品及服务质量，给旅游者一个新的体验惊喜。

7.6.2.4 审视安全保障程序

在危机结束后，首先要重新审视安全保障系统。以保证其依然到位，但是不要以明显的方式进行，不要导致目的地的负面形象，不要让安全问题处理的“口舌之争”吓到旅游者或者妨碍到旅游目的地的恢复。然后通过奖励先进和建立旅游者投诉服务等方式，鼓励提高服务质量。

（1）审查整个旅游产业链的安全措施的安全性，将检查结果与以前所做的旅游安全保障基本记录相比较，看看有什么地方做得还不够，加强安全管理，游客看到也会更放心。

（2）对当地旅游从业人员进行安全保障培训，以备危机时能从容应对。另外，建立旅游行业的公共安全和私人安全机构的良好合作关系。例如，地方警察和饭店保安之间要有经常化的沟通和交流。

（3）利用各种渠道对公众进行安全知识的宣传教育，提高旅游者的风险承受能力。

7.6.2.5 加强沟通，争取各界更大支持

危机发生后，旅游目的地管理组织应加强与地方政府机构、企业、学术界等各界人士的沟通，争取多方的更大支持，使目的地迅速获得恢复。

政府应给予旅游目的地一定的支持，在行政费用、税收等方面予以一定优惠，帮助企业渡过难关。如2003年中国SARS疫情发生后，国家发展和改革委员会、财政部、中国人民银行、税务总局等都相继出台了一系列援助计划，实行减免税，对中央直属的大型旅游企业进行短期贷款贴息担保，各地政府还对旅游企业实行了一些地方税费的减免等，这些措施对稳定行业运行、帮助旅游企业减少损失起到了积极作用。

目的地的旅游企业应大力响应目的地管理组织的号召，充分利用政府的优惠政策、目的地宣传的有力影响，落实目的地管理组织的恢复战略，加大产品开发和促销力度，迅速恢复自身发展。

学术界应积极开展目的地危机后的恢复研究，为目的地利用危机事件寻找新的发展机遇提供智力支持。

7.6.2.6 调研客源市场对目的地的感知

要针对主要客源市场，周详地设计对客源市场的调研内容，采用多种形式与潜在游客进行沟通，通过研究和调查潜在旅游者，确定他们是否做好旅行的准备，并了解他们对旅游目的地的感知和理解，把这些信息反馈给宣传部门，量体裁衣、对症下药，采取行动纠正不良的印象。

7.6.3 危机管理策略

7.6.3.1 推动立法工作创新，变无章可循为有法可依

旅游危机管理立法是整个管理策略与体系的实施基础与制度保障。由于法律自身的滞后性与旅游危机管理相关法律的不健全性，如何创新旅游危机管理立法工作机制，完善相关法律法规，使旅游危机管理由无章可循、无法可依，转变为有法可依，既是旅游危机管理的一大重点又是一大难点。

首先，建立比较全面的旅游危机立法，针对三大主体：旅游目的地、旅游企业、游客，分别做出明确详细的规定，使各方明晰自己的权利与义务，以法律的形式预防危机、减少危机。三方主动承担起自己的责任与义务，并学会用权利维护自己的利益。

其次，增强相关法律的科学性和效力。鉴于旅游危机事件本身的特性，对危机管理的立法更应注意科学性和效力，增强立法的扩展性。

最后，发布全面的执法以及惩罚措施，并严格全面实行，做到有法可依、有法必依、执法必严、违法必究。这样才能真正起到危机管理立法的强制作用，使当地旅游管理部门按照法律的要求办事，旅游从业人员树立法律意识，依法办事，从而增强危机预防意识与能力，提高危机管理能力与水平，推动危机恢复速度与质量。

7.6.3.2 树立危机公关意识，变旅游危机为营销机遇

首先，启动危机公关，变旅游危机为营销机遇，利用危机带来的知名度的提高，加大市场推广力度。

其次，制订危机后的旅游市场恢复和振兴计划，大力度启动市场营销策略。

最后，硬件不足软件补。积极提高目的地旅游接待质量，以优质的服务迎接天下来客，也会获得意想不到的效果。

此外，目的地还要细分客源市场，有针对性地进行差异化促销，在客源地市场树立良好的形象。

7.6.3.3 推动管理各方一体化，协作联动

多年来，面对旅游危机事件，政府相关部门、旅游企业和旅游者虽然都在一定程度上采取措施，有所反应，但都各自为战，从自身的利益和立场出发，虽然有所作为，但作用甚微，在旅游危机管理方面没有形成科学合理的管理思路和行之有效的管理机制。旅游危机的管理不管是旅游目的地的管理、旅游企业的管理还是游客的管理方面，都涉及政府、旅游企业和旅游者自身。危机一旦发生，其引起的后果对这三者都产生极大的影响。

7.6.4 危机后的发展机遇分析

7.6.4.1 国际化机遇

（1）国际环境总体上有利于旅游业发展。从国际政治经济环境看，和平、发展与合作仍是当今世界的时代主流，世界多极化、经济全球化和区域一体化发展的格局更加明显，为世界旅游经济提供了稳定的外部经济。

（2）对外开放不断扩大和出境旅游的发展，为旅游业的国际化提供有利的市场环境。当前我国和世界主要大国、周边国家、发展中国家等的关系持续平稳发展。我国国际关系的稳定和对外开放的扩大，为我国旅游业的国际化发展创造了良好的宏观环境。从行业自身来说，我国旅游业开放水平也不断提高。

7.6.4.2 市场需求机遇

国内消费结构升级和城市进化进程加快，国内旅游市场需求可望保持旺盛。我国居民消费已经进入结构快速升级时期，人们的旅游消费需求潜力巨大。未来我国城乡居民收入将进一步增长，旅游消费进入快速增长的黄金时期，我国旅游持续较快发展具有强大的市场基础。

7.6.4.3 交通支撑机遇

我国高速交通等配套支撑体系不断完善为我国旅游行业的发展提供更加稳固的发展基础。根据《中国铁路中长期发展规划》，到 2022 年，我国将建立省会城市与大中城市间的快速客运通道以及四个城际快速客运系统，形成“四纵四横”的高速铁路基本框架。根据《全国民用机场布局规划》，至 2022 年，全国民用机场总数将达 244 个。公路方面，根据《国家高速公路网规划》，我国高速公路网采用放射线与纵横网格相结合的布局方案，形成由中心城市向外放射以及横贯东西、纵贯南北的大通道。全部建成后将大大提高社会的机动性，为人们旅游、休闲提供快速通道。

本章小结

本章介绍了旅游目的地安全管理与危机管理，前三节介绍了危机管理的概要和特点、旅游业危机事件与影响、旅游目的地危机管理，后三节主要介绍了危机的预警、处理和影响管理。

思考与练习

7-1 旅游危机事件的特征是什么？

7-2 旅游危机的类别有哪几个方面？

7-3 联系实际写出发生旅游危机的应对措施。

7-4 描述旅游危机管理原则。

7-5 写出旅游目的地安全事故处理的程序。

8 旅游目的地节事活动开发

本章导读

对游客而言，在旅游途中的一系列具体消费行为的本质是离开习惯的自然或社会环境去消费体验。这种体验或是新奇，或是刺激，或是教育，或是逃避现实等。节事活动通过精心的组织安排，可以为游客创造一个日常生活中不易出现的“场”，成为一种“动态”的旅游吸引物。

对于城市而言，谈到啤酒节首先想到慕尼黑，谈到狂欢节首先想到巴西。南宁国际民歌节、大连国际服装节、青岛国际啤酒节、哈尔滨国际冰雪节、潍坊国际风筝节等著名节事活动，如同一张张“城市名片”，在诠释节事活动举办地的文化和内涵。节事已经和一个地方、城市的形象紧密地联系在一起。一项成功的节事活动除了可以为举办地带来丰厚的经济收入，还可以帮助举办地树立旅游品牌，提高知名度，推动当地文化的传承与保护。

学习目标

(1) 了解节事活动的概要。

(2) 理解事活动与目的地的关系。

(3) 掌握旅游目的地节事活动管理。

关键概念

旅游目的地节事活动。

8.1 节庆活动概要

开展节庆活动可以促进城市基础设施的完善，塑造旅游城市的品牌和形象，带动城市旅游业的可持续发展。结合当地的自然与人文特色开展文化节事活动，促进城市旅游健康持续发展，对于区域发展具有深远的意义。从文化节事的概念入手，深入研究文化节事活动对地方城市文化形象的影响，并针对开展节庆活动提出了对策。

8.1.1 相关概念

8.1.1.1 旅游节庆

旅游节庆是指可以作为旅游吸引物，从民族文化、民间节日、当地特色发展起来的，能够吸引大量旅游者和公众前来的大型节日庆典活动。旅游节庆的分类有很多，根据其成因不同，可以分为以下两类：

(1) 传统节庆。这种类节庆是既有的，不因旅游业而产生，它的成因可以是历史、艺术、宗教、体育等因素，但是又因富有特色，能够加以包装，用于吸引旅游者前来，创造旅游收益和社会效益。比如，傣族泼水节、德国慕尼黑啤酒节。

(2) 现代商业性节庆。这是一种创造性主题活动，具有直接或间接发展旅游业的目的，利用当地的特产、资源或文化，通过包装策划而形成的节庆，也就是通常所说的“人造节庆”，这是当今旅游节庆的主体。

8.1.1.2　旅游节庆对旅游城市目的地形象建设的推动作用

目的地形象是一个综合的形象系统，是通过对各种形象要素的整合而实现的，在目的地开展节庆活动则是整合各种形象要素最有效的方式。举办节庆活动，在目的地形象的策划和塑造、认知与推广上做足文章，从而推动旅游目的地形象的建设。

8.1.1.3　对我国城市节庆活动发展的几点思考

中国旅游节庆发展已有20多年历史了，旅游节庆的快速发展有其必然性。随着我国经济的快速发展，公众对休闲需求急剧增长，希望有更多高质量、高品味的旅游节庆出现，以满足他们的休闲需求。从旅游城市角度来看，旅游城市可以通过举办旅游节庆提升知名度，吸引旅游者前来，创造良好的经济效益和社会效益。

但我国目前出现了“节庆热”现象，很多节庆盲目上马，结果导致失败。总结起来，问题主要表现在：

(1) 脱离当地的实际情况举办旅游节庆，带来巨大浪费；

(2) 政府干预过多，市场的作用没有得到发挥；

(3) 脱离群众，参与性不强；

(4) 走向庸俗化，缺乏文化内涵，且大多数内容千篇一律，没有自己的特色；

(5) 欠缺规范性，活动内容缺乏连贯性、一致性；

(6) 缺乏国际性的精品。

8.1.2　节庆活动的概念

“节庆”一词属于外来语，有“节日庆祝、事件活动”等丰富内涵。“节庆”顾名思义，是节庆活动与特殊事件的总称与综合。在国际上，旅游研究活动中，常将节庆用来指一种以盛大事件和节日的举办庆祝为内容，吸引大众眼球的特殊旅游形式。早在20世纪80年代，美国学者里奇最先提出了节庆的定义：“从暂时性或长远考虑出发，地方或国家举办的目的主要在于引导外界对于旅游目的地的认同、增强活动举办地吸引力、提高当地经济收益的活动。”文化节庆活动属于节事活动主题类中的文化类，常与当地特色文化的物质载体相合，开展丰富多彩的观光、文化活动，因而其文化底蕴深厚，对游客吸引力强。

国内学者蒋三庚指出，节庆旅游是指具有特定主题、规模不一、在特定时间和特定区域内定期或不定期举办的、能吸引区域内外大量游客参与的集会活动。余青等认为，节庆活动是以某一地区的地方特性、文脉和发展战略为基础举办的一系列活动或事件，其形式包括节日、庆典、展览会、交易会、博览会、会议，以及各种文化、体育等具有特色的活动。

目前的学界对节庆活动的界定，可以归纳为：借助当地历史、文化或经济资源而组织的一次性或重复举办的，主要目的在于加强外界对旅游目的地的认同、增加其吸引力、提高其经济收入的活动。其特征有：(1) 经济性，通过节庆活动提高举办地的知名度，增加旅游收入，增强基础建设；(2) 群众性，节庆活动组织的全过程有当地居民的参加；(3) 文化性，节庆是当地群众参与的活动，节庆是当地文脉展示的舞台，独特的文化资源是节庆活动成果的基础；(4) 独特性，即使是每年重复举办的节庆活动由于经济环境、举办者、特殊事件等因素的变化，每次节庆活动都不会相同；(5) 一次性，节庆活动是必须完成的、临时的、一次性的、有始有终的一组任务，这是区别其他常规“活动和任务”的关键特征。在节庆活动结束后，节庆活动的工作人员要回到原来的工作岗位，节庆中所剩资产要用做他用。

8.1.3 节庆活动的分类

我们将旅游节庆活动分为民族性和宗教性的活动；文化性和艺术性的活动；地方产品展示、展销节庆活动；娱乐性的节庆活动四大类型。

8.1.3.1 民族性和宗教性的活动

中国是个多民族、多宗教的国家，由于历史的原因，无论是民族节庆还是宗教活动，长期以来保持低调，除了当地民族或宗教组织之外，一般不大扩展或张扬。但为了发展旅游，这个传统就发生重大改变，有些活动是试图吸引外来的旅游者而有意张扬造势的。中国一些著名的民族节日活动很多，像傣族的泼水节、维吾尔族和回族的古尔邦节、蒙古族的那达慕大会以及龙舟节、各种庙会和其他祭祀活动等。有一些当地风俗性的活动已经长期不开展了，现在也开始恢复起来，为旅游所用。

8.1.3.2 文化性和艺术性的活动

除了民族性和宗教性的节庆活动之外，一些地方又举办了其他一些文化性和艺术性的节庆活动。例如，歌会、灯会、锣鼓节、唢呐节、年画节、杂技节、武术节、书法节，电影节、戏剧节、木偶节以及只是根据地方命名的艺术节，这些节庆活动主要也是依附于当地的文化传统。

8.1.3.3 地方产品展示、展销节庆活动

中国地大物博，很多地方因其当地的特产而出名，这些地方也想利用这些特产发展旅游。于是，围绕旅游的需要举办了大量的节庆活动。例如，糖球节（青岛)、风筝节（潍坊)、陶瓷节（景德镇、宜兴)、茶文化节（杭州、安溪)、中药节（安国)、荔枝节（深圳)、西瓜节（北京大兴)、啤酒节（青岛)、杜康节（河南伊川）等。这些节庆活动是围绕某一特产而延伸，一是向交易会延伸，将产品的生产与销售联系起来；二是向文化方面延伸，把生产过程与产品和文化联系起来。

8.1.3.4 娱乐性的节庆活动

还有一些新的节庆活动，完全是出于旅游发展的需要而创造出来的，希望通过这样的活动来提高知名度和增加人气，这些活动并非完全与当地的传统有很大的关联。例如，文化节、美食节、老人节、赏花节、民间艺术节、冰雪节、冰雕节、沙雕节等。

最近一些年，随着向世界开放的范围越来越大，与国外文化交流和人员交往越来越频

繁，外国的一些“洋节”也开始引入中国，例如，圣诞节、情人节、母亲节、父亲节等。这些节庆最初是由某些以接待外国人为主的饭店和服务机构引进的，但逐渐进入中国人的生活。这些节庆也不断被商业机构的促销活动引起社会的注意，不知不觉地开始被社会默认。

毫不夸张地说，这些所谓的节庆活动，如果不是为了发展旅游，不大可能被推出来、不断地扩大和普及。

8.1.4 节庆旅游的特征

节庆旅游属于人文景观旅游的范畴。这种旅游，属高层次的文化旅游，可以使旅游者在精神上获得一种享受，得到知识和营养。与其他旅游方式相比，节庆旅游具有这样几个明显特征。

8.1.4.1 地域性

由于各地历史条件、地理环境的不同，以及各地的地区文化、民俗等差异性，各地所举办的节庆活动是各地所独有的，是在其他地域中无法创造的。龙虎山作为中国道教四大名山之一，以其独特的道教旅游资源闻名于世，每年都有大批善男信女前来朝拜。“龙虎山道教文化节”正是在这种情况下应运而生，成为江西省的一条黄金旅游线路。这种旅游资源，是江西所独有的，是其他任何一个地方都替代不了的。

8.1.4.2 神秘性

西方的“万圣节”，墨西哥的“亡人节”和中国的“中元节”所举行的各种祭祀活动和娱乐活动，都笼罩着一层神秘的色彩。它们能够满足游客求新求异的心理需求，所以游客对其有浓厚的兴趣。

8.1.4.3 体验性

节庆旅游项目的观赏过程，同时也是旅游者的参与过程。游客通过亲身参与活动，可以感受活动氛围，获得亲身体验，留下深刻印象。比如，在西双版纳，每年泼水节到来之际，国内外游客蜂拥而来，其主要的目的就是参与盛大的泼水活动，在那三天里，所有的人提着桶、端着盆，见水就舀、见人就泼，极尽欢乐之致。

8.1.4.4 文化性

文化是节庆旅游中最重要的特征之一，它是真正吸引旅游者的深层次因素。通过拓展节庆旅游的空间，不仅可以活跃旅游市场、丰富旅游资源，还能加强国家和地区间文化的交流。比如，江西省先后开发了庐山国际旅游节、景德镇国际陶瓷节、龙虎山道教文化节、赣州宋城文化节、大余梅关古驿道赏梅节等一大批定型旅游节庆活动和专项旅游项目，不仅提高了江西的知名度，而且对于加强江西省与其他兄弟省市的进一步交往以及走向世界起到了巨大的推动作用。

8.1.4.5 经济性

节庆旅游往往由于规模不一，有特定的主题，在特定空间范围内定期或不定期举行，能以其独特的形象吸引大量区域内外的游客，并产生效果不等的轰动效应，从而提高举办地的知名度，促进当地乃至区域社会经济的全面发展。由此可以看出，节庆旅游带有极其强烈的经济性，能够对经济的发展产生巨大影响。

8.1.5　我国节庆活动的特征分析

8.1.5.1　旅游节庆的时间特征

A　月份分布

对2006~2012年我国大陆的404个现代旅游节庆的举办时间进行统计，结果见表8-1。对于跨月份的旅游节庆，均以举办月为准。

表8-1　我国2006~2010年现代旅游节庆的举办月份

月份	1	2	3	4	5	6	7	8	9	10	11	12	合计
数量/个	17	14	29	52	41	28	19	31	90	49	23	31	404
比重/%	4.21	3.47	7.18	12.87	10.15	6.93	4.70	7.67	17.33	12.13	5.69	7.67	100

由表8-1可知，我国举办的现代旅游节庆，在全年的12个月都有分布。其中在9月份举办的次数最多，占了全年的17.33%；其次是4月、10月、5月，分别占12.87%、12.13%、10.15%；举办次数最少的是2月、1月和7月，都低于5%。

B　季节分布

2006~2012年我国的404个现代旅游节庆的举办时间还可按照春季（3~5月）、夏季（6~8月）、秋季（9~11月）、冬季（12~2月）进行统计，结果见表8-2。

表8-2　2006~2012年我国现代旅游节庆的举办季节

季节	春季	夏季	秋季	冬季	合计
数量/个	122	78	142	62	404
比重/%	30.20	19.31	35.15	15.35	100

我国现代旅游节庆举办的季节主要集中在春、秋两季，分别占全年的30.20%、35.15%，两者合计高达65.35%；夏季、冬季举办的现代旅游节庆较少，分别占19.31%、15.35%。

8.1.5.2　旅游节庆的空间特征

2006~2012年旅游节庆在我国各省（市、区）的分布，见表8-3。

表8-3　2006~2012年我国现代旅游节庆活动的省（市、区）分布

省（市、区）简称	数量/个	比重/%	省（市、区）简称	数量/个	比重/%	省（市、区）简称	数量/个	比重/%
黑	11	2.72	粤	17	4.21	云	7	1.73
吉	12	2.97	琼	8	1.98	贵	9	2.23
辽	14	3.47	陕	3	0.74	川	15	3.71
京	31	7.67	晋	8	1.98	渝	13	3.22
津	7	1.73	新	13	3.22	桂	11	2.72
冀	12	2.97	豫	18	4.46	甘	6	1.49

续表 8-3

省（市、区）简称	数量/个	比重/%	省（市、区）简称	数量/个	比重/%	省（市、区）简称	数量/个	比重/%
鲁	31	7.67	蒙	10	2.48	青	4	0.99
沪	10	2.48	鄂	12	2.97	宁	7	1.73
苏	24	5.94	湘	11	2.72	藏	5	1.24
浙	37	9.16	赣	4	0.99			
闽	22	5.45	皖	12	2.97			

举办现代旅游节庆活动最多的省级行政区为浙江省，7 年间共举办旅游节庆活动 37 个，占总数的 9.16%；紧随其后的是北京市和山东省，均举办旅游节庆活动 31 个，占总数的 7.67%；最少的为陕西省，共举办 3 个旅游节庆活动，占总数的 0.74%。

8.1.5.3 在三大经济地带的空间分布

旅游节庆活动与举办城市的综合实力有很强的对应关系。为此，可将我国的旅游节庆活动按照三大经济地带进行统计，如图 8-1 所示。

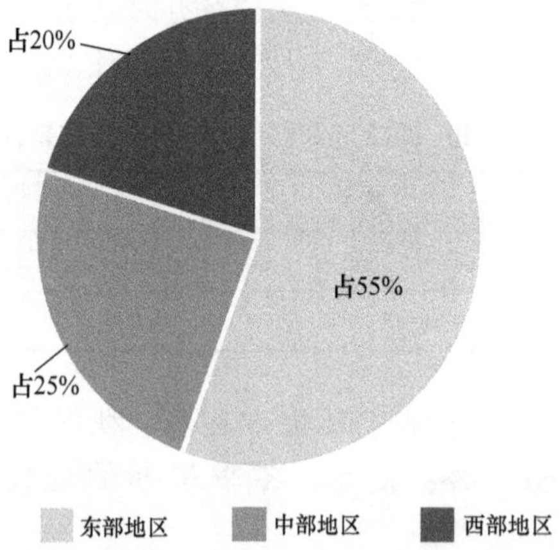

图 8-1 我国现代旅游节庆在三大经济地带的分布

如图 8-1 所示，我国举办的现代旅游节庆活动，东部地区多于中部，中部地区多于西部地区，呈现出从东向西依次递减的特征。

8.1.6 国际著名节庆活动

在世界范围内，目前具有国际影响力的节事活动繁多，这些丰富的节事活动成为展示地方文化、推动地方经济的舞台。

8.1.6.1 狂欢类

国际范围内以娱乐狂欢为主要内容的节日众多，有一些节日已经享有盛名，如巴西狂欢节、威尼斯狂欢节、西班牙奔牛节、法国尼斯狂欢节等。这些活动显露出强烈的地域风情，已经成为当地重要的旅游吸引物。以西班牙“西红柿节”为例，每年“参战”和

“观战”的人数达到4万之多。一年一度的慕尼黑啤酒节，被称为最大的民间狂欢节，每年都有超过600万的游客参与庆祝，在举办的两周内，大量的慕尼黑农产品被就地消耗，平均每年游客消费超过500万升的啤酒。近几年，平均每年吸纳1万多人为啤酒节工作。

8.1.6.2 大型体育赛事

世界级的大型体育赛事主要有奥运会、足球世界杯、F1（一级方程式赛车）等，具有地区影响力的有亚运会、欧洲杯等。大型体育赛事举办会吸引大量观看比赛的游客和媒体，对举办地的旅游产品、旅游形象有深远的影响。韩国借助1988年汉城奥运会获得了良好的国际声誉，2000年悉尼奥运会的举办大力推动了澳大利亚当地的旅游发展，围绕2006年世界杯足球赛，德国也推出了一系列的文化活动。但是，借助大型体育赛事开展节事活动存在一定的不确定性，高价格球赛票、赛季及参赛队的表现都会影响到观赛游客的决策。此外，在比赛期间，还通常对一般休闲客源有一定量的“挤出”。

8.1.6.3 会议展览类节事

世博会、达沃斯世界经济论坛、博鳌亚洲论坛等都是国际级别的博览、会议品牌。2005年日本爱知世博会的举办为爱知县带来了巨大的旅游经济效益。在世博会举办前，车程两个小时以内的酒店被订购一空。而世界经济论坛更是让小城达沃斯成为滑雪旅游胜地。此外，中国香港的钟表展、德国科隆的五金展、法国巴黎的航展都是著名的展会品牌。

8.2 节事活动与旅游目的地的关系

节事活动的旅游开发已经成为旅游目的地形象推广的一个重要手段，在区域旅游业开发中占有越来越重要的地位。应扩大节事活动对城市旅游业的积极影响，规避节事活动对城市旅游业的消极影响。

8.2.1 节事活动对城市旅游业的影响

8.2.1.1 提高地方旅游资源开发利用水平

通过发展节事活动，实现了旅游资源从无序开发向系统开发的转变，实现了隐形文化旅游资源的显性开发和旅游资源的深度开发，进而提高了各地旅游资源的开发利用水平。

8.2.1.2 改变地方旅游业的发展思路

节事活动不同于传统的观光和休闲度假旅游产品，节事活动强调区域文化的动态展示，即通过活动的形式实现区域文化的活化；强调活动的参与性和体验性，即让旅游者参与到旅游活动中，实现对区域文化真实的感受。

8.2.1.3 实现旅游产品结构的升级

从旅游产品结构本身的特性分析，传统的观光旅游产品、文化类旅游产品显得过于单一，缺乏参与性，不利于区域旅游业的可持续发展；从各类产品的比重分析，观光类和文化类旅游产品所占比重过大。因此，通过发展节事活动，可改变区域旅游产品结构单一的现状，实现旅游产品结构的升级。

8.2.1.4 拓宽市场，增加客源

节事活动由于能在短时间内形成较大的轰动效应，有利于扩大旅游者对信息的感知，从而促使旅游者做出到该地出游的决策，对拓宽城市客源市场，改善客源结构有积极的作用。以洛阳牡丹花会为例，花会期间的旅游人次和旅游收入远远高于“五一”“十一”黄金周，其对洛阳市旅游业的贡献与“五一”“十一黄金周”相当。

8.2.1.5 推动城市旅游基础设施的完善

节事活动是发生在短时间内的有大规模游客参与的旅游活动，因此城市基础设施和旅游服务设施的条件优劣将直接影响游客的城市旅游质量，尤其是交通、宾馆设施。在节事活动前期，城市往往会进行较大规模的配套设施建设，使城市进入异于正常速度的特殊发展时期，为城市旅游基础设施的完善提供了良好的机遇。

8.2.2 节事活动对旅游目的地形象影响的证实研究

8.2.2.1 大型节事活动意义和影响研究

随着经济全球化，大型节事活动越来越受到全世界重视，其重要性和作用日益显现出来。中国成功举办北京奥运会，使中国，特别是北京，成为全世界瞩目的焦点。关于大型节事活动的影响研究，国外已有诸多相关研究成果。比如，从旅游层面分析，已有西方学者（Rit-chie；Smith）指出，大型节事活动将影响举办城市的认知度和形象。韩国学者（Lee）也以2002年韩日世界杯为例进行了研究。

2001年，Brown和Massey撰文对重大体育活动影响研究进行了回顾，研究主要围绕6个方面进行，即体育活动的参与与发展、社会影响、遗留设施、城市再发展、旅游业以及经济影响，更加关注经济影响的现有研究成果居多。Matheson和Bade从体育活动的经济影响出发，讨论了重大体育赛事给发展中国家带来的促进作用。他们认为，世界杯、奥运会等重大事件可以作为举办国家展示经济、政治和文化等综合国力的手段，也是一个国家在国际舞台上占有重要地位的标志。Lee和Rit-chie等学者从顾客角度研究形象感知的变化，结果表明，大型节事活动对举办地的认知度和形象改善有积极影响意义。

8.2.2.2 旅游目的地形象

旅游目的地形象是游客对旅游场所的认识、信念和印象的综合体，是游客对某个场所的感觉、感情、知识等的总体认知。

8.2.2.3 研究方法——问卷提问

为了调查北京奥运会的举办对旅游目的地形象的改善效果，向游客提问“北京奥运会对作为旅游目的地的北京形象改善影响程度如何?”，并采用5点尺度进行测量。同时，对于具体的奥运会举办前后旅游目的地形象改善效果的调查，设计了17个项目，主要包括自然、文化、历史、活动、交通、语言沟通等。

问卷设计为英语问卷，17个项目分析是：自然景观美丽，购物环境丰富，历史文化资源丰富，住宿设施合适，美味餐饮，娱乐活动丰富，节日庆典活动独特，接近性好，适合休闲的舒适氛围，国内交通便利，酒吧等消遣设施丰富，安全，低廉价格，无语言障碍，国民友善，异国氛围浓厚，干净的环境。对每个项目采用5点尺度进行调查，“1”代表“非常不同意”，“2”代表“不同意”，“3”代表“中间，介于不同意与同意之间”，“4”代表“同意”，“5”代表“非常同意”。问卷项目示例见表8-4。

表 8-4 问卷项目示例

项目	北京奥运会前的北京形象					北京奥运会后的北京形象				
	1	2	3	4	5	1	2	3	4	5
美丽的自然风光										
购物设施有多少										
各种历史和文化景点										

8.2.3 节庆活动对旅游目的地的影响分析——以内蒙古昭君文化节为例

经济的腾飞为旅游业的发展提供了动力源，也赋予了节庆旅游新的内涵，尤其是最近几年，许多城市都将培育节庆旅游置于突出位置，甚至将其与提升城市形象联系在一起。节庆旅游产品在较长时间内引起游客关注，对旅游地产生重要影响。具体体现在如下。

8.2.3.1 促进旅游目的地旅游产品的不断丰富

内蒙古昭君文化节节庆旅游活动的发展，有效地加速区域内旅游产业的转型与升级，丰富旅游产品类型，为旅游业的发展注入活力。从当前我国旅游产业的发展情况来看，大部分旅游资源都是静态的，在生态旅游活动日益盛行的时代，这种静态化的旅游产品毫无竞争力可言。节庆旅游作为动态旅游资源，具有明显的排他性、独特性，成为区域内文化与民俗的象征，不仅能给广大游客带来前所未有的体验，还会增强区域内居民的文化使命感，使优秀的传统文化得以传承。

8.2.3.2 有效地促进旅游目的地居民的增收

在举办昭君文化节这种大型民族文化节事活动时间，将会举办各种具有当地特色的节庆体验活动，而这些体验活动将会吸引众多游客，也可以带动起地区特色产品的销售，引导农户展销土特产品，进一步提高当地特色产品的知名度，拓宽农民销售渠道，从而促进当地村民增收致富。当地居民通过大型民族文化节事活动，可以获得较为丰厚的收入，而消费者也可以近距离了解极富旅游地特色的服务和产品。

8.2.3.3 有效地拓宽节庆旅游城市的旅游

内蒙古昭君文化节节庆旅游产品彰显蒙古族的民族文化，彰显了昭君文化，富有地域特色，会伴随着时间与环境的改变不断呈现出新的旅游资源。这种旅游形式突出区域特征，能够吸引更多游客的关注，使他们获得精神层面上的享受，达到增加客源、改善客源结构的目的。同时，随着近年来节庆旅游的盛行，越来越多的游客会优先选择一些具备地域文化特色的旅游地。而开发和发展内蒙古昭君文化节节庆旅游产品，可以准确地把握这方面的需求，不断地拓宽节庆旅游的市场，促进旅游地旅游业的发展，进而促进旅游地经济的快速发展。

8.2.4 节事活动对城市发展的积极影响

8.2.4.1 丰富城市旅游吸引物

在全球经济活动中，旅游业是发展最快的一个行业。节事活动本身就是一种旅游吸引物，构成了城市旅游吸引物的一部分。与城市旅游中静态的吸引物相区别，节事活动动态特征明显，作为城市旅游吸引物，最重要的作用就是增强举办城市的吸引力。动态特性、暂时性的节事活动由于能在短时间内形成巨大的轰动效应，扩大了旅游者对信息的感知，从而促使旅游者做出旅游决策。节事活动的主题鲜明，再加上举办内容的连续性和周期性，可以增加目的地整体吸引力和游客满意度，为旅游目的地带来持续的客流。由于旅游业容易受季节性影响，因此旅游地有明显的淡旺季。而旅游节事与当地文化紧密结合，受季节性的影响较小，其举办的灵活性、动态性满足了当前旅游者趋向参与、体验的旅游需求。

城市旅游资源不仅包括城市中的自然资源，还包括人文和社会资源。城市节事活动不但满足了旅游者喜好参与体验的旅游需求，还激活了城市静态吸引物。城市中的景点、博物馆、商业购物区、主题公园等静态吸引物，在节事活动等动态吸引物的“激活”下，重新焕发出光彩，鼓励旅游者参观游览，大大增加了外界对这些场所设施的关注。可以说，节事活动丰富了城市旅游资源，实现了城市旅游资源的动静结合。同时，节事活动的举办，会给举办城市留下许多有纪念意义的“遗产”，这些“遗产”也丰富了城市旅游资源。

8.2.4.2 拓宽客源市场，增加客源

节事活动在旅游方面最基本和最重要的影响就是吸引旅游者。节事活动短时间的轰动效应，吸引了大量旅游者。节事活动的周期性举办可以增加目的地的整体吸引力，为旅游目的地城市带来持续的客流，并且增加了游客的回游量。

8.2.4.3 促进城市旅游产品的升级

节事活动前，依据节事活动的主题，设计开发具有本地特色的旅游产品。节事活动中的各种赛事、展销，即是这些文化旅游、科技旅游、民俗旅游等旅游产品的完善和升级过程。节事活动结束之后，利用节事活动的影响，发挥设施资源、人文资源、环境资源等优势，发展会展旅游、商务旅游等旅游产品，促进相关城市旅游产品的升级。博鳌亚洲论坛推出了一个国际性会议城市，城市营销的成功，除了获得可观的经济效益，其后续效应也很强，带动了贸易、旅游、交通、娱乐等相关产业的发展。

8.2.5 旅游节事活动现状分析

近几年，随着旅游业的发展，各级政府日益重视旅游节事活动的重要作用，举办了各种各样的节事活动。如中国重庆三峡国际旅游节、重庆都市旅游节、永川茶山竹海风情节、重庆金佛乡冰雪节、丰都鬼城庙会、潼南太安鱼美食文化节等诸多节事。

旅游节事存在的问题：特色不鲜明，缺乏创新意识；节事属于政府包办的较多，运作成本高；节事举办的历史不长，节事品牌正在成长；节事公众参与度低，效益不够明显；节事营销和促销力度不够。

8.2.6 旅游节事开发思路

旅游节事活动作为集中体现区域形象的旅游产品，对旅游者具有强大的吸引力，但是旅游市场的“相对有限”性和旅游产品的替代性促使人们思考如何保持节事旅游的可持续优势。只有因地制宜地定位节事主体产品和主题形象，从而有效地规避旅游市场上旅游产品的替代性，强化其独特性，并采取适当的模式加以优化整合，才能真正形成重庆区域节事旅游发展的核心优势。

8.2.6.1 开发主题化的节事产品，扩大节事活动影响力

只有独特的东西才能被旅游者从众多相似的信息中注意和感知。产品主题化是指以旅游节事的鲜明主题为主线，整合区域范围内的相关特性的旅游产品形成产品线。

8.2.6.2 塑造知名的节事品牌，提升主办地形象的吸引力

在产品过剩的时代，品牌在消费者选择时的意义就会充分发挥出来，品牌的竞争已经成为这个时代竞争重要部分。

8.2.6.3 联合多种渠道营销促销，开发满足游客需求的节事活动

旅游节事活动知名度的提高有赖于对外宣传促销的力度，节事开发可以从三方面来做营销宣传。首先，以距离旅游目的地车距 10km 为半径划分一级目标市场和二级目标市场，针对不同的目标市场制定营销计划和策略。其次，针对客源市场和目标市场，做充分系统的调查研究，了解游客的根本诉求。最后，在努力提升自身节事产品质量、开发富有特色的旅游产品的同时，采取多种方式宣传促销。比如利用互联网、电视广告、张贴画、小册子、报纸杂志、户外广告牌、歌曲和旅游节庆形象代言人等形式进行宣传，开发满足游客需求的旅游节事活动。

8.2.7 节事活动对旅游目的地的直接影响

8.2.7.1 节事活动作为一种特殊的旅游产品直接吸引大量游客

在中国，旅游节事是一种较新的旅游形式，只有 20 来年的发展历史，这一新兴事物受到很多旅游者的青睐。节事活动的举办可以增加举办地的旅游吸引力，增加旅游收入，如青岛国际啤酒节、南宁国际民歌艺术节、哈尔滨冰雪节、大连服装节等，在其举办期间无不吸引了世界各地大批商贾和旅游观光游客的参与，宾馆酒店都被挤满，餐馆人头攒动，市场一派兴旺，其带来的经济效益不言而喻。以第十四届青岛国际啤酒节为例，参加节日市民和国内外游客近 90 万人次，销售啤酒近 800 吨，啤酒节给青岛带来的综合经济效益为 13 亿元。再如，被国际风筝协会推选为“世界风筝之都”的山东潍坊，20 世纪 80 年代以前还是一个手工业小城，但是自从 1984 年举办了第一届国际风筝节后，声名鹊起。通过风筝节，展现了潍坊的风筝文化，传播了良好形象，以至旅游者纷至沓来。

8.2.7.2 节事活动可以提升举办地的软实力

节事活动参与者来自世界各国，各自有不同的背景，如个人地位、政治制度、法律法规体系、经济水平、宗教信仰、哲学观念、文化背景等，要做好会务管理、接待服务、安全保障等工作，需要大量管理人才、接待服务人才，包括各类翻译、导游等高级人才以及高素质的工作人员。他们在节事活动中将起到相当重要的作用，他们的工作质量会影响整个节事本身的质量。节事活动的举办，必然会促进社会对相关从业人才的培养，并促进部分优秀人才自动自发地提高自已在语言、国际知识等方面的素养，成为节事活动的专门人才。通过节事活动锻炼出熟练的业务能力，必将给游客带来更好的旅游体验。

此外，节事还要求举办地多部门协作。现代节事活动的举办涉及人力资源调配、安全保障、项目推广经营、资金的筹措与使用等经济、文化、社会发展的方方面面。节事活动的规模大、会期短的特点对人力资源的调配提出了一种非常态的要求：节前迅速聚集众多工作人员，节中高负荷工作，节后及时遣散。无论节事活动的举办者是政府还是公司，节事活动的不同环节在短时间内高度地协同，需要节事活动的参与者相互配合。配合及协调

的效率对节事活动能否成功举办具有决定性的影响。通过节事活动可以锻炼一个旅游目的地众多部门（交通、住宿、餐饮、通信等）的协作能力，从而提高节事活动举办地的软实力。

8.2.8 节事活动对旅游目的地的间接影响

8.2.8.1 通过节事活动可以增加旅游目的地的知名度

节事活动的举办可以吸引大量媒体的注意，特别是重大的节事活动能快速地提高举办地的知名度。由于活动发生期间高强度、多方位、大规模的宣传以及所引起的广泛的关注，会形成巨大的轰动效应，能够使更多更广的人通过各种媒介对举办节事的地方留下深刻印象，从而会在短期内强化目的地的形象，扩大其声誉。

8.2.8.2 通过节事活动可以增强旅游目的地的美誉度

旅游目的地形象是一个综合的形象塑造系统，需要花费大量精力并进行很长时间的宣传，才能塑造成功。旅游目的地整体形象是通过对各种形象要素的整合实现的，其宣传工作难度很大。而节事活动的开展，往往能够对旅游目的地主题形象起到很重要的宣传功效。即使在举办节事活动的特定空间内，参加者也可以通过节事活动的各项内容，全面了解目的地的自然景观、历史背景、人文景观、建设成就等内容，从而对目的地形象有感性认识。

8.2.9 节事活动对旅游目的地的消极影响

节事活动可能会带来“挤出效应”。如果事件的举办恰逢旅游高峰点，则对举办地来说甚至会产生适得其反的效果，由此而带来的过度拥挤等一系列问题，或许会影响到举办地的整体旅游形象。紧张的住宿、不便的交通、过高的物价等因素可能会让部分对价格敏感的旅游者在节事举办期间回避这些旅游目的地。

8.2.9.1 环境污染，交通拥挤

举办大型节事活动，建设场馆会占用大面积土地，尤其是锦州世园会、上海世园会，必须先填海造地，施工的不善，会对海洋资源造成破坏，而且游客的素质参差不齐，到处乱扔垃圾，不及时清理会使海水污染，更严重的还会破坏海里的生物，造成物种的灭绝；一时间大量游客的聚集，交通的应急管理不善，道路的建设深度赶不上交通流量的增加速度，各部门的不协调，人口素质的不同，交通规则意识不强，产生交通秩序问题，将会导致城市交通的拥挤，会使得当地的居民为了避免大量入境的旅游者的干扰而外出旅游，产生“反感效应”，同时原打算到举办的地的游客会因此而转移到其他地区，产生“转换效应”。

8.2.9.2 恶性竞争的产生

由于大型节事旅游的开展，扩大了目标市场，同时由于缺乏规范化的管理，没有确定的发展规划可依，市场处于无序的状况。商家都为了自己的利益，不断的涨价，使得市场不堪重负，产生恶性竞争，导致游客望而却步，发生“挤出效应”，不利于企业及整个地区的长远发展。

节事活动期间可能会给本地居民带来生活上的不便。节事活动期间游客增多，从而带来举办地物价的上涨、交通的紧张，这在一定程度上引起旅游目的地居民生活成本上升。

8.3 旅游目的地节事活动管理

节事活动是一个新生事物，其发展是一个曲折、进步的过程，也是一个边探索、边完善、边创新的过程。因此，在节事活动的发展过程中，管理出现问题在所难免。但是，对于节事活动发展过程中出现的问题和不足，不能仅靠其自身的摸索和总结，需要从实践和理论上做出客观分析和理性透视。唯有这样，才能使节事活动在不断解决问题、克服不足中谋求新的发展优势。

旅游节事活动作为一种重要的城市经济社会和文化活动形式，在我国城市的发展中正扮演着越来越重要的角色。这些节事活动，既张扬了城市的个性，繁荣了城市经济、文化生活，也发挥着“依节造势、因节发展、以节兴市”的作用，往往成为一个城市最具亲和力和感召力的事物。但也应看到，目前我国城市节事活动尚处于不成熟阶段，需要进一步引导、规范和管理。研究城市节事活动的特点，分析其经验与教训，总结其发展规律，对于正确把握和预测中国城市节事活动发展方向、促进城市社会经济的可持续发展具有重要意义。

8.3.1 节事活动运作的项目化特征

8.3.1.1 节事活动项目的特点

A 有鲜明的目的性

节事活动是围绕整个组织机构的组织形象策略和近期公关目标而确立目的地。活动的目的性应该站在目标公众、社会综合的立场上，并不仅仅是站在某一个企业或者组织的立场上，只有这样开展的大型活动才能引起社会的关注，激发公众参与的积极性。大型会展、文化节、体育赛事、企业上市、新产品上市、公益活动等的目标各不相同，是为满足消费者特定需求的目的，比如提高产品价值、促进文化发展等。

B 受资源的约束，范围的确定性

节事活动由于受时间、人力资源、费用、技术等限制，只能在相应的范围内进行。例如，大型节事活动具有高投资性的特点，一个大型活动往往要投入比较大的资金和费用，一般来说不可能用很少的资金做出很大的活动。有些活动对资源要求特别敏感，如节日庆典受时间的约束。

8.3.1.2 节事活动项目的分类

A 按项目的规模分类

根据投入项目的人员多少、持续时间长短、项目投资额的多少等指标，可以将节事活动项目分为大项目、中等项目及小项目。

B 按项目的复杂程度分类

节事活动项目所包含的内容、技术、组织关系、人员关系的复杂程度是差别相当大的，根据这些差别，可以把节事项目分为发展项目和简单项目。例如，奥运会、世界博览会等就比较复杂，而一次家庭婚礼宴会相对要简单得多。

C 按行业分类

按项目所在的行业，可以把项目分为体育项目、节庆项目、会议项目、商业项目、展览项目等。戈德布拉特（Goldblatt）也曾将活动项目管理类型分为市民活动、博览会、集市交易会和民间节日、标志性重大活动、宾客接待、会议和大会、零售业活动、社会生活重要纪念活动、体育运动会和旅游等。

8.3.1.3 节事活动项目的特殊性

A 节事活动项目的产品是服务

虽然节事活动项目的产品中包含某些有形的产品因素，但就一次完整的参与经历来说。参与者对节事活动的需求仍是一种为了满足精神上的享受需求。正是由于这一整体性需求，决定了节事活动项目组织者提供的产品在参与者看来只是对这次活动的“记忆”。节事活动属于第三产业，节事活动项目要求节事活动从业人员围绕着人来开展工作，是以提供令消费者、参与者等客户满意的服务为最终目的的。

B 节事活动的对象是客户群

节事活动的参与对象不是个体，而是以大众、消费者、参会者、观众、体育爱好者等为主的客户群。节事活动的构思与启动要以充分调研客户需求和市场为基础，如文化性的节事活动就要满足大众对文化需求的满足和对文化交流与发展的促进。一个成功的节事活动，往往把文化、旅游、表演等活动有机地结合起来，吸引大量的观众群体参与、欣赏或消费。

C 节事活动项目效益的综合性

节事活动项目效益来自多行业，由多方面构成。它的综合性不仅有助于货币回笼、带动相关性行业发展、增加目的地经济收入、增加政府税收、平衡地区经济发展、缩小地区差别等经济效益上，还将获得巨大的社会效益和环境效益。比如，振奋国民精神、增加互相了解、促进民族文化的保护和发展、推动科学技术的交流和发展、促进城市环境的优化等。

8.3.2 节事活动的特点及意义

8.3.2.1 特点

A 文化性

节事活动举办地在漫长的历史文化发展过程中，通过文化的创造、交流和融合逐渐形成各具地方特色的节事传统，这种独特的地方文化是节事活动举办地具有旅游目的地吸引力的源泉。

B 地方性

节事活动带有明显的地方气息，随着旅游的发展，有些已成为反映旅游地形象的指代物。如广州的广交会是其在国际市场推广广州形象的重要节事，而一年一度与中国传统佳节春节相连的广州花会，则是体现花城广州的地方特色；深圳已经举办了十余届的荔枝节被“中国国际高新技术成果交易会”（高交会）取而代之，而成为深圳的标志性节事。少数民族节日的独特地方色彩更为浓厚，例如，泼水节总是与傣族的形象联系在一起，而那达慕大会也总是代表着内蒙古的形象。此外，宗教的固定传统节日，与庙会活动融合，成为当地最隆重的旅游节事活动，例如，福建、台湾等地的“妈祖圣诞日”。

C 短期性

对于某项节事活动来说，都有季节和时间的限制，都在事先计划好的时段内进行。当然，节事活动的时间不是随意而定的，往往要根据当地的气候、旅游淡旺季、交通情况、主题的现状等条件，做出详尽而切实可行的计划。如上海重要的节事活动，根据活动特点分布于各个季节，吸引不同的目标观众。

D 节事活动的集中性

节事活动大都集中在某一特定的时间段内，一般有固定的时间期限，活动安排十分紧凑，使节事活动参与者所参加的活动带有明显的集中性特点，若节事活动有魅力，参与者的停留时间一般较长一些。

E 节事活动效益的综合性

一次大型节事活动的举办，既能带来直接的经济效益，又能带来间接的隐形的其他方面的效益，会给举办地的发展带来多方面的推动，给区域旅游发展及当地经济、社会、文化发展带来巨大而广泛的影响。

F 节事活动的体验性

节事活动实际就是亲身经历、参与性很强、大众性的文化、旅游、体育、商贸和休闲活动，是建立在大众参与和体验基础上的。

8.3.2.2 意义

节事活动除了具有提升举办国和会展城市知名度和美誉度、扩大信息交流、增强对外合作、旅游发展、加快城市建设、促进地方经济发展等促进作用以外，还具有丰富人民精神、弘扬民族文化和扩大旅游市场、提升目的地旅游形象、降低目的地旅游季节性、调游资源、提高管理水平等特殊作用。

促进区域经济发展在节事活动的开展过程中，不能把节事简单地当作一项活动来做，而应该把节事当作产业来发展。“依节造势、因节发展、以节兴市”是节事产业运作的成功经验总结。节事可以拉动相关产业，促进区域经济的发展，比如旅游业、交通业（民航、铁路、公路）、通信业、金融业、酒店业、餐饮业等。同时，通过改善城市的建设，可以优化城投资环境，从而推进城市的招商引资。

8.3.3 节事活动的利益相关者

节事活动能否持久运作下去，取决于节事活动能否协调好其利益相关者之间的关系。节事活动不同的参与客体有不同的利益诉求和利益期望，只有在分析相关者利益的基础上，才能建立起新型合理的平衡机制，确保所有相关者的需求得以满足，实现各个维度的可持续性。

具体来说，节事活动利益相关者主要有主办方、承办方、赞助方、供应商、参观者、志愿者、政府、社区和媒体等方面，在节事活动中各有投入、各有诉求，形成一种依托于节事活动的集聚关系，博弈抗衡，矛盾冲突。因此，如何协调和平衡各相关利益主体，对于节事的成功举办和目的地可持续发展至关重要。

8.3.3.1 当地政府

政府在节事活动中扮演着非常重要的角色，我国节事活动的发展历程为起步阶段由政府主办承办；发展阶段为政府牵头、社会参与，政府主办与市场运作相结合，实现优势互补；目前已步入相对成熟阶段。

8.3.3.2 社区公众、供应商

节事活动的生产者涉及多方面，依据每项节事活动的举办规模、举办主题和举办内容等，生产者有主办方、承办方、工作人员、供应商和社区公众等。一个节事的成功举办离不开为节事活动提供所需的设施设备、物料资源和专业服务等，尤其是在发展过程中，已从起初单一的节事活动发展成为集体育马拉松赛事、定向越野赛、摄影大赛、画展、艺术节和桃树认养、植树活动等富有地方特色的旅游，文化、科技、招商恳谈等地方标志性节事活动，组织运营和管理背后离不开官方和市场运营的各类硬件和软件供应商。

8.3.3.3 观众

节事活动的参观者（观众）数量是衡量节事活动举办成功与否的重要因素，观众参与节事活动的意向和行为忠诚度也是决定节事活动可持续发展的关键因素。在发展的过程中，除了参观者的数量增加，参观者类型的多样也是节事活动不断发展和变化的体现。

8.3.3.4 赞助商和媒体

赞助商和媒体是节事活动发展的重要助推剂，赞助商给节事活动提供各类实物和非实物的赞助，节事活动给赞助商提供品牌认知，创造营销机会；媒体给节事活动带来社会关注，节事活动给媒体带来经济效益等。

8.3.4 节事活动的运作模式——以大连为例

有“北方明珠”之城的大连拥有得天独厚的位置，海陆空俱全的交通条件，丰富的旅游资源和独具魅力的城市文化，这些优势为大连成为一个节事名城奠定了坚实的基础。大连传统节事活动举办的历史由来已久，且内容丰富多彩，主题鲜明多样。有已经成功举办的冰峪沟赏灯会、大连（旅顺）国际樱花节、大连长海国际钓鱼节、大连服装节、大连赏槐会、大连国际马拉松赛，也有许多正在发展的新晋节事。

每一次节事活动的成功举办，都在一定程度上推动了城市各个方面的发展。首先，表现在促进了城市交通、绿化、通信、城建等基础设施建设的进程，优化了城市环境，提高了服务业的服务与管理水平。其次，可以联动餐饮、住宿、旅游、娱乐等相关产业发展，促使产业结构进行优化升级，同时发展商贸、文化交流、经济合作等活动。实现城市整体形象的塑造，离不开各种形象要素的整合，这是一个漫长和复杂的过程，而节事活动的开发往往能够对城市形象起到重要的宣传功效。观众通过参加节事活动的各个项目，对城市自然、人文景观、历史文化、建设成就等内容会有更加全面的了解，加深了对城市形象的认识。每当人们提起大连国际服装节和大连樱花节，“时尚”“浪漫”的印象总会浮现在人们的脑海中，这也正与大连的城市风格相契合。

分析认为，大连传统节事活动运作中存在的主要问题如下。

（1）政府干预过多，市场作用未充分发挥。目前大连节事活动大部分都是由政府部门主办的，依照行政方式运作，较少考虑由企业直接承办，更加注重政治要素而非经济要素，从而导致举办成本过高，政府负担过重且效益不理想化。此外，由于投资回报机制尚未健全，企业虽能通过广告宣传、捐赠和赞助等方式筹资，但投资回报率往往不高。

（2）缺乏节事活动精品，品牌效应弱，国际化水平不高。目前在大连，大到全市、县区，小到社区、协会、活动中心几乎都会举办节事活动，而且数量和次数还有继续增加的趋势，这说明大连已经意识并逐步感受到举办节事活动带来的诸多积极效益。但是，由于在品牌意识上存在偏差，纵观大连目前举办的各色主题节事活动，不难发现仍存在着知名度低、品牌影响力弱、举办届数短的劣势，能持续举办并发展成为国际节事的更是屈指可数。还有一些节事，虽然已经冠以“国际”字样，然而在现场却很难发现体现其国际化水平之处。

（3）地域文化挖掘不够，缺乏文化内涵。大连的一些节事活动主题定位不明确，在不同程度上片面追求轰动效应，这样导致在追求经济效益的时候却忽视了文化内涵深度挖掘的同步发展。当传统的节事活动被过度营销，我们只能感受到浓郁的商业气息和过强的贸易目的性。以重阳节来举例，仅是保健品大战，而忘记登高赏菊的传统习俗以及落到实处的问候探望亲人。除此之外，无论与主题相关联系是否密切，总能看到千篇一律的美食夜市、歌舞表演、促销购物的身影。这样的活动固然能带动人流量，但没有深厚的文化底蕴。节事活动里包含相关性不大的活动在短期内能聚集一些人气，但投以长远眼光会发现有损节事口碑，也将逐渐被市场淘汰。

8.3.5 节事活动组织的基本原理

8.3.5.1 整体性原理

整体性原理，就是节事活动各要素之间的相互关系，以及各要素与节事活动本身之间的关系，要以节事活动的整体需要为主进行协调，局部服从整体，使节事活动的整体效果达到最优。也就是说，节事管理必须从节事活动的整体着眼，部分着手，统筹考虑，各方协调，达到整体的最优化。从节事活动的整体来看，各项单体活动、筹备工作与活动本身存在着复杂的联系和交叉，大多数情况下相互之间是一致的，但有时存在冲突。在现实情形中经常可以看到，有些节事活动为了片面追求内容的丰富，组织策划了一些背离节事主题和特色要求的活动，影响了整个节事活动的效果。为此，节事活动管理必须促使各项单体活动和筹备工作符合节事活动的整体要求，这样才有利于实现节事活动的整体效果。

8.3.5.2 动态性原理

从节事活动的自身发展看，它始终是动态变化的，需要不断完善和创新，节事活动所包括的各项单体活动和具体工作也要不断改进。可以说，节事活动一直是在不断变化的动态过程中生存和发展。因此，节事管理必须充分考虑节事活动的总体目标、活动内容、管理过程、办节机构、营销方式、政策规章等方面的时限性，在情况发生变化时适时做出相应的调整。只有这样，才能使节事管理树立超前观念，减少错误和片面，掌握主动，保证节事活动向期望的目标顺利发展。

8.3.5.3 开放性原理

对外开放是节事活动发展的重要力量，这是因为每一个节事活动不仅汲取着举办地的文化传统和经济营养，而且同时以开放的姿态不断吸收和容纳着国内外的精华。正是这种海纳百川、兼容并蓄的开放特征，为众多节事活动创造了良好的生长条件和发展动力。同时，节事活动在开放条件下的不断变革演化，要求节事管理必须充分考虑外部环境因素所产生的种种影响，不断引进新的节事文化、办节理念、市场信息、现代科技等要素，提高节事活动的国际化水平。

8.3.6 节事活动策划设计的基本原则

节事活动的策划设计是节事管理的重要方面，必须遵循其自身发展所体现和要求的基本原则。只有这样，节事管理才具有针对性、目标性、实效性，才能体现出高质量、高水平。分析国内大型节事活动，概括起来，其策划设计应当坚持以下几条原则：

8.3.6.1 主题化原则

主题是节事活动的主旋律，任何类型的节事活动，都必须营造一个鲜明的主题，以主题为脉贯穿始终。只有主题明确，才能使节事活动的策划设计做到提纲挈领，形散而神不散。节事主题确定后，主办方应当紧紧围绕主题策划和设计具体方案。所有单体活动和具体内容一定要紧扣主题，突出主题，表现主题，使节事活动的每一个内容、每一项活动、每一个环节都为主题服务。以世博会为例，每一届世博会都有自己的主题。1998 年葡萄牙里斯本世博会主题为：海洋—未来的财富；2000 年德国汉诺威世博会的主题为：人—自然—技术；2005 年日本爱知世博会的主题为：自然的睿智；2010 年上海世博会的主题为：城市，让生活更美好。正是世博会主办方围绕主题精心组织，才让世博会异彩纷呈。

8.3.6.2 大众化原则

正如西班牙潘普洛纳市市长所述“节事的魅力不在于政府为奔牛节所安排的各项活动，而在于亲临其境感受满街的人文气氛，在于与众多的能够参与并陶醉于节事的人群融为一体的机会之中”。国际上著名节事最为普通的形式，是彩车加表演方队的大游行。盛大的游行队伍经过大街两侧，或搭建长长的观礼台，或设简单座位。成千上万人早早地扶老携幼、结伴前往，人们把这种节事活动真正看作自己的节日。旅游节事要的就是这种普天同庆、万民同乐的节日气氛。旅游节事之所以是动态的旅游吸引物，人们希望看到美丽的玫瑰花车游行，看到西班牙狂奔的牛群，观赏璀璨夺目的烟火，同时也希望感受引以为豪、如痴如狂的当地人文气氛，并深深融入其中。

8.3.6.3 效益化原则

任何节事活动都必须注重效益，衡量一个节事活动水平的标准和尺度关键是看其所产生的效益。首先，要使节事活动达到经济效益和社会效益的有机结合的目的。比如青岛国际啤酒节，近年来在活动内容的策划设计上一直注重培育城市精神、提高居民素质、推动旅游业高质量发展、活跃地方经济等方面的要求；其次，要体现出近期效益和远期效益的有机结合，既要保证节事活动对旅游业、商贸业、酒店业等方面近期的显性效益，又要实现节事活动对优化城市环境、提升区域形象、提高人的素质等方面长期的隐性效益；再次，要体现出单体效益和综合效益的有机结合。诸如节事活动宣传、接待等单项工作，就某一个方面来讲，经济效益可能不甚明显。但是从总体上看，它为节事活动的效益提升创造了必备的基础条件。因此，在评估节事活动的整体效益时，不能忽视单体效益对综合效益的贡献。

8.3.6.4 固定化原则

节事活动的形式和内容是在动态发展中逐渐确定、规范下来的，比如举办时间、举办场所、举办形式、主要活动内容等。这些形式和内容的固定使得人们对参与节事活动成为一种惯性，不仅提高了人们对节事活动的认同感和接受度，而且成为打造节事主题的关键管理因素和节事活动产业化的基本条件。西班牙奔牛节每年 7 月 8 日至 7 月 14 日，156 项活动分布在潘普洛纳市各固定的空间和时间里，从早晨 8 时至深夜 24 时，以时间的精确性年复一年，持续多个世纪。这些活动对于当地市民来说早已家喻户晓，深入人心。市政府为此印制大量的日程表和节目单，为的是使远道而来的各国游客凭着这些《节目指南》选择自己最喜爱的项目参加。同样，每年新年来临之际，在美国洛杉矶帕萨迪那市科罗拉多大道上能观赏到盛大的花车游行，百年不变。这种确定性是吸引和招揽四方游客的先决条件，也是著名节事活动获得巨大效益的成功秘诀之一。

本章小结

开展节庆活动可以促进城市基础设施的完善，塑造旅游城市的品牌和形象，带动城市旅游业的可持续发展。节事活动是借助当地历史、文化或经济资源而组织的一次性或重复举办的，主要目的地在于加强外界对旅游目的地的认同、增加其吸引力、提高其经济收入的活动。

思考与练习

8-1　节庆旅游的特征有哪些？

8-2　写出节事旅游的特点及意义。

8-3　如何组织好一项节事活动？

8-4　节事活动对旅游目的地的影响有哪些？

8-5　节事活动的特点是什么？

9 旅游容量与可持续发展

本章导读

任何旅游目的地、旅游景区的旅游容量都是有限的。旅游容量有很多类型，决定最终旅游容量的是各容量的最小值；理解旅游容量对旅游地合理开发与经营管理有较大的帮助，对旅游生态与环境保护有重要价值。旅游目的地在发展过程中面临各种挑战与问题，包括旅游目的地之间的可替代性挑战，大量游人涌入造成的环境生态压力挑战，旅游容量与可持续发展过程中突发事件发生对旅游目的地造成的危害，以及旅游目的地生态、经济、社会可持续发展问题，对应的构成了本章将要介绍的内容。

学习目标

(1) 了解旅游容量的概念并掌握其应用。

(2) 理解可持续发展的概念及其内涵。

(3) 熟知旅游容量在旅游目的地、旅游景区管理中的价值。

(4) 认识旅游可持续发展观。

关键概念

旅游容量、可持续发展。

9.1 旅游容量管理

9.1.1 旅游容量的概念

旅游容量，也称为旅游承载力，是指源于生态学中的环境容量。1963 年，拉贝奇（Lapage）首次提出这一概念，是指在可持续发展前提下，一定时段、一定地域范围内，旅游地自然人文环境、旅游设施设备、社会经济环境、旅游地居民所能承受旅游者及其相关活动在规模和强度上的最大值，包括旅游生态容量、旅游社会容量、旅游心理容量等。

旅游容量受两个因素影响：一个是旅游地环境性质与结构；另一个是旅游活动性质与结构。同时，旅游活动不仅对环境有影响，而且对社会、经济也会产生影响。因此，旅游容量作为一个全面反映旅游地旅游活动的综合性指标，它是一个概念体系。

随着可持续发展的提出，旅游容量概念研究的内容也随之不断丰富，虽然前提条件多样，但侧重点在于游客满意度、景区环境质量和旅游系统良性互动等内容。此外，将时间尺度作为今后研究旅游容量不可忽视的要素。

9.1.1.1 旅游容量的特性

A 综合性

旅游容量应该是在某一旅游地环境（即旅游目的地或旅游景区环境系统）的现存状态和结构组合不发生对当代人（包括旅游者和当地居民）及未来的有害变化（如环境美学价值的损减、生态系统的破坏、环境污染、舒适度减弱等过程）的前提下，在一定时间内旅游地（旅游目的地、旅游景区）所能承受的旅游者人数。它不是单方面的某个因素值，而是多要素下的综合集成值。

B 动态性

旅游容量是一个抽象、理想化的概念，在实践中，旅游景区容量会因季节、空间拓展、时间、管理设施设备、管理水平、游客行为的差异而产生较大变化。另外，影响旅游容量因素还包括游客的主观心理。

9.1.1.2 旅游容量的意义

旅游容量是旅游目的地、旅游景区管理的基本工具，也是旅游资源与旅游环境保护的理论支撑。旅游容量的管理是一个复杂的过程，但它是旅游景区管理的有效理论基础。通过旅游容量，控制旅游规模，指导旅游规划与设施建设规模，指导旅游地、旅游景区的经营管理等，避免社会资源的浪费。此外，通过旅游容量管理，使旅游资源、旅游生态环境得到保护。

9.1.2 旅游容量调控

旅游资源虽然对一地的旅游容量有影响，但旅游资源具有自在性，尤其自然资源是天然赋存的，人们无法直接对其进行调控，只能在遵循自然规律的前提下合理利用它。

旅游者是旅游活动的主体，也是旅游业服务的对象，其对旅游容量的影响是首先要考虑的。在对旅游容量进行调控时要对旅游者进行管理和引导，对游客的管理可以分为直接管理和间接管理。

直接管理在旅游容量的调控上是必不可少的，例如，一些实施规则的制定，像加强巡视，使用闭路电视或摄像设备进行实时监控；在旅游景区内进行合理分区，可以通过限制利用旅游活动来调控，比如，通过限制游客数量、团队规模、停留时间、活动区域和禁止某些超出游径行走等不良行为。

间接管理是改变影响游客行为的因素，这些方法不会被游客看作对自己行动的限制，如可以对旅游景区进行一些物理变更，像有选择地封闭或新建某些道路、增加游览范围、扩大视野等；可以通过平时宣传来引导旅游时尚，如推广生态旅游等，向游客介绍活动的类型特别是开放的场所和时间，号召游客予以协助等；还可以制定适度的规则、注意事项等来引导游客，通过对游客的管理可以实现旅游景区客流宏观时空的分流。

9.1.3 旅游容量的基本类型及测算

对于旅游容量概念及其作用，有不同的观点和见解。就传统的观点而言，旅游容量是指某一特定地域内可接待来访旅游者的最大数量或者最大旅游使用量。有些旅游容量是基于旅游景区（或旅游活动区）的旅游者而言，有些旅游容量是基于旅游社区、旅游目的地的环境而言，等等。因此，由于出发点不同，旅游容量的类别非常多，这里主要介绍具有通识性的三种基本旅游容量。

9.1.3.1 旅游心理（感知）容量

旅游心理容量是指旅游目的地、旅游景区满足旅游者获得最佳旅游效果的情况下，所能容纳的旅游活动最大量。视角为旅游者的心理感知，因此也称为旅游感知容量。旅游者在某一地域从事旅游活动时，在不降低活动中质量的条件下，该地域所能容纳的旅游活动最大量。对旅游者心理容量的测算，是在保证游客的舒适和满意的前提下，采用最低极限来测算游览空间或间距标准。这个标准通常可根据问卷调查或经验估计而获得，见表9-1。

表9-1 旅游资源容量的国际标准

旅游活动场所	世界旅游组织（WTO）标准		日本标准	
	基本空间标准 /$m^2 \cdot 人^{-1}$	单位空间合理标准 /$人 \cdot hm^{-2}$	基本空间标准	平均滞留时间 /h
森林公园	667	15	300m^2/人	2.5
郊区公园	143~667	15~70	40~50m^2/人	
乡村休闲地	50~125	80~200	15~30m^2/人	2.0
高密度野营地	16~33	300~600	250~500 人/hm^2	
低密度野营地	50~167	60~200	50~100 人/hm^2	
高尔夫球场	677~1000	10~15	0.2~0.3 人/hm^2	5.0
滑雪场	100	100	200m^2/人	6.0
滑水	677~2000	5~15（水面）		
垂钓	333~2000	5~30（水面）	80m^2/人	5.3
徒步旅行		40	400m^2/人	3.5
赛场（参观）	25	40	25m^2/人	2.0
野外露营	33	300	25m^2/人	3.5

9.1.3.2 旅游资源容量

旅游资源容量是指在保持旅游资源质量的前提下，一定时间内旅游资源所能容纳的旅游活动量，也是旅游资源可持续利用的最大边界。对旅游资源容量的测算，一般是对旅游地已开发的旅游景区的容量测算，其具体方法有面积法和线路法两种。

A 面积法

面积法是根据旅游景区的空间面积或可供游览的规模、游客周转率和人均游览空间标准进行测算的方法。不同类型的旅游地游览空间标准是不同的，可根据世界旅游组织提供的标准进行计算。面积法计算公式如下：

$$C_{r1} = \frac{S_A}{S_B} \times R$$

式中　C_{r1}——旅游景区日容量（面积法）；
S_A——旅游景区游览规模，m^2；
S_B——旅游景区人均游览空间标准，m^2/人；
R——游客周转率（每天开放时间÷每个游客滞留时间）。

B　线路法

线路法是根据旅游景区的线路或可供游览的规模、游客周转率和人均游览间距标准进行测算的方法。不同类型的旅游地游览空间标准是不同的，可根据世界旅游组织提供的标准进行计算。其计算公式如下：

$$C_{r2} = \frac{2L}{I} \times R$$

式中　C_{r2}——旅游景区日容量（线路法）；
L——旅游景区游览线路总长度，m；
I——旅游景区人均游览间距标准，m/人；
R——游客周转率（每天开放时间÷每个游客滞留时间）。

9.1.3.3　旅游生态环境容量

旅游的生态环境容量是指在保证生态系统不致退化的前提下，一定时间内旅游场所所能容纳的旅游活动量。旅游者进入任何一个旅游地后，都会产生食、住、行、游、购、娱等各种消费，这些消费必然直接或间接地产生一定的废水、废气和固体垃圾，从而对环境造成污染或破坏。因此，可通过以下公式测算出生态环境的容量。

$$C_e = \frac{\sum_{i=1}^{n} N_i S + \sum_{i=1}^{n} Q_i}{\sum_{i=1}^{n} P_i}$$

式中　C_e——旅游生态环境容量；
N_i——旅游地单位面积对 i 种污染的自净能力；
Q_i——旅游地每天人工处理 i 种污染物的能力；
P_i——平均每个旅游者每天产生污染的数量；
S——旅游地的面积。

9.1.3.4 旅游管理容量

旅游管理容量是指在不影响有效管理的情况下，旅游目的地、旅游景区可接待旅游者的最大数量。管理容量和旅游设施密切相关，主要体现在营业时间、设施、停车场空间、旅游通道等。

成熟的旅游地、旅游景区的各项服务、设施必定是齐全且井然有序的，理性接待接纳旅游规模，控制在合理程度范围内，为游客创造更好的体验。

9.1.4　旅游环境容量测算的原则

9.1.4.1　可持续发展原则

将可持续发展理论的公平性、持续性和共同性原则应用到旅游业领域，拓宽环境容量的测算内容，充实测算指标、完善测算方法。应用其原则的目的是：增进旅游的公平发展，保护未来开发赖以生存的环境质量，改善旅游接待地居民的生活质量。可持续发展原则是衡量旅游区环境容量确定正确与否的最重要标准。

9.1.4.2 继承性原则

从现在既有的旅游环境容量的测算体系出发，继承发扬这些方法的优点，克服其存在的缺陷，在完善中提高旅游环境容量测算体系的测算方法和指标。

9.1.4.3 动态测算原则

环境经济学认为，旅游资源是一种舒适性资源，具有不可逆转性。因此，旅游资源不仅具有利用价值，而且具有选择和存在价值，因而在确定旅游环境容量的测算时必须考虑旅游资源的选择性。同时，其测算也应该分阶段进行，可分为目前可利用的旅游环境容量、选择性容量和存在性容量三个阶段。因此，如何将三者结合起来是实现旅游区可持续发展的关键问题之一。

同时，旅游地的历史演变过程一般为探索、起步—发展、稳固—停滞、衰落或复兴阶段，因此又被经济学家称为生命周期理论。

9.1.4.4 从实际出发原则

从规划旅游地资源的现状入手，根据区位、资源、环境、社会、经济、文化等实际情况，正确选择测算方法和指标，力求全面反映旅游资源区的实际状况。

旅游环境容量的研究是当前旅游学研究中的热点，因地、因时将环境容量的测评研究应用到旅游规划的实践中，为规划设计做好前期的准备工作，这对旅游开发与规划的研究以及实践都具有重要意义。但是，量化本身带有很多的主观性。

9.1.5 旅游景区容量管理

根据《旅游法》第四十五条规定，“景区接待旅游者不得超过景区主管部门核定的最大承载量，制定和实施旅游者流量控制方案，并可以采取门票预约等方式，对旅游景区接待旅游者的数量进行控制。旅游者数量可能达到最大承载量时，景区应当提前公告并同时向当地政府报告，景区和当地人民政府应当及时采取疏导、分流等措施”。

9.1.5.1 树立良好的旅游容量意识与经营理念，不能唯利化

意识决定行动，作为旅游产品的供给者和消费者，都应该有旅游容量意识。旅游目的地、旅游景区应该在经营管理理念方面有足够的保护意识，旅游容量是最好的管理工具之一，充分利用，不能唯利是图。旅游者应该充分理解旅游景区的容量管理举措，过多的旅游者会给旅游资源、旅游环境、旅游管理、旅游品质带来影响。

9.1.5.2 确定科学合理的旅游容量与管控制度

各旅游目的地、旅游景区，应该采取科学合理的方法研究出旅游容量（不是拍脑袋想出来的），将旅游容量作为科学管理的依据，并制定出切实有效的管理制度，应用在实际管理中。

9.1.5.3 进行市场营销与宣传

旅游目的地、旅游景区除旅游产品营销推广外，还应该适度进行旅游规模的管理控制举措，让旅游者知道，应该选择合理的出游时间，错峰出行。

9.1.5.4 建立旅游规模预警预报制度

正如《旅游法》的表述一样，旅游景区应该制定游客流量的预警预报制度，一旦可能

超量，及时向社会发布。例如，通过电视、广告、网络、路途平面广告、虚拟平台等媒体发布景区交通、住宿、接待容量等信息，为游客选择合适的旅游地提供指导，分流客源，倡导理性出游。

9.1.6 旅游容量的定量分析

任何一个国家或地区在对旅游资源进行评价和开发时，都必须充分考虑极限容量，并将它放到适当的位置。但由于衡量容量的标准因社会环境而不同表现出某种不确定性，以及管理工作对极限容量的影响，使旅游容量的定量分析存在一定的难度，即使有了一些定量分析，也缺乏普遍的应用性。

9.1.6.1 高峰期需求测定

旅游业的季节性经营要求分别计算出高峰使用和平、淡季的需求，然后确定能在多大程度上允许旅游业在较短的高峰期内超容量运行。

9.1.6.2 用空间面积来度量拥挤程度

从物质容量来看，目前主要按照人均占地面积来确定，陆地面积平均占地 2 m^2/人，水面平均 8 m^2/人，山地（指可涉足面积）平均 4 m^2/人。这种以每公顷面积的理想人数不能超过某个既定值（比如说每公顷（ha）海滩不得超过 1000 人），来度量拥挤程度的做法显然没有将拥挤的心理感受因素考虑进去。一个颇受青睐的海滨度假地中，其海滨气氛的形成动力或许正是它的拥挤，游人的目的是为了能在滔滔人海中寻求开心和寻找感觉。但在另一种情形下，如果游人的首选利益或第一利益是安宁静谧，一个海滨接待 10 个游人就会听到有关拥挤的满腹牢骚和不满。

9.1.6.3 限度评估法

如果某个环节如供水有限，那么能接待的游人数估计值就是“可利用的水供给÷每天每人耗水量”；如果停车场地有限，能接待的游人数则为“[可停留车辆（某一时刻）÷每一时期每个人平均逗留时间]×每辆车平均载人数”。例如，某停车场可同时停车 100 辆，每位游人停留时间大约 30min 且每人一辆小汽车，那么 10h 内可接待 2000 名游人，如果每辆车载 3 人，接待量则为 6000 人；如果预支一定成本开发某个景区，要求至少能收回成本（即保本经营）的游人数为“开发总成本÷预期人均花费”。

9.1.7 旅游容量的应用

在不同的情况下，旅游容量有着不尽相同的意义，这充分反映了旅游容量的丰富内涵和复杂结构，也预示着这一概念的巨大应用潜力。

9.1.7.1 在旅游规划中的应用

A 在旅游规划开发中加强旅游容量意识

旅游规划中存在较为普遍的问题在于容量确定得过大，尤其是旅游开发与房地产开发相结合的项目，出于现实利益考虑，相当部分的项目规划中存在容积率过高和城市化倾向，即使在标明高档旅游度假区的规划中这种情形也屡见不鲜。因此应该用旅游容量相关知识，明确不同档次的旅游地旅游容量标准。

B 加强旅游规划协调，解决旅游热点的超载

旅游超载通常集中出现在某些旅游热点地区，因此应该在其周围加大开发力度，或者

开发新项目，以实现旅游分流。如颐和园陆续重建了后山的苏州街和西湖部分建筑，在北门扩建了停车场，对缓解前山的压力有明显作用，而且又可以开发新项目，取得更大的经济效益。

9.1.7.2 在旅游经营管理中的应用

热点旅游地，特别是知名度很高的旅游地，当旅游高潮不期而至时，常常出现人满为患的情景，造成旅游接待地的全面紧张；而有时却又要面临淡季的闲置。对此，主要可以采取以下措施。

A 有计划地分散旅游客流

旅游之所以有淡旺季，存在需求和供应两方面的原因：旅游者方面，其出游大部分在假期，人群聚集。旅游供给方面，必然是具有垄断性的、知名度极高的旅游资源，容易出现超载。所以，应该有计划地从时间和空间两方面分散客流。

B 把握旅游营销时机和力度

在旅游条件尚不完善时，若盲目进行宣传和营销，不仅涉及宣传的真实性，而且客观效果也不好。如果当旅游者蜂拥而至后，却发现旅游资源开发粗放，接待设施、交通、供应等方面都不尽如人意，旅游者事后难免有意无意地做反面宣传。

C 妥善解决发展旅游业和当地居民间的矛盾

旅游业的发展，尤其是在超载情况下，会给当地居民生活带来不便，包括交通阻塞、物价上涨等。旅游业的发展，应该运用旅游容量理论，妥善解决发展旅游业和当地居民间的矛盾。

9.2 旅游环境管理

9.2.1 旅游环境的定义

旅游环境是指在旅游活动特定的区域或范围内各种因素的存在状况和综合作用的结果。就范围而言，它主要包括旅游目的地和相关的旅游依托地。就内容而言，则主要包括旅游资源状况以及与旅游活动有关的自然和社会文化两方面的因素。

长期以来，人们总把旅游发展视为一种经济活动，偏重追求其经济效益，而相对忽略了普遍存在的旅游对环境的影响。旅游资源和旅游环境质量是旅游业赖以存在和发展的基础，旅游对环境尤其是自然环境造成的严重破坏不仅会阻碍旅游业本身的持续发展，而且也会带来相关的负面效益。

首先，旅游环境也是旅游资源，旅游活动空间需要旅游环境来支撑。其次，旅游环境需要营造，旅游环境可以营造，从某种意义讲，旅游开发就是对“旅游环境美”的进一步挖掘。最后，保护旅游环境是旅游开发的根本，需要合理处理旅游环境保护与开发的关系。

9.2.2 旅游环境的类型

旅游环境内容涉及旅游者的食、住、行、游、购、娱等各个方面，它们可归纳为旅游自然环境、旅游人文环境和旅游资源环境三种基本类型。

9.2.2.1 旅游自然环境

旅游自然环境是旅游目的地、依托地和旅游线范围内大气、土壤、地质、地貌等自然要素的综合。对于游客而言，这些内容往往并不是直接的旅游对象或吸引物，必然要在市区活动。

9.2.2.2 旅游人文环境

旅游人文环境主要是指旅游者周围的社会、经济、文化等人文状况，分别可称之为旅游社会治安环境、政治环境、经济环境、文化环境、卫生环境等。各类旅游人文环境同样也可细分，如旅游经济环境可分为旅游城镇经济环境、旅游乡村经济环境等。

9.2.2.3 旅游资源

旅游资源是旅游者最为感兴趣的环境类型。例如，黄山的松树林、天山的草场、八达岭的长城等，这些特殊的环境因素由于能对旅游者产生强烈吸引力，诱使旅游者产生旅游欲望，因此，受到旅游者与开发商的共同关注，成为旅游产业的资源。当游客身置其中时，它也成为一种环境。与前两种旅游环境相比，作为资源的这部分自然资源环境又称为旅游小环境或狭义的旅游环境。它与前两种旅游环境一块组成旅游大环境或广义的旅游环境。对于这部分特殊旅游环境，旅游环境规划也应给予特殊的关注，但关注它的目的地与旅游资源开发规划的目的有所不同，旅游环境规划主要从生态学与环保角度关注这些资源的保护与可持续利用。

9.2.3 旅游环境的构成

9.2.3.1 环境资源

环境作为资源（即吸引物），旅游目的地、旅游景区很难离开它，有时会成为吸引市场的主体，特别是度假型旅游目的地，旅游环境至关重要。以避暑度假旅游地为例，气候条件和森林环境已经成为旅游存在的前提和根本。

9.2.3.2 生态与卫生环境

生态环境是自然型旅游目的地生存的重要保障，是各种地球表层因子的总和，这些因子构成了旅游存在的基础，如大气、水、土壤、地质、植被、野生动物等。卫生环境则是旅游经营过程中可能产生影响旅游活动的负面环境，旅游需要干净、整洁的卫生环境。

9.2.3.3 社会与文化环境

社会与文化环境是指影响旅游存在和发展的各种社会因素，包括旅游地的文化习俗、历史古迹及居民对旅游开发的态度和承受力等。一个地方文化特征明显的旅游地往往容易得到旅游者的认同。

9.2.3.4 景观环境

景观环境是指旅游目的地、旅游景区开发过程中，各种人工旅游设施、服务设施、园林景观所呈现出来的景观情况，它影响到整个旅游地的旅游氛围。

9.2.4 旅游环境的文化意义

9.2.4.1 旅游环境的文化鉴赏意义

不同区域的旅游环境，具有不同的文化背景和文化内涵，了解和认识不同旅游环境的文化，可以鉴别和赏析不同文化的特征。同是现代大都市的上海和北京，因其历史内涵不同，其旅游环境可以给人以不同的城市文化感受；同是西部的新疆和云南，因其民族不同，其旅游环境可以给人不同的民俗文化感受。

9.2.4.2 旅游环境的文化熏陶意义

旅游环境所蕴含的丰富的文化特色，对于旅游者具有潜移默化的影响。构思、设计精巧的建筑和有丰富文化内涵的楼台亭阁、殿堂庙宇、碑刻雕塑、民俗风情等，加上那些早已融入其肌体风骨的历史故事、神话传说、诗词文章，无不让旅游者在感叹的同时受到教育。登上长城，使人感受到中华民族的勤劳、勇敢和智慧；游览园林，使人感受到东方文化的独特魅力。

9.2.4.3 旅游环境的文化求知作用

旅游环境所具有的丰富的文化内涵，对于旅游者求知具有很好的作用。孔子的“智者乐水，仁者乐山”的见解对中国文化产生了深远的影响，由孔子所总结的传统美德，代代相续，流传至今。

9.2.5 旅游环境的特征

9.2.5.1 内容的广泛性

旅游环境的内容广泛，既包括各种天然的和经过人工改造的自然因素的总体，如地质地貌、大气、水体、动植物、自然保护区及各类自然遗迹等，以及由这些自然因素共同构成的生态环境。

9.2.5.2 要素的脆弱性

脆弱性是相对于干扰而言的，构成旅游环境的诸要素在旅游活动的干扰下，会受到一定程度的影响，产生动态变化。

9.2.5.3 形式的地域性

地域性是指环境特性的区域差异，或称为多样性，是共性之中的个性体现。

9.2.5.4 项目的休憩性

旅游区为人们提供一种与众不同的感观认识，从一定程度上给予人们某种享受。人们到达旅游区游玩，通过环境的改变，人们不再受在家时的各种角色和行为的羁绊。

9.2.5.5 质量的优越性

旅游活动具有鲜明的享受性和消费性，人们进行旅游活动的目的就是审美享受和追求高品质的环境质量，因此旅游者对旅游区环境质量和服务功能的要求也是较高的。

9.2.6 旅游环境保护管理

旅游环境管理要在充分认识旅游环境对旅游活动影响的基础上，综合运用经济、制度、技术、政策、教育等手段，提高旅游环境质量，增强旅游吸引力，并对可能损害旅游环境的行为和活动进行管理，从而协调旅游活动与旅游环境保护之间的关系，为游客营造高品质的旅游环境和氛围。目前旅游环境管理存在的主要问题如下：

9.2.6.1 旅游规划和旅游开发缺乏旅游环境保护觉悟

旅游环境的保护是从规划开始的，在经济利益驱动下，从旅游地的旅游规划与设计之初，就缺乏旅游环境保护意识，过分关注经营性旅游项目，忽视旅游环境保护与建设规划。这给后续旅游经营与管理带来了麻烦，由于规划不足，部分环境功能无法实现。

9.2.6.2 旅游环境建设与保护的投入不足

主要表现为旅游环境保护的设施不足，或对设施环境保护不力。按理讲，传统的旅游景区（旅游目的地）旅游收入应该按比例用于旅游环境保护和建设，但是部分自然型旅游景区并非如此。由于意识不到位，只有少量的旅游收入用于旅游环境，而且主要是生态与卫生环境，对其他旅游环境投入更是不足。

9.2.6.3 对社会文化环境的保护不够

社会文化环境是旅游目的地、旅游景区的基础之一，也是旅游地的魂魄所在。但是个别旅游地对地方文化、社会环境重视不够，放弃具有特色的地方性文化，甚至破坏了部分文化遗存。为了求新求异，建设一些与地方毫无关联的奇葩性文化项目，结果与地方特征格格不入，反而导致旅游文化环境的破坏。

9.2.6.4 旅游氛围营造不足

由于缺乏对旅游环境的合理理解，导致在旅游开发与建设过程中，缺乏对旅游氛围、旅游意境的培育，也缺乏对旅游建设设施等的景观打造，导致旅游环境氛围不足、缺乏旅游场景感，难以达到旅游效果。

9.2.7 旅游资源及环境保护的具体措施

9.2.7.1 地质地貌旅游资源及环境的保护

地质地貌是自然旅游资源形成的基础和前提，优良的地质地貌为旅游开发提供了良好的物质基础条件，同时，地貌现象在旅游景区中还起着重要的衬景作用。优美的地质地貌，尤其是一些奇特的地质地貌，往往是几万年，乃至上百万年大自然的变化所形成的，一般具有不可再生性，因而从旅游开发到旅游业经营的全过程都应特别注意对其加以保护。

A 山地地貌及环境的保护

a 控制上山游客数量，合理疏散旅游人流

针对目前风景区季节性和局部性的饱和、超载现象，管理者完全可以通过有效的管理措施来加强对山地资源和环境的保护。例如，通过门票的发售来合理地控制旅游者人数，通过新闻媒介及时向社会发布风景区旅游冷热的信息，避免和减少人们出游的随意性和盲目性。

b 减少山地旅游垃圾滞留量

登山旅游者旅游活动的分散性和山地的特殊地形决定了旅游山地垃圾不仅量大、分布广、零散，而且污染物一旦形成，处理起来特别困难，因此更应该设法减少环境污染物的产生，以此减少山地旅游垃圾的滞留量。

B 土地地貌及环境的保护

a 控制游乐园项目建设占用土地

20 世纪 80—90 年代在我国各地乱建的大型人工景点，不仅给国家造成了巨大的经济损失，而且还造成对土地的大量占用和浪费。

b 防治旅游项目建设带来的污染与破坏

在日本及东南亚一些国家，高尔夫球场的建设对环境污染和破坏日益显现，因此人们对高尔夫球场的抵制情绪也越来越强烈。为此，这些国家先后出台了一系列政策，控制高尔夫球场数量，同时也制定了一些针对高尔夫球场及其他旅游项目建设对土地资源及环境的污染与破坏的防治对策。

9.2.7.2 水体旅游资源及环境的保护

A 河湖旅游资源及环境保护

a 控制工业及生活等污水、废水排放

由于生活污水和工业废水是造成城市或旅游区水体污染的主要原因，因此控制污水、废水向旅游区排放，减少水体污染，保护水资源，是旅游区环境保护的首要任务。

旅游区要采取坚决措施，严格控制工业新污染源，抓紧治理旧污染源。在河湖等旅游区周围，要严格禁止新建小造纸厂、小化工厂、小制革厂、小酿酒厂等污染严重的企业。现有污染企业，要按照“谁污染，谁治理”的原则，由污染者承担治理费用。对污染严重的实行限期治理，或者采取果断措施，关、停、并、转、迁。如桂林市为保护漓江水源，就曾下令关、停、并、转、迁了漓江上游一批污染型工业企业。

b 改革生产工艺，推行清洁生产

这是实行全过程控制污染，减少排污量的最佳途径。首先，可采用改革工艺，减少甚至不排放污水。如用无污染或少污染的能源、原材料和产品替代毒性大、污染重的能源、原材料和产品；用消耗少、效率高、不排污或排污少的工艺、设备替代消耗高、效率低、产污量大的工艺、设备。其次，提高生产用水的重复利用率，尽量采用重复用水及循环用水系统，使废水排放减至最少或将生产废水经适当处理后循环利用。

c 建设污水处理设施

各旅游区内的各类接待场所，如饭店、宾馆、疗养院、度假村、餐馆是旅游区的主要污染源和污染大户，必须要求其建设污水处理设施，实行污水处理达标后排放，禁止向水中排放没有处理的污水。严格执行“污染收费”制度并应加大收费力度。

d 实行污染物排放总量控制制度

长期以来，我国工业废水排放一直实施浓度控制的方法。这种方法对减少工业污染物的排放起到了积极的作用，但也出现了某些工厂采用清水稀释废水以降低污染物浓度的不正当做法。污染物排放总量控制是既要控制工业废水中的污染物浓度，又要控制工业废水的排放量，从而使排放到环境中的污染物总量得到控制。实施污染物排放总量控制是我国环境管理制度的重大转变，它将对防治工业水污染起到积极的促进作用。

B 旅游城市河湖污染防治

a 将水污染防治纳入城市的总体规划

各城市应结合城市总体规划与城市环境总体规划，将不断完善下水道系统作为加强城市基础设施建设的重要组成部分予以规划、建设和运行维护。

b 加快城市污水处理厂的建设

随着城市人口的增加和居民生活水平的提高，城市供水量和污染排放量也在不断增加，但城市污水处理率一直很低。就全国来说，城市生活污水排放量已达到全国污水排放量的40%左右，很多大城市及沿海城市甚至接近70%，而我国的城市污水处理率仅超过10%。

c 发展城市污水资源化

随着世界城市化进程加快，一些工业和人口过度集中的大城市严重缺水，旅游城市情况更加严重。因此，在水资源短缺地区，在考虑城市水污染防治对策时应充分注意与实行城市废水资源化相结合，在消除水污染的同时，开展城市污水回用技术的研究和开发，进行废水再生利用，以缓解城市水资源短缺的状况，这对于我国北方缺水城市尤有重要意义。

9.2.7.3 旅游大气环境的保护

随着旅游业的迅速发展，游客对旅游区环境质量的要求越来越高，旅游主管部门和旅游区经营管理者对旅游区大气环境的保护应给与高度重视。从旅游区大气污染的发生原因与过程分析，防治和控制大气污染的工作重点主要是污染源及污染排放途径。污染源得到有效防治，也就基本上解决了污染问题。合理的排放途径，可以降低污染物浓度，减少对旅游区的大气污染。如今，在解决大气污染方面可以采取许多方法和技术措施。

A 划定保护区范围，搬迁旅游区内污染大的企业

在旅游区附近地区的生产部门，尤其是工业生产部门的布局是否合理，与旅游区的大气环境关系极为密切。工业生产部门过分集中于旅游区附近地区，大气污染物排放量必然过大，且不易被稀释扩散。因此，在旅游区附近，应尽量不建设或少建设工、矿企业，尤其是耗能高、污染大的工业部门，要尽量远离旅游区。对旅游区内现有的污染企业，要设法迁出。

B 旅游区内工业生产部门与旅游设施的合理布局

若必须在旅游区附近地区布局必不可少的工业生产部门时，应将工业生产部门合理分散布设，要充分考虑当地的地形及气候等条件，厂址要设置在该地盛行风的下风区域，使污染物在自然环境中易于稀释扩散。此外，工厂区和旅游区之间要有足够的间隔距离，尽可能留出一些空地，用于绿化造林，以使工厂区排出的污染物有一个充分的扩散稀释的空间，而不是直接排入旅游区，以免对游客健康和生态环境造成危害。

9.2.8 旅游环境的管理

9.2.8.1 资源环境的管理

A 树立环境保护理念

良好的生态环境是旅游地健康、持续发展的根本，是旅游发展的一个基本理念，旅游环境资源开发应以生态保护和培育为基础，从而达到综合效益的最佳化。

B 进行合理的旅游规划布局

旅游地应该根据资源和环境的特征与分布情况，合理规划旅游空间、布局旅游设施，保护完整的自然景观，使植被、水体、土壤等自然物免受大规模破坏；合理规划旅游线路和各种线性设施。

C 制定合理的旅游容量

通常可采用收集资料、现场调查、遥感等多种调查方法，对旅游地的自然环境进行细致的调查、统计等。通过科学合理的测算方法，制定合理的旅游容量，避免超量经营。

9.2.8.2 生态环境的管理

A 严格执行国家生态环境标准

《旅游景区质量等级的划分与评定》（GB/T 17775—2003）标准对不同A级的旅游景

区应达到的环境质量标准进行了限定（见表9-2），旅游地应该严格按照标准进行生态环境管理。

表9-2 国家A级旅游景区的自然生态环境质量标准

环境质量标准A级	空气质量（GB 3095—1996）	噪声质量（GB 3096—1993）	地表水环境质量（GB 3838—2002）
5A级景区	一级	Ⅰ类	达到规定
4A级景区	一级	Ⅰ类	达到规定
3A级景区	一级	Ⅰ类	达到规定
2A级景区	一级	Ⅰ类	达到规定
A级景区	一级	Ⅰ类	达到规定

B 进行旅游生态环境评估和监控

在旅游开发前，应该进行旅游项目生态环境评价，对旅游开发的可行性论证，特别是自然型旅游地（旅游景区），应该严格规范生态保护。在旅游经营管理过程中，应该有专门机构，对旅游地生态环境质量进行监控，防患于未然。

C 对生态环境保护进行规划

建立长期的保护规划，有序推进保护计划；对旅游地的生态环境进行区划，科学制定生态环境的核心保护区、缓冲区、实验区，旅游开发活动应该控制在实验区范围内。

9.2.8.3 旅游卫生环境的管理

旅游氛围是景区的旅游资源、旅游设施、自然生态环境、旅游服务等综合作用于旅游者，由此产生的旅游感觉和感知，即旅游景观、旅游设施和旅游环境的旅游效果总和，直接影响到旅游者的情绪和旅游感受。旅游地的氛围环境管理主要是突出景观特色，营造旅游氛围。

A 旅游景观环境管理

（1）景观的规划。根据旅游地的景观、文化与地理环境特征，制定景观规划，确定整个旅游地的景观格调和风貌特征，确定景观体系，并进行景观布局。针对自然型旅游地，则需要确定自然景观的保护规划和利用，既要保护自然景观，又能够让旅游者体验到自然景观的魅力，乐享其中。

（2）景观的设计。旅游景观具体包括自然景观、建筑景观、设施景观、植物景观、小品景观等。旅游景观设计应该考虑两方面：一是设施景观要与环境融为一体，特别是旅游设施的设计，要充分体现生态化，注意与当地的自然、文化特征相协调一致，切忌以城市化、商业化的浓重气息破坏景区内原有的文化内涵和特色；二是自然化，特别是自然型旅游地，步道的设计以林间小道、河岸为主，道路施工应尽量利用卵石、沙子、竹木等接近自然的无污染的材料。

B 旅游服务环境与管理

（1）注重服务环境氛围营造。旅游服务氛围应注意旅游地文化特征、旅游活动性质和整体景观相融合，由此设计服务元素，如服务人员的服装、背景音乐的格调、语言、环境格调等；如民俗文化村之类的从业人员服饰应该具有民族特色。迪士尼非常注重对员工的企业文化培训，培训的目的是要让员工适应和认同迪士尼的文化。

（2）严格服务行为管理。严格规章制度，合理调动导游、景区保洁及游客安保工作等服务人员的积极性，杜绝不文明现象的发生，为游客提供恰如其分的服务；否则，服务行为也会严重影响旅游氛围。迪士尼把“提供最好的娱乐，为所有人创造幸福”的文化理念延伸到员工的思想和行为中，使员工形成在迪士尼工作的一种兴奋感和自豪感。

（3）树立以游客为中心的服务意识。以游客为服务焦点，强调游客是旅游地管理的中心，在管理理念、服务流程、人员服务各方面全方位、全员、全过程地满足游客需求，从而全面提升景区服务质量，形成良好的景区接待氛围。

（4）尽量提供满足游客需求的旅游产品。旅游地应该开展旅游市场需求和愿望调研，为旅游者提供超越期望的旅游产品，给游客不断创造旅游惊喜，产品质量才更容易被游客所认同，其中每一个细节的超值服务都是必要的。

9.2.8.4 设施环境的管理

旅游设施环境的管理主要体现在，旅游设施本身应该具有景观性，设施等应该与旅游环境融为一体，设施本身应该是一道风景，应该对设施的外观进行一定的包装修饰，而不是生硬的设施。同时，旅游设施应该规范、整洁，而不是杂乱地存在于旅游活动区。另外，旅游建筑设施应该控制风貌，与自然环境、人文环境有机融合，至少不是奇葩建筑等。

9.2.8.5 旅游环境意识培育与管理制度

目前，旅游者的素养参差不齐，部分游客的环保意识不强、生态道德素质低，在游览活动中少有保护环境的愿望，或者缺乏责任意识等。因此，旅游地（旅游景区）不仅仅只是为旅游者提供服务，还有行使教育的社会责任。

A 发挥导游的引导作用

导游可对游客的行为起到直接的引导、监督、制约作用。在旅游过程中，导游不仅要完成组织协调、解说等传统职责，同时还应负有“资源管理”的职责。在帮助游客了解、欣赏环境和景观的同时，应鼓励游客表现出对景区环境、景观负责的行为，预防和制止其不文明行为。

B 强制引导方法

根据旅游资源的特点，制定游客行为规则；制定有针对性的规章制度，对可能出现的各种不文明行为，尤其是对故意破坏行为加大制约力度，并配备一定数量的管理人员约束游客的不文明行为，包括加强巡查、长期雇用看护员、对违规行为实施罚款、使用监控设备等。美国旅行商协会（ASTA）制定了游客游览生态旅游地的十条戒律，对生态旅游者提出具体的行为要求。

C 建立旅游环境保护制度

生态环境保护参照国家有关条例实施；旅游目的地、旅游景区应该结合自己的实际情况，制定游客、经营者等利益体的行为规范；通过有关制度和管理办法明确旅游环境保护的责任与惩戒制度；制定旅游环境应急反应机制；加强旅游环境保护的监督机制建设等。

9.3　旅游目的地可持续发展

9.3.1　可持续发展理论的提出

人类社会在经济增长与环境保护相背离的道路上走过了数百年的历史，人类在追求发展的过程中往往以牺牲生态环境来换取经济增长，这种竭泽而渔的做法短期可能会降低自然资源的恢复和自净能力，长期则会导致环境恶化、资源枯竭等威胁人类生存的全球性问题。

国际自然与自然资源保护同盟在其制定的世界自然保护大纲中首次提出全新的可持续发展概念。世界环境与发展委员会（WCED）出版的《我们共同的未来》一书，首次指出了以可持续发展原则来迎接人类面临的环境与发展问题的挑战。此后不久，世界资源研究所（WRI）、国际环境与发展研究所（IIED）联合声明："可持续发展是我们的指导原则"。

中国政府制定通过的《中国21世纪议程——中国21世纪人口、环境与发展白皮书》。继而，国家环保局提出了"中国跨世纪绿色工程计划"，国务院下发了《关于环境保护若干问题的决定》等。

可持续发展理论（Sustainable Development Theory）是指既满足当代人的需要，又不对后代人满足其需要的能力构成危害的发展，以公平性、持续性、共同性为三大基本原则。

9.3.1.1　公平性原则

所谓公平是指机会选择的平等性。可持续发展的公平性原则包括两个方面：一方面是本代人的公平，即代内之间的横向公平；另一方面是指代际公平性，即世代之间的纵向公平性。可持续发展要满足当代所有人的基本需求，给他们机会以满足他们要求过美好生活的愿望。可持续发展不仅要实现当代人之间的公平，而且也要实现当代人与未来各代人之间的公平，因为人类赖以生存与发展的自然资源是有限的。从伦理上讲，未来各代人应与当代人有同样的权力来提出他们对资源与环境的需求。可持续发展要求当代人在考虑自己的需求与消费的同时，也要对未来各代人的需求与消费负起历史的责任，因为同后代人相比，当代人在资源开发和利用方面处于一种无竞争的主宰地位。各代人之间的公平要求任何一代都不能处于支配的地位，即各代人都应有同样选择的机会空间。

9.3.1.2　持续性原则

这里的持续性是指生态系统受到某种干扰时能保持其生产力的能力。资源环境是人类生存与发展的基础和条件，资源的持续利用和生态系统的可持续性是保持人类社会可持续发展的首要条件。这就要求人们根据可持续性的条件调整自己的生活方式，在生态可能的范围内确定自己的消耗标准，要合理开发、合理利用自然资源，使再生性资源能保持其再生产能力，非再生性资源不至过度消耗并能得到替代资源的补充，环境自净能力能得以维持。因此，可持续发展的可持续性原则从某一个侧面反映了可持续发展的公平性原则。

9.3.1.3　共同性原则

可持续发展关系到全球的发展，要实现可持续发展的总目标，必须争取全球共同的配合行动，这是由地球整体性和相互依存性所决定的。因此，致力于达成既尊重各方的利益，又保护全球环境与发展体系的国际协定至关重要。正如《我们共同的未来》中写的“今天我们最紧迫的任务也许是要说服各国，认识回到多边主义的必要性”，“进一步发展共同的认识和共同的责任感，是这个分裂的世界十分需要的。”这就是说，实现可持续发展就是人类要共同促进自身之间、自身与自然之间的协调，这是人类共同的道义和责任。

9.3.2 可持续发展理论的基本要素

可持续发展定义包含两个基本要素或两个关键组成部分：“需要”和对需要的“限制”。满足需要，首先是要满足贫困人民的基本需要。对需要的限制主要是指对未来环境需要的能力构成危害的限制，这种能力一旦被突破，必将危及支持地球生命的自然系统中的大气、水体、土壤和生物。决定两个基本要素的关键性因素是：收入再分配，以保证不会为了短期生存需要而被迫耗尽自然资源；降低主要是穷人对遭受自然灾害和农产品价格暴跌等损害的脆弱性；普遍提供可持续生存的基本条件，如卫生、教育、水和新鲜空气，保护和满足社会最脆弱人群的基本需要，为全体人民，特别是为贫困人民提供发展的平等机会和选择自由。

9.3.3 可持续发展理论的基本思想

9.3.3.1 可持续发展并不否定经济增长

经济发展是人类生存和进步所必需的，也是社会发展和保持、改善环境的物质保障。特别是对发展中国家来说，发展尤为重要。目前发展中国家正经受贫困和生态恶化的双重压力，贫困是导致环境恶化的根源，生态恶化更加剧了贫困。尤其是在不发达的国家和地区，必须正确选择使用能源和原料的方式，力求减少损失、杜绝浪费，减少经济活动造成的环境压力，从而达到具有可持续意义的经济增长。既然环境恶化的原因存在于经济过程之中，其解决办法也只能从经济过程中去寻找。目前急需解决的问题是研究经济发展中存在的扭曲和误区，并站在保护环境，特别是保护全部资本存量的立场上去纠正它们，使传统的经济增长模式逐步向可持续发展模式过渡。

9.3.3.2 可持续发展以自然资源为基础，同环境承载力相协调

可持续发展追求人与自然的和谐，可持续性可以通过适当的经济手段、技术措施和政府干预得以实现，目的是减少自然资源的消耗速度，使之低于再生速度。例如，形成有效的利益驱动机制，引导企业采用清洁工艺和生产非污染物品，引导消费者采用可持续消费方式，并推动生产方式的改革。经济活动总会产生一定的污染和废物，但每单位经济活动所产生的废物数量是可以减少的。如果经济决策中能够将环境影响全面、系统的考虑进去，可持续发展是可以实现的。“一流的环境政策就是一流的经济政策”的主张正在被越来越多的国家所接受，这是可持续发展区别于传统发展的一个重要标志。相反，如果处理不当，环境退化的成本将是十分巨大的，甚至会抵消经济增长的成果。

9.3.3.3 可持续发展是培育新的经济增长的有利因素

通常情况认为，贯彻可持续发展要治理污染、保护环境、限制乱采滥伐和浪费资源，对经济发展是一种制约、一种限制。而实际上，贯彻可持续发展所限制的是质量差、效益

低的产业。在对这些产业做某些限制的同时，恰恰为质优、效高，具有合理、持续、健康发展条件的绿色产业、环保产业、保健产业、节能产业等提供了发展的良机，培育了大批新的经济增长点。

9.3.4 可持续发展的概念

与任何经济理论和概念的形成和发展一样，可持续发展概念形成了不同的流派，这些流派或对相关问题有所侧重，或强调可持续发展中的不同属性。从全球范围来看，比较有影响的有以下几类。

9.3.4.1 着重于从自然属性定义可持续发展

较早的时候，持续性这一概念是由生态学家首先提出来的，即所谓生态持续性，它旨在说明自然资源及其开发利用程度间的平衡。国际生态学协会（Intecol）和国际生物科学联合会（Iubs）联合举行关于可持续发展问题的专题研讨会。该研讨会的成果不仅发展而且深化了可持续发展概念的自然属性，将可持续发展定义为：保护和加强环境系统的生产和更新能力。从生物圈概念出发定义可持续发展，是从自然属性方面定义可持续发展的一种代表，即认为可持续发展是寻求一种最佳的生态系统以支持生态的完整性和人类愿望的实现，使人类的生存环境得以持续。

9.3.4.2 着重于从社会属性定义可持续发展

由世界自然保护同盟、联合国环境规划署和世界野生生物基金会共同发表了《保护地球——可持续生存战略》（Caring For the Earth：A strategy For Sustainable Living）简称《生存战略》。《生存战略》提出的可持续发展定义为："在生存于不超出维持生态系统涵容能力的情况下，提高人类的生活质量"，并且提出可持续生存的九条基本原则。在这九条基本原则中，既强调了人类的生产方式与生活方式要与地球承载能力保持平衡，保护地球的生命力和生物多样性；同时，又提出了人类可持续发展的价值观和130个行动方案，着重论述了可持续发展的最终落脚点是人类社会，即改善人类的生活质量，创造美好的生活环境。《生存战略》认为，各国可以根据自己的国情制定各不相同的发展目标。但是，只有在"发展"的内涵中包括有提高人类健康水平、改善人类生活质量和获得必须资源的途径，并创造一个保持人们平等、自由、人权的环境，"发展"只有使我们的生活在所有这些方面都得到改善，才是真正的"发展"。

9.3.4.3 着重于从经济属性定义可持续发展

在《经济、自然资源、不足和发展》一书中，作者 Edward B. Barbier 把可持续发展定义为："在保持自然资源的质量和其所提供服务的前提下，使经济发展的净利益增加到最大限度"。还有的学者提出，可持续发展是"今天的资源使用不应减少未来的实际收入"。当然，定义中的经济发展已不是传统的以牺牲资源和环境为代价的经济发展，而是"不降低环境质量和不破坏世界自然资源基础的经济发展"。

9.3.4.4 着重于从科技属性定义可持续发展

实施可持续发展，除了政策和管理国家之外，科技进步起着重大作用。没有科学技术的支持，人类的可持续发展便无从谈起。因此，有的学者从技术选择的角度扩展了可持续发展的定义，认为"可持续发展就是转向更清洁、更有效的技术，尽可能接近'零排放'或'密闭式'工艺方法，尽可能减少能源和其他自然资源的消耗"。还有的学者提出，

“可持续发展就是建立极少产生废料和污染物的工艺或技术系统”。他们认为，污染并不是工业活动不可避免的结果，而是技术差、效益低的表现。

9.3.5　旅游业的可持续发展观

9.3.5.1　旅游业对环境的依赖与破坏

“由于旅游业是一个资源产业，一个依靠自然禀赋和社会遗赠的产业（Murphy，1985)”，自然资源和人文资源共同构成吸引旅游者的最根本的力量，并经旅游经营商整合成为旅游产品，向目标客源市场投放，资源因之成为出售对象的组成部分。因此，保持优良的生态环境和人文环境是旅游业赖以生存和发展的重要根基。

然而，由于旅游业发展速度较快，在短短的几十年时间内就一跃成为全球产值较大，吸纳就业人数较多的产业类型，人们在陶醉于新产业模式带来的经济利益的同时几乎无暇思考发展旅游业的方法论问题。在趋利动机影响下，将旅游业发展简单化为数量型增长和外延的扩大再生产，如对资源的掠夺性开发、对旅游景区的粗放式管理、旅游设施的病态膨胀等，从而导致环境美学价值损失、环境宁静度和舒适度降低等旅游破坏的产生。

9.3.5.2　旅游业可持续发展思想进程

无论是从旅游业对自然禀赋和社会遗赠的依赖还是从旅游破坏的产生来看，都说明旅游业是最需要贯彻也最能体现可持续发展基本思想的领域之一，因而应该成为积极倡导可持续发展的产业。鉴于可持续发展思想与旅游业的密切关系，国际社会对于可持续旅游发展也特别关注。

1990年，在加拿大召开的全球可持续发展大会旅游组行动策划委员会会议上，全球专家提出了一个旅游持续发展行动战略草案。

联合国教科文组织、环境规划署和世界旅游组织等又在西班牙专门召开了“可持续旅游发展世界会议”，制定了《可持续旅游发展宪章》和《可持续旅游发展行动计划》两个重要文件，提出可持续旅游发展的实质，就是要求旅游与自然、文化和人类生存环境成为一个整体，这应当成为我们发展旅游业的一个准则。

《中国21世纪议程》也对旅游有明确的要求，规定要：开辟新旅游专线，加强旅游资源的保护，发展不污染、不破坏环境的绿色旅游，加强旅游与交通、机场建设以及其他一些服务行业（包括饮食业）的合作，解决旅游景区污水排放处理及垃圾收集、运输、处理、处置问题，解决好旅游景区有危害的污染源的治理与控制。

9.3.5.3　旅游业可持续发展思想的内涵

所谓旅游业可持续发展，简言之就是在保持和增进未来发展机会的同时，满足旅游者和旅游地居民当前的各种需要，其实质是要求旅游与自然、文化和人类的生存环境成为一个整体，以协调和平衡彼此间关系，在全球范围内实现经济发展目标与社会发展目标的统一。

可持续发展的旅游业主要包含三重含义。

A　满足需要

发展旅游业首先是通过适度利用环境资源，实现经济创收，满足目的地人们的基本需要。在此基础上，再满足旅游者对更高生活质量的渴望（如获取更多的度假机会），满足其发展与享乐等高层次需要。

B 环境限制

资源满足人类目前和未来需要的能力是有限的，这种限制体现在旅游业中就是旅游环境承载力，即一定时期、一定条件下某地区环境所能承受的人类活动作用的阈值。它是旅游环境系统本身具有的自我调节功能的度量，而可持续旅游的首要标志是旅游开发与环境的协调，因此，作为旅游环境系统与旅游开发中间环节的环境承载力，应当成为判断旅游业是否能够可持续发展的一个重要指标。

C 平等

其一是同代人之间的社会平等，可持续旅游发展必须重视目的地对旅游者感受所做的贡献；其二是当地居民有权参与本地旅游开发的有关决策，并分享发展旅游业所带来的收益。

9.3.6 旅游业可持续发展战略

9.3.6.1 加强宣传教育，增强旅游从业人员、旅游者和目的地居民的可持续旅游发展意识

旅游资源和环境质量不仅仅是为维持人们正常生活基本保证的一般质量要求，而应该有比这更高的心理和审美质量要求，并符合相应特色旅游产品的特殊质量要求。可以充分利用各种新闻媒介普及可持续旅游发展基本知识，在大中专院校开设相应的课程或讲座，举办各种类型的讲习班、培训班、报告会，努力使可持续旅游发展思想在旅游界以至于全民中深入人心，为实施可持续旅游发展战略和规划奠定良好的思想基础。

9.3.6.2 制定旅游可持续发展战略和规划

适度开发旅游资源，至少在制定旅游规划时，强调包含环境保护的内容，争取旅游发展与环境保护的永久和谐。在新建的旅游区，做到绿化、美化环境与项目建设同步进行，保护好目的地内的地形、地貌和自然植被。适度开发旅游资源，防止掠夺性开发。此外，要设置环境容量界限，如对于一些重点文物保护单位，必须防止过多的游人进入，有的不能开放旅游。即使是一般旅游区，也应严格控制超容量吸引游人，以免资源和环境的过量损失。

9.3.6.3 建立旅游可持续发展评估指标体系、统计指标体系，确定评价和测算方法

目前我们对旅游业发展的评估和统计指标只注意经济指标，而忽略了社会、文化、环境等方面的考虑，缺乏可持续发展的思想指导。特别是对于环境，要建立环境质量监测和效应评估体系，根据质量标准，责成有关机构及时监测和评估，并把数据存入数据库，定期公布，及时分析，发布预警，以形成一种社会力量，及时地，全民、全方位地控制旅游污染。

在可持续发展的思想和理论指导下，我国已有了一定的实践经验，只要继续沿着这个方向走下去，中国的旅游业一定可以做到经济、社会、资源和环境的协调发展，从而真正成为一项永久的“朝阳产业”。

本章小结

旅游容量有很多类型，决定最终旅游容量的是各容量的最小值；理解旅游容量对旅游地合理开发与经营管理有较大的帮助，对旅游生态与环境保护有重要价值。旅游目的地在

发展过程中面临各种挑战与问题，包括旅游目的地之间的可替代性挑战，大量游人涌入造成的环境生态压力挑战，旅游活动组织过程中突发事件发生对旅游目的地造成的危害，以及旅游目的地生态、经济、社会可持续发展问题。

思考与练习

9-1　怎样理解旅游容量在管理中的作用？

9-2　以实际旅游景区为例，分析它应该有怎样的旅游环境氛围。

9-3　简述旅游容量概念。

9-4　如何将旅游可持续发展观与旅游容量管理相结合？

9-5　简述旅游业的可持续发展战略。

10 旅游目的地智慧化管理

本章导读

随着现代信息技术的快速发展，它在旅游目的地管理中的智慧化应用成为必然趋势。智慧化管理是旅游目的地的旅游相关要素综合性管理方式的延展，也同时创新了旅游目的地的管理模式。本章主要介绍旅游目的地智慧旅游的概要，旅游目的地的智慧管理和旅游智慧化管理案例。

学习目标

（1）了解旅游目的地智慧化管理。

（2）理解旅游目的地智能化管理的价值和特点。

（3）熟悉旅游目的地智慧化管理的运用。

关键概念

智慧化、管理。

10.1 智慧旅游概要

智慧旅游也被称为智能旅游，就是利用云计算、物联网等新技术，通过互联网、移动互联网，借助便携的终端上网设备，主动感知旅游资源、旅游经济、旅游活动、旅游者等方面的信息，及时发布，让人们能够及时了解这些信息，及时安排和调整工作与旅游计划，从而达到对各类旅游信息的智能感知、方便利用的效果。智慧旅游的建设与发展最终将体现在旅游管理、旅游服务和旅游营销的三个层面。

（1）旅游管理：智慧旅游将实现传统旅游管理方式向现代管理方式转变。通过信息技术，可以及时准确地掌握游客的旅游活动信息和旅游企业的经营信息，实现旅游行业监管从传统的被动处理、事后管理向过程管理和实时管理转变。

智慧旅游将通过与公安、交通、工商、卫生、质检等部门形成信息共享和协作联动，结合旅游信息数据形成旅游预测预警机制，提高应急管理能力，保障旅游安全。实现对旅游投诉以及旅游质量问题的有效处理，维护旅游市场秩序。

智慧旅游依托信息技术，主动获取游客信息，形成游客数据积累和分析体系，全面了解游客的需求变化、意见建议以及旅游企业的相关信息，实现科学决策和科学管理。

智慧旅游还鼓励和支持旅游企业广泛运用信息技术，改善经营流程，提高管理水平，提升产品和服务竞争力，增强游客、旅游资源、旅游企业和旅游主管部门之间的互动，高效整合旅游资源，推动旅游产业整体发展。

（2）旅游服务：智慧旅游从游客出发，通过信息技术提升旅游体验和旅游品质。游客在旅游信息获取、旅游计划决策、旅游产品预订支付、享受旅游和回顾评价旅游的整个过程中，都能感受到智慧旅游带来的全新服务体验。

智慧旅游通过科学的信息组织和呈现形式让游客方便快捷地获取旅游信息，帮助游客更好地安排旅游计划并形成旅游决策。

智慧旅游通过基于物联网、无线技术、定位和监控技术，实现信息的传递和实时交换，让游客的旅游过程更顺畅，提升旅游的舒适度和满意度，为游客带来更好的旅游安全保障和旅游品质保障。

智慧旅游还将推动传统的旅游消费方式向现代的旅游消费方式转变，并引导游客产生新的旅游习惯，创造新的旅游文化。

（3）旅游营销：智慧旅游通过旅游舆情监控和数据分析，挖掘旅游热点和游客兴趣点，引导旅游企业策划对应的旅游产品，制定对应的营销主题，从而推动旅游行业的产品创新和营销创新。

10.1.1 智慧旅游的相关概念

“智慧旅游”是一个全新的命题，它是一种以物联网、云计算、下一代通信网络、高性能信息处理、智能数据挖掘等技术在旅游体验、产业发展、行政管理等方面的应用，使旅游物理资源和信息资源得到高度系统化整合和深度开发激活，并服务于公众、企业、政府等面向未来的全新的旅游形态。它以融合的通信与信息技术为基础，以游客互动体验为中心，以一体化的行业信息管理为保障，以激励产业创新、促进产业结构升级为特色。

随着旅游的外延不断拓展，旅游目的地的服务与管理不仅是旅游景区的服务与管理，也不仅是满足旅游基本需求，还包括相关信息而伴随的信息服务。旅游目的地的服务与管理必须做出智慧化改变，以满足社会经济的整体需求。旅游的智慧化管理符合社会发展趋势，当然智慧旅游景区仍然是旅游目的地智慧化管理的核心表现。

10.1.1.1 智慧旅游的定义

智慧旅游，就是运用大数据、物联网、云计算、智能终端等现代信息技术，通过将旅游服务、旅游管理和旅游营销与现代信息技术融合，使得旅游信息和旅游服务、旅游管理得到深度开发应用，从而改变旅游者消费体验模式和旅游目的地管理模式，最终满足旅游者个性化需求和实现旅游业利益最大化。

对游客来说，智慧旅游使其在出游前就能充分获取旅游产品、酒店、交通等信息，进行产品的预订和结算；在旅游途中，游客还能根据位置动态了解旅游相关信息并获取帮助；在旅游结束后，游客可及时反馈和分享旅游体验等相关信息。对管理部门来说，通过统计、定位、反馈等系统，充分掌握游客动态、景区资源、游客建议等内容，以完成科学的决策和管理。对旅游企业来说，可以利用智慧旅游系统全面宣传企业品牌形象和服务，实现在线营销和推广。

10.1.1.2 智慧旅游的内涵和特征

从智慧旅游的定义可以看出，智慧旅游的实质是通过将先进的信息化技术手段与现有旅游资源（包括有形资源和无形资源）进行有机结合，在游客服务、政府管理和行业发展方面发挥良性促进作用，从而极大提升旅游产业的管理和服务水平。从内涵来看主要包括以下几点：

(1) 智慧旅游是物联网、云计算、移动通信、人工智能等信息通信技术在旅游业中的应用；

(2) 智慧旅游必须创新旅游服务、营销和管理理念；

(3) 智慧旅游还必须充分配置和整理人、旅游物理资源、信息和资金等旅游产业资源，实现资源的有效共享和有效利用；

(4) 智慧旅游服务于公众、企业和政府部门；

(5) 智慧旅游是一种高效、可持续发展的旅游生态系统，形成旅游的良性、健康的发展；

(6) 智慧旅游有以下几个特点：

A 全面物联

智能传感设备将旅游景点、文物古迹、城市公共设施联成网，对旅游产业链上下游运行的核心系统实时感测。

B 充分整合

实现全市景区、景点、酒店、交通等设施的物联网与互联网系统完全连接和融合，将数据整合为旅游资源核心数据库，提供智慧的旅游服务基础设施。

C 协同运作

基于智慧的旅游服务基础设施，实现旅游产业链上下游各个关键系统和谐高效地协作，达到城市旅游系统运行最佳状态。

D 激励创新

鼓励政府、旅游企业和旅游者在智慧的旅游服务基础设施之上进行科技、业务和商业模式的创新应用，为城市提供源源不断的发展动力。

10.1.1.3 旅游大数据

旅游大数据是科学发现的新方法，最核心的是挖掘隐藏价值、业务创新价值，继而为各个细分市场上的消费者提供与之匹配的选择和个性化服务，使其做出更好的决策，这与智慧旅游产生的目的一致。

智慧旅游作为一种新兴的旅游发展理念，其本质就是满足游客多元化的信息需求和体验需求，智慧旅游建设的成败也必将以游客的亲身体验和评价判断为根本标准。而将大数据分析等新兴技术引入到智慧旅游系统的建设中，对于提升旅游行业形象和服务管理水平具有重要意义，同时也有利于促进管理创新，为旅游服务行业引入全新的可持续发展模式。

在信息化水平迅速发展的今天，智慧旅游的发展离不开大数据，可以说智慧旅游想要更加“智慧”发展，就必须依靠大数据相关技术和政策，利用大数据提供有利的资源进一步促进智慧旅游的发展。近年来随着旅游信息化的不断升级，智慧旅游也因此得到不断完善，而大数据技术发展的不断提速，也为智慧旅游的发展提供了长足有力的支撑。

10.1.1.4 智慧景区

广义的智慧景区是指将现代信息技术与旅游管理有机集成一体，实现人与自然和谐发展的智能化景区，这样能更有效地保护景区的资源环境，为游客提供更优质的服务。狭义的智慧景区是指通过信息技术的植入，实现对景区的可视化管理和智能化运营，能对旅游景区生态环境、旅游者行为、旅游服务、旅游基础设施、旅游经济行为进行深入的感知，并形成智能化的管理体系。

10.1.2 智慧旅游的发展和表现

10.1.2.1 智慧旅游提出的背景

随着科学技术的不断创新和发展，智能技术在全球迅速兴起，人类社会正从信息时代步入智能时代。以云计算、物联网、5G 通信技术、人工智能等应用技术为代表的新一轮技术革命的到来，客观上催生了客源市场对旅游信息化的更高层次的需求，也为旅游业与信息技术产业的融合发展提供了契机和基础。智慧旅游正是在这样的时代背景下应运而生，并将在未来成为旅游信息化发展的必然趋势。

2010 年，江苏省镇江市在全国首次提出“智慧旅游”的概念，开展“智慧旅游”项目建设。同年第六届海峡旅游博览会上，福建省也提出了“智能旅游”概念，并在网上建立“海峡智能旅游参建单位管理系统”，从此拉开了全国建设智慧旅游的序幕。2012 年 5 月，国家旅游局为积极推动全国智慧旅游大发展，确定了北京市等 18 个城市为首批“国家智慧旅游试点城市”。2018 年 1 月，国家旅游局公布了第二批 15 个“国家智慧旅游试点城市名单”。2014 年被国家旅游局确定为“智慧旅游年”，围绕“2014 年中国智慧旅游年”主题，加快推动旅游在线服务、网络营销、网上预订、网上支付等智慧旅游服务。

10.1.2.2 智慧旅游的基本实施框架

智慧旅游首先要构建数据中心，沟通服务端和使用端，因此它包括三大部分：数据中心、服务端、使用端，三大部分通过互联网、物联网相互联结。

服务端是直接或间接为旅游者提供服务的企事业单位或个人，如政府管理部门、相关部门、咨询机构、旅游企业等；使用端为广大的旅游者，拥有能够上网的终端设备，尤其是超便携上网终端（如平板电脑和智能手机）。数据中心即是智慧旅游的云端，可以称为旅游云，将服务端和使用端联系起来。海量的旅游信息处理、查询等计算问题由数据中心自动完成，这就是智慧旅游中的云计算。

服务端将自己的各类信息及时放在数据中心，不必再自己购买服务器和维护信息；使用端根据自己的要求，从数据中心提取信息，需要服务时可以与服务端进行交换，使用端可以直接向服务端付费（网上银行、现场付费），也可以通过数据中心付费（类似于淘宝的支付宝）。

通过使用端软件平台，智慧旅游中的旅游信息以主动弹出的方式出现，配以网络地图，能够让旅游者知道这些旅游服务在什么地方可以得到，距离自己多远，甚至知道某个酒店还有多少房间，某个景点需要排队多长时间。这样不会遗失某些旅游信息和服务（如景点、旅游活动、某个人等），也不会由于信息不全而采取了不恰当的行为（如走错路，排错队）。在多点触控的超便携终端（如 iPad、iPhone）上，轻点手指即可展开详细信息。

10.1.2.3 智慧旅游的成功案例

A 韩国“i tour seoul”应用服务系统

韩国首尔基于智能手机平台，开发了“i tour seoul”掌上移动旅游信息服务平台。通过网站 www. visitseoul. net 和移动手机网站 m. visitseoul. net 来进行旅游咨询服务。

（1）定位服务：游客可通过智能手机下载定位软件，以所处位置为基点，免费下载周边景区的信息应用程序。

（2）智能信息服务：观光网站、二维码以及手机 API 提供全面的旅游信息；可通过"trip planner"制定行程线路；提供住宿、演出、电影等文化活动的网站预订服务；可用海外银行卡进行预订，并选择心仪座位；提供预约服务；通过 API，可在没有网络情况下，获取信息。

（3）丰富的附加服务：为时间充裕的游客提供深度游推荐路线，各种优惠券、电子书、电子报等。在机场的漫游中心提供 iPhone 短信服务。

B 张家界智慧景区

湖南张家界景区信息化建设探索启动较早，目前建成的项目有：

（1）全国首个指纹 IC 卡身份识别自动门禁系统，实现了游客在张家界景区一人多站、两次多次入园有效；

（2）景区防火监控系统，设置的 23 个监控摄像头与前线巡逻的驻区派出所民警及协警相互配合，且已接入湖南省防火办；

（3）信息发布平台，投资约 40 万元建成了全彩 LED 多媒体信息发布屏和黄石寨景区广播信息发布系统。

10.1.2.4 实现旅游管理的智慧

一直以来，旅游相关部门都在推进旅游管理信息化，旅游主管部门、旅游目的地等都有自己的旅游业务管理系统。但是这些管理系统缺乏统一的数据支撑，之间的兼容性较差，有碍于现代旅游发展。旅游管理需要智慧，在快速发展的信息化社会中，旅游业对数据信息的依赖越来越强，旅游业的发展需要依托信息技术，积极主动地获取游客信息，形成游客信息数据库，全面了解游客的需求变化，帮助旅游管理者对旅游市场进行全面分析与预测，从而有针对性地制定相应方针和政策。智慧旅游管理能够有效地利用信息技术，及时掌握游客的旅游活动信息，实现由传统旅游管理模式向现代管理模式的转变，在行业管理、环境监测、门票、酒店等方面大量运用旅游管理技术。

A 数据采集及时化

传统的旅游监管技术条件非常有限，影响了旅游目的地服务质量。在此背景下，实现旅游数据采集的自动化，继而根据采集到的结果进行分析是当代旅游管理的迫切希望。特别是国庆节等旅游黄金时间，运用有关系统，能精确地统计到每日游客数量，这些数据通过有效的端口直接反映到上级管理系统中，管理机构可以通过开放这些数据，让游客能及时有效地了解相关信息，为旅游者安排自己的旅游行程提供支撑。2018 年云南省在旅游治乱管理中，通过关键点的旅游信息采集与实时监控，达到了较好的管理效果。

B 管理系统化

传统的旅游管理相对滞后，一般突发事件发生后，各个部门协调处理事件比较缓慢，这是因为各个部门之间缺乏良好的沟通造成的。旅游智慧化管理就是要自上而下或自下而上地将旅游行业的各个部门连接起来，形成一个闭合化、协调化的管理体系，实现对旅游业的宏观调控和微观管理。

C 信息公开便捷化

在高速发展的信息化世界里，信息的公开化已经成为一种发展趋势。旅游目的地的管理就是为了能够更好地服务旅游者、地方居民和旅游企业，让他们能够在第一时间掌握相关的旅游信息，以便为个人和企业提供信息支撑，最后做出正确的决策。所以，智慧旅游要想得以实现与发展必须要实现旅游信息的公开便捷。

10.1.3 智慧旅游对旅游产业的重要意义

智慧旅游发展的基本点是对旅游业发展形势的清醒认识，着眼点是形成可持续发展和更加依靠旅游信息资源发展的坚实基础、内生动力和新机制，着力点是加快基础建设，推动旅游信息服务体系协调发展，建立旅游信息应用服务标准规范。作为旅游信息化的延伸与发展，智慧旅游是以提升旅游服务水平为中心，以物联网、云计算、5G 通信网络、高性能信息处理、智能数据挖掘等技术为支撑的智能旅游信息化。

智慧旅游将新技术应用于旅游体验、产业发展、行政管理等诸多方面，使游客、企业、机构与自然、社会相互感知，在感知中产生智慧的服务，提升游客在旅游活动中的主动性、互动性，为游客带来超出预期的旅游体验，为旅游管理部门提供高效、便捷的服务，为旅游企业创造更大的价值。智慧旅游的核心是游客为本、网络支撑、感知互动和高效智慧旅游服务。

智慧旅游作为新事物，对整个旅游产业有着重要的意义：

（1）对旅游者而言，智慧旅游可以让游客不出家门，全面了解目的地旅游信息，预订产品并支付，旅游行程中也可以动态地了解所需信息并发出救援及接受帮助信息；游程结束后也可进行有效的信息反馈。

（2）对旅游企业而言，智慧旅游系统是充分展示企业形象和提供产品的平台，并将节约企业的运营成本。

（3）对旅游管理部门而言，通过目标定位、数据统计、安全和反馈等系统，全面了解游客需求、旅游目的地动态、投诉建议等内容，帮助实现科学决策和管理。总之，智慧旅游体系的建成，将改变游客的行为模式、企业的经营模式和行政部门的管理模式，从而逐渐改变整个产业的运营模式，是旅游业强化现代服务业特征，提高现代服务业水平的重要途径，将引领旅游进入智慧时代。

10.2 旅游目的地的智慧管理

10.2.1 智慧管理的概念和内容

旅游目的地智慧管理随着区域旅游一体化和智慧旅游的发展应运而生。旅游目的地智慧旅游管理的基本内涵是指旅游目的地不同主体之间，以旅游者的信息服务需求为出发点，依据制定的章程、协议或合同，依托物联网、人工智能、云计算及移动终端通信技术等新信息技术手段，对区域间各旅游资源要素进行重新优化、组合，以实现区域合作主体之间最大的经济效益、社会效益和生态效益的全新智慧化旅游管理活动。旅游目的地智慧旅游管理是一种新的管理举措，不仅能够带动旅游目的地发展智慧旅游，而且还可以促进旅游目的地旅游产业结构化进步和升级。

旅游目的地管理具有以下原则。

A 特色原则

旅游目的地的特色（包括风景、建筑、项目和管理等），是旅游目的地的吸引力及其生命力所在。古色古香、宏伟壮观、民族风情、惊险曲折等都可形成自己的特色，这些特色应与环境相协调，与旅游目的地的基调一致，并且要有一定的传统基础和群众基础。

B 效益原则

旅游目的地管理的基本目标之一，就是要持续增加接待能力和吸引能力，取得尽可能高的经济效益。应充分发挥现有旅游项目的利用率，通过保护、维修或改造延长其“生命周期”。因此，对稍加修整便可开放的旅游项目要优先利用；新建旅游项目，应在统一规划合理布局的前提下，选择吸引力强、观赏价值大、经济效益好的优先发展，建设周期要短，并尽快投入使用，创造经济效益。

C 合理布局原则

合理布局有广泛的含义，从旅游目的地的平衡讲，旅游项目应均匀分布，疏导客流；从旅游目的地特色讲，要配置适当，组合巧妙；从游客利益讲，要设施配套，路线合理，不走回头路；从业务管理上讲，要便于维护、管理；从项目组合上讲，应冷热均衡，大中小混合，各层次搭配，不断变换与创新等。

D 持续发展原则

旅游目的地管理应保证目的地的持续发展，要做到以下几点：

（1）要利用与保护相结合，保持生态平衡；

（2）要提高旅游目的地的吸引力和服务水平，提高游客的重游率；

（3）要不断地推陈出新，用新的项目、新的编排持续增加旅游目的地的吸引力和知名度。

10.2.2 旅游目的地游客的智慧管理体系研究

10.2.2.1 关于游客管理概念的研究

游客管理作为景区管理的重要组成部分，其管理水平的高低直接影响游客满意度，进而影响景区形象塑造。由于研究的侧重点不同，学者们对游客管理的认识也不尽相同，见表10-1。

表10-1 游客管理概念一览表

作者（时间）	概　念
何方永（2005年5月）	游客管理是旅游目的地管理者用现代管理手段通过游客责任管理与游客体验管理，实现游客满意与旅游目的地满意的过程
刘亚峰，焦粒（2006年9月）	游客管理是以游客为管理对象，对游客在景区内活动全过程的组织、管理，是景区管理的一部分
李娜（2008年5月）	游客管理是旅游管理部门或机构利用信息、科技、教育等手段对游客行为进行全过程的组织和管理，通过对游客容量、行为、安全等的调控和管理来强化旅游资源和环境吸引力，从而提高游客体验质量和满意度，同时实现旅游目的地的可持续发展
郭艳红（2008年5月）	游客管理是指景区管理者以游客为管理对象，对游客在景区内的活动进行全程的组织和管理，以保证景区内的旅游活动能长期稳定的发展

综观表1所列的游客管理概念可知，景区游客管理是以游客为管理对象，以游客行为及其影响要素为管理内容，以旅游目的地综合效益最大化为管理目标的一项管理活动。根据游客管理不同的侧重点，可以将游客管理模式分为环境导向型、游客导向型和环境——游客导向型三种。环境导向型管理模式的主要目标是通过控制游客数量和规范游客行为来实现旅游目的地的环境保护；游客导向型管理模式是以游客为中心，以提高游客满意度为目标；环境——游客导向型管理模式是在保护资源环境的前提下最大限度地满足游客需求，以实现旅游目的地的可持续发展。

10.2.2.2 关于游客管理内容的研究

游客管理有狭义和广义两类，其中狭义的游客管理是对游客行为进行规范和控制，塑造“有责任的旅游者”；广义的游客管理是包含游客行为管理在内的景区综合管理。综合来看，国内外对游客管理内容的研究主要集中在游客行为管理、游客容量管理、游客体验管理、游客满意度管理、游客安全管理及游客影响管理几个方面，其中国外的研究主要侧重于游客体验评价和游客行为对生态的影响；国内对游客管理的研究比较零散，研究重点主要倾向于管理的技术和方法上。

10.2.2.3 关于智慧景区管理的研究

随着旅游信息化的不断升级和智慧城市的兴起，“智慧旅游”已成为各地旅游信息化建设的重点和理论研究的前沿问题。张凌云在现有文献研究的基础上，提出了智慧旅游的基本概念，进而构建了智慧旅游的CAA（包括智慧旅游的能力、智慧旅游的属性以及智慧旅游的应用三个层面）框架体系。朱琳认为智慧旅游管理需要构建智慧旅游感知体系，最终构建了感知层、云平台及应用服务层三个层次，涵盖旅游目的地营销、智慧导游、智慧景区管理等七大功能的智慧旅游管理平台框架体系。邓贤峰、李霞从智慧化的角度出发，从游客体验、景区管理、旅游产品3个维度提出了建设“智慧景区”的41个指标，能较为准确地反映“智慧景区”的发展水平。党安荣等在解读智慧景区内涵的基础上，结合信息技术的最新发展成果，提出了智慧景区建设的3大平台、7项保障和5个层次的总体框架，并分析了智慧景区建设的3大突出优势。徐徐在智慧旅游的应用和发展的基础上，分析了传统景区的管理弊端，提出了智慧旅游景区经营管理的改进措施及建设智慧景区过程中应注意的问题。

10.2.3 智慧管理体系框架

智慧旅游平台作为旅游目的地旅游信息资源，为区域内旅游一体化提供信息基础，为区域内旅游一体化提供交流平台，是旅游政府部门、旅游企业、游客等共享区域内旅游信息的门户。智慧旅游平台整体分为四个层次：数据信息层、平台系统层、应用层和用户层四层。

第一层为数据信息层。数据信息层是整个智慧旅游平台的基础，它主要是对旅游大数据进行搜集、组织、存储、更新和维护，实现旅游大数据的多源数据融合、多机构联动的全域旅游数据融合，并进行相应的权限管理，该层包括五个主要数据库，存放着各种形式的旅游信息。各数据库之间互通互联，同时为旅游信息系统提供相关数据。旅游信息和数据处理和应用的主要主体包括旅游政府部门（各级旅游主管部门、二层管理机构）、旅游企业、游客以及各种媒体、中介等，旅游信息源一般存在与目的地服务、旅游业务和活动、宣传载体、新闻媒体、文献资料、咨询服务、各类科技传媒、旅游投诉系统、咨询服务网点、旅游互联网站中，经智慧旅游平台的人工处理方式或自动处理方式，形成数据信息资源。

第二层为服务核心层。服务核心层主要是为形成综合旅游信息平台，提供基础技术支撑，包括各旅游企业的旅游信息管理系统、办公自动化系统、旅游公共信息管理系统、虚拟旅游系统、旅游电子商务系统、旅游决策分析系统、旅游目的地营销系统等。通过这些系统来实现旅游信息平台的各种服务功能，比如旅游信息搜索、用户注册认证、服务质量管理、旅游产品和商品的在线预订和交易、社区交流、虚拟旅游等。

第三层是应用层。应用层是智慧旅游平台的主要外在表现形式，它主要包括三种形式：第一种是旅游网站终端，各用户主体可以通过电脑网络访问使用信息平台的资源和功能；第二种是移动终端，包括无线网络用户、手机用户、GPS 用户等有移动设备的用户，保障用户随时随地可以进行信息查询、电子交易、远程办公等；第三种是多媒体展示终端。

第四层是用户层。用户层主要是面向区域范围内的旅游政府部门、旅游企业，主要是为游客服务，构建无障碍旅游区。同时也为其他需要旅游信息的用户服务，如金融机构、新闻媒体等。其中重点是为政府职能部门和旅游企业提供基于多源数据的旅游产业整体与专题的动态量化监测、旅游市场舆情监控与分析、旅游者行为与决策、基于虚拟现实和三维 GIS 等数字技术的虚拟旅游体验分析等应用性成果。

10.2.4 旅游信息化与智慧旅游的区别和联系

旅游信息化与智慧旅游两者在很大程度上具有相似性，但两者又不完全一致。旅游信息化的范畴要远大于智慧旅游，只有面对游客、服务于游客的旅游信息化应用才称得上是智慧旅游。智慧旅游是旅游信息化的具体形式，是旅游信息化背景下的智慧国家建设、智慧城市的必然产物，也是一种看待旅游业发展的新角度。

10.2.4.1 旅游信息化是智慧旅游过程中的一环，智慧旅游是旅游信息化的终极目的地

旅游信息化是将信息技术应用于旅游产业，进行跨界融合，推进旅游生产方式、管理模式、营销模式和消费模式的转变，全面提升旅游产业的质量效益和核心竞争力，更好满足游客个性化服务需求。其主要表现形式有票务信息化、旅游网站建设、景区数字化管理等。

10.2.4.2 旅游信息化和智慧旅游的最大区别在于被动体验和主动服务

旅游信息化强调的是技术上与旅游相关的一种能力，使人能够更好地享受便利、高效的旅游服务，产生旅游体验。这种体验中的人是出于被动地位的，即信息化程度不同获得的体验也不同，同时人必须出于主动地位（通过智能设备）才能获取需要的服务；而智慧旅游对信息（数据）集成技术依赖程度更高，智慧旅游强调的是通过技术手段（设备）的主动感知和数据积累，可以主动发现人的需求而推送服务，从而使人可以获得更准确的服务。

10.2.5 智慧旅游管理平台的功能模块

10.2.5.1 智慧营销平台

营销智慧化主要表现为各种营销要素和商务手段的智慧化，智慧旅游借助各种在线和离线的传播方式和渠道，将目的地景区相关信息和旅游企业的产品、服务等信息，通过图片、视频、文字等多种方式传递给潜在的消费者，并且通过智慧化的手段开展电子商务、移动商务等各类商务活动，从而实现整个营销环节的智慧化。

智慧营销系统是一种旅游智能化应用系统，其以互联网为基础平台，结合了数据库技术、多媒体技术和虚拟现实技术等，开展旅游资源网络推广和交易活动。其面向政府旅游主管部门、旅游企业、游客和旅游媒体，旅游管理机构是平台运行的主体机构，其通过平台促进游客、旅游企业、旅游媒体之间的良性互动。旅游企业是旅游目的地营销平台信息的主要提供者，接受游客信息查询与业务预订等功能；旅游媒体则通过收集整合目的地景区和旅游产品促销信息，实施宣传；游客可通过该平台了解目的地信息、促销信息查询以及同旅游企业的互动交流。根据旅游活动发生的过程，即计划、信息收集、预订、出游、旅游结束，将目的地营销系统分为发布推广子系统、旅游信息咨询子系统、虚拟旅游体验子系统、旅游电子商务子系统、线下旅游服务子系统和互动交流子系统六个模块。

10.2.5.2 智慧管理平台

智慧管理包括旅游活动中各项管理业务，运用智能化的技术对旅游企业、游客等旅游资源进行信息整合。通过旅游者的信息需求和旅游者位置信息，向其提供引导性信息服务，对旅游者信息进行统计分析，为其日后的营销提供数据支持。此外，智慧管理还包括旅游行业管理监督，是政府主管部门对旅游行业进行有效监管、保证旅游行业正常、有序、健康发展的具体体现。

智慧管理系统包含诚信监控系统、公开发布系统、信息管理系统。该系统的建立，有利于实现旅游政策法规发布、旅游决策分析与支持和企业、个人诚信评价等功能。政府监督和服务系统是政府主管部门对旅游行业进行有效监管、保证旅游行业正常、有序、健康发展的一个具体体现。

A 诚信监控子系统

诚信监控子系统对游客的投诉记录和企业的问题记录进行统计分析，掌握投诉数量、特点、原因、变化趋势和投诉处理情况，以此来监督旅游企业更好地执行旅游政策法律并改进服务质量。诚信监控子系统主要分为用户评价管理和企业诚信管理两个模块。诚信监控子系统结构如图 10-1 所示。

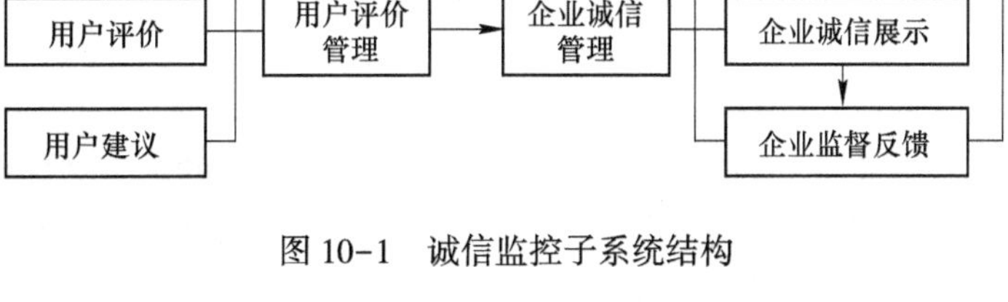

图 10-1 诚信监控子系统结构

B 公共发布子系统

公共发布子系统主要针对旅游业相关的规范政策进行整合、管理和发布。该子系统构建全面、完善的旅游规范和政策数据库，其通过依据相关规范政策的类别、系统用户对象进行分类存储，同时建立高效的目标索引，使得系统管理者能够快速、准确地获取、掌握已发布的历史规范政策。系统集中、统一管理各级管理单位的信息发布，以确保各级单位发布信息的一致性。此外，该子系统与公共服务平台实时对接，及时将最新的规范政策发布在公共服务平台上，以便旅游管理部门、游客和相关旅游企业查看。该子系统还具有对信息访问流量进行分析、整理的功能，辨别访问量较高的信息，设计出该信息的简单查询流程，从而提升访问效率、方便用户查询。

C 信息整合与管理子系统

信息整合与管理子系统主要是整合和共享利用旅游行业内部和外围资源，旅游行业内部资源主要包括旅行社、酒店、餐饮等与旅游密切相关的信息，外围资源主要以旅游行业协会信息、旅游政策信息以及各类网友分享的信息为主。该子系统提供信息双向共享渠道，其将各个行业提供的经营数据和行业数据上传至整合与管理系统，提供数据和信息的行业也可从该系统中获取其他用户提供的数据和信息以及相关外围资源，从而达到多方共赢的效果。政府通过分析这些整合的资源，可以全面、直观、准确地了解到旅游目的地各旅游资源的利用状况和整体发展情况，从而及时、有针对性地调整和引导省内旅游产业发展模式、行业结构，促进旅游产业健康持续发展。

10.2.6 旅游大数据与智慧旅游云服务

10.2.6.1 云服务系统组成

智慧旅游公共服务平台基于旅游大数据的云计算建成，智慧旅游云服务系统主要建设内容包括云基础设施、云数据中心、云应用中心。旅游目的地应重点建设统一的智慧旅游云数据中心，统一规则采集、统一标准存储，并遵循统一的交换标准在各大平台上发布，以期最终实现旅游信息、管理和服务的智慧化，最大限度地实现智慧旅游的价值。智慧旅游云服务系统的建设必须做到数据标准、基础信息、地理信息、交换接口和技术平台五个方面的统一采用少数集中、多数分布的系统架构，建立统一的数据标准，构建智慧旅游信息数据云中心，为旅游目的地相关机构提供集中上传数据的入口。同时，还需建立数据交换标准，并向各相关机构提供交换接口，使各自现有的信息系统能与云中心实现数据的同步和交换。云数据中心包括数据库云、管理云和支撑云等方面的建设，数据库云主要包括旅游基础数据库、业务数据库、服务数据库和决策数据库。

10.2.6.2 云服务系统建设内容

A 云基础设施

云基础设施提供即需即得的存储资源、计算资源和网络资源，主要包括计算机、网络设备、存储设施等。

B 云数据中心

云数据中心是云服务系统的核心，集中管理公共服务平台的信息资源。它主要包括三个方面：一是对应用系统包含的信息资源进行管理，主要包括基础信息数据库、用户数据库、服务数据库和监管数据库等；二是对服务数据进行分析、管理，主要是在平台运营期间产生的数据，比如流量数据、监管数据、检索数据、交换数据等管理云；三是支撑信息资源的共享和综合利用，实现内部应用系统信息资源的交换和搜索。

旅游目的地所在的管理部门可根据自身的条件和基础，建立智慧旅游云服务系统，为旅游企业和政府管理部门提供数据服务。旅游数据源非常丰富，大致包括统计性数据、网络平台数据、实际调研数据、影像数据等，这导致旅游数据的异质性明显。如果需要全面、准确地掌握旅游目的地的旅游舆情，就必须根据需要对异质数据挖掘、进行同构化处理，然后才能进行分析研究、发布和具体应用，否则会出现片面性。

旅游数据及应用体系如图 10-2 所示。

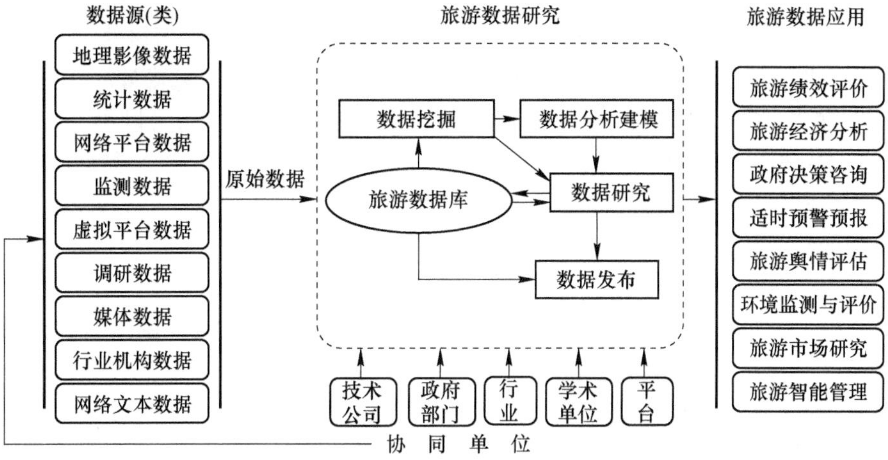

图 10-2 旅游数据及应用体系

10.3 旅游智慧化管理案例

10.3.1 国外智慧城市案例分析

提起巴塞罗那，人们首先想到的可能是足球，是巴萨这个西甲豪门，是梅西、哈维、皮克等足球巨星；其次是旅游，是阳光沙滩海洋，是热情的西班牙人，是典雅的历史文化城市。然而，可能很少有人会想到，这座历史文化名城已经转型成为现代化的智慧城市，被誉为欧洲智慧城市典范。

巴塞罗那（Barcelona）位于伊比利亚半岛东北部，濒临地中海，是加泰罗尼亚的港口城市，是享誉世界的地中海风光旅游目的地和世界著名的历史文化名城，也是西班牙最重要的贸易、工业和金融基地。巴塞罗那气候宜人、风光旖旎、古迹遍布，素有“伊比利亚半岛的明珠”之称，是西班牙最著名的旅游胜地。

早在 2000 年，巴塞罗那便致力于推广低碳绿色环境发展政策，先是支持全城居民使用太阳能，然后在全城普及各种电动车的使用，在城市中建设了大量的电动车充电装备。2009 年，“智慧全球”的概念在全球风生水起，巴塞罗那也提出了建设“智慧城市”模式的概念，旨在提高公民的福利和生活质量，促进经济进步，并确保城市更有效率和可持续发展。

10.3.1.1　巴塞罗那智慧城市发展概况

巴塞罗那在市议会领导下，规划和协调智慧城市的发展。早在2009年巴塞罗那市议会便提出了以“智慧城市”模式的设想，希望以此提高公民的福利和生活质量。到2012年，巴塞罗那已经完成了一系列卓有成效的智慧城市项目，并据此被评为欧洲智慧城市标杆。之后，巴塞罗那又根据“欧洲2020战略”制定了MESSI战略［Mobility（流动性），E-Government（电子政务），Smart City（智慧城市），Systems of Information and Innovation（信息与创新系统）］，旨在协调经济、环境和社会可持续发展，为提高公民的福利和生活质量，促进经济进步做出努力。

A　互联的巴塞罗那

如今巴塞罗那地下综合网络已经覆盖全市，共有37.5万米长城市网络，FTTH100%覆盖整座城市。同时市民可以通过APPs简单便捷地获取覆盖全市的免费Wi-Fi公共接入点，721个WiFi热点让市民随时随地获取网络服务，畅享互联互通的网络世界。“家庭光纤”是一个智慧城市用到的网络项目，而“T-City Friedrichshafen”是一个城市数字网络，超快速光纤和移动网络提高数据传输，实施应用程序；其中，有超过300km的光纤和基础城市管理模型的集约化信息应用技术。

B　感知的巴塞罗那

巴塞罗那非常重视物联网对智慧城市的作用，城市覆盖了大面积的无线传感器和路由器，这些设备每天产生了大量的数据，这些数据流则向开放式软件平台，进一步在平台上进行数据收集和分析，为城市更有效地运行提供指导。比如智能垃圾回收系统特有功能之一就是在自身满载时会主动发出信号，工作人员将根据其发出的信号来安排分配垃圾运输车的出行频率和路线，从而提高垃圾处理效率。智能灌溉系统也是如此，通过地面传感器提供湿度、温度、风速、阳光和气压等实时数据，园丁们能够根据基础数据调整植物灌溉时间表，更加科学地灌溉。

C　开放的巴塞罗那

为了使巴塞罗那更加智能，城市选择开放平台，旨在加快推进未来传感器、网络、地图和软件分析等开发商将平台的数据为他们所用。该平台还允许市政府各部门共享信息，避免重复彼此的工作。比如，司机只需下载一种专门应用程序，就能够根据数据平台发来的信息获知空车位信息，方便司机安全、便捷地停车，防止时间的浪费。同样，不管是市民还是游客都可以基于可视化地图数据、交互式浏览，寻找最近位置的公共汽车车站、地理位置、旅游地点。

D　服务的巴塞罗那

巴塞罗那注重提高公民的福利和生活质量，在智慧照明、智慧电网、智慧水务、流动性零排放、智慧停车、智能交通、智能区域供冷供暖、政务公开等促进民生的智慧服务方面都取得了显著的成果。例如，2012年巴塞罗那市开发了一个总体规划，项目包括控制50条街道层面的路灯，总数为1155根路灯桅杆到LED照明技术。根据匹兹堡大学的最新研究发现，他们能够为有生命周期研究分析的城市提供最佳的绿色替代品，仅节能LED路灯一项，巴塞罗那就有望将其市政能源开支减少三分之一。

10.3.1.2　巴塞罗那的成功经验

从巴塞罗那发展阶段的历史中，我们能够看出巴塞罗那的卓越成就并不是偶然的运气，而是通过有计划的规划，分阶段次第推进，从而实现“太阳能推广计划”“新绿色城市运行计划”“智慧城市技术革新项目”“MESSI战略”等计划。从这些卓有成效中，我们可以看出巴塞罗那的成功经验在于以下四点：

（1）紧抓智慧城市内涵，做好顶层设计；

（2）从小项目开始，分阶段实现大目标；

（3）围绕城市特色，做大做强做持续；

（4）促进公私合作，多方合力成大事。

A 紧抓智慧内涵，制定好顶层设计

智慧城市是一个宏大宽泛的系统，内涵非常丰富，可以从不同的方面着手建设智慧城市，不同的国家和地区有不同的选择方向。例如，欧盟智慧城市建设重视公众信息素质的养成，美国则重视数据开放战略，对于巴塞罗那则是“物联化”。巴塞罗那非常重视物联网对智慧城市的作用，城市覆盖了大面积的无线传感器和路由器，这些设备每天产生了大量的数据，通过数据分析、数据挖掘，这些物联网设备使得城市管理更加科学、便捷。紧抓“物联化”这个内涵，巴塞罗那市议会制定了总体规划设计，统筹推进，指导巴塞罗那有序展开智慧城市建设，几年的时间里便建成一系列基于物联网的智慧城市项目，比如前文提到的智能感应垃圾回收点、智能感应设施的停车库与停车位管理、智能灌溉系统等。

不止如此，巴塞罗那并不看重眼前的利益，而是按照顶层设计，一步步实现智慧城市目标。就像巴塞罗那负责城市开发和管理的副市长维夫斯说的那样：“如果你想卖给我们更多的设备，在我们这里开展所谓的‘实验项目’，那就免了。”他表示并不是多少的设备、仪器、工具，就能彰显城市有多么“智慧”，真正的智慧城市建设是一项长期工程，是以城市的需求为出发点，按照智慧城市顶层设计，通过点滴的努力实现的。

B 从小项目开始，分段实现大目标

智慧城市作为一个全新的理念，是一个将城市全面升级的智慧模式，很多城市在制定智慧城市规划的时候，都追求大而全的计划，企图跨越式发展，立刻将城市变成心目中的理想模样，殊不知智慧城市包含了产业的方方面面，要有序推进，规划要具有可操作性、可行性。

从巴塞罗那智慧城市建设的历史过程来看，巴塞罗那并不是一口气吃成一个胖子，而是分阶段有次序地推进智慧城市建设，从小项目开始，最终实现大的目标。比如从最早的“太阳能推广计划”到“新绿色城市运行计划”，再到如今的“MESS”战略，每一步都有针对城市绿色环保发展的措施，每一个计划都是对前一个计划的拓展和延伸。最终，巴塞罗那建成了“太阳能板覆盖率欧洲最高的城市”，实现了“流动性零排放”，铺设了“50条街道安装LED路灯，路灯总数为1155个”，是全球城市规划界的典范与学习对象。

C 围绕城市特色，做大做强做持续

不可否认的是，巴塞罗那是一个旅游城市，不论是享誉世界的地中海风光，还是充满历史气息的建筑风格，都让巴塞罗那成为世界著名的旅游胜地，这是巴塞罗那的禀赋，也是巴塞罗那的特色。巴塞罗那在推进智慧城市发展的过程中，很好地抓住了这个特色，围绕这个特色制定了一系列发展规划，重视低碳绿色环境的发展，推进智慧交通，不论市民还是游客都可以基于可视化地图数据、交互式浏览，寻找最近位置的公共汽车车站、地理位置、旅游地点。

同时，巴塞罗那对环境、对旅游服务的改进并不是一次性的，而是不断地做大做强。多年来持续推广进行的，从“太阳能推广计划”到“流动性零排放”，再到“谷歌公交”，都能看出巴塞罗那在这方面的持续进步。

D 促进公私合作，多方合力成大事

智慧城市的建设不是一蹴而就的，将经历一个长期的建设发展、学习创新、自我完善的过程，需要多方主体共同参与协同建设。巴塞罗那重视利用企业的力量达到创建新型智慧城市的目的，通过创新商业模式，加大公私合作，在多个项目上都借助企业的技术和财力，与欧洲各国、思科公司、谷歌公司、IMB 建立了长期的合作关系，不仅合作完成了一系列卓有成效的智慧城市项目，更建立一系列企业孵化器、技术创新和技术转移中心、新材料技术、智能能源和建筑能效中心、Cibernarium 培训中心等重要体系，为巴塞罗那培养了大量的研究和专业技术人员。这样，既促进了巴塞罗那智慧城市的建设发展，又带来了巨大的经济增长机会，创造大量的就业机会，促进了经济的和谐发展。

巴塞罗那市议会与思科合作进行城市基础设施建设、服务管理和日常业务，双方在巴塞罗那建立了思科创新中心，这个高科技的实验室将围绕巴塞罗那通过先进的网络协作技术支撑拓展到其他领域的创新及科技进步。又比如，巴塞罗那和谷歌合作，规划了谷歌公交计划，该计划将公共交通工具上的行程提供给市区服务系统和咨询用户的手机上。它还提供线路两个点之间几个不同选项，并提供经营者、行车时间、时刻表和路线，包括实时事件、公共工程和交通密度信息。

10.3.2 国内智慧城市案例分析

10.3.2.1 乐山大佛景区

乐山大佛，又名凌云大佛，是我国著名的 5A 级景区。大佛为弥勒佛坐像，开凿于唐代开元元年（713 年），完成于贞元十九年（803 年），历时约九十年，通高 71m，是中国最大的一尊摩崖石刻造像。

乐山大佛景区背靠优越的旅游资源，知名度也较高，但在过去，游客自驾游到了景区却常常发现停车场已满，取票要排队，景区工作人员有限，无法及时咨询，游客也就无法及时获取景区相关信息，而信息的不足也使游客无法制定最合适的游玩路线等，诸如此类的问题使游客和景区都烦心不已。

为更好地服务游客，乐山大佛景区引入了梦旅程景区触屏系统，传统的游玩不畅问题，得到了显著的改变：现在游客前往乐山大佛景区前，就可以查看景区停车场的实时状况，提前做好交通安排；到达景区后，只需在屏幕上轻轻点击，就可以获取景点简介、风土人情等信息，还能获得游玩路线、食、住、行、购等各方面的智能推荐；拿出手机扫一扫触屏系统中的二维码，游客还能便捷放心的预订酒店、购买纪念品。在触屏系统的帮助下，游客可以直接获取景区停车场的即时状况，以便安顿好自己的爱车等。

简单地说，智慧触屏系统的引入不但全方位地满足了游客自助需求，给予了游客良好的游玩体验，也让景区不必再为人手不足、管理服务不到位而头痛。

10.3.2.2 乌镇景区

作为旅游大户的乌镇，在面临大批客流量的同时也存在着景区拥堵、管理效率低、游览体验差等典型问题，在接受智慧旅游理念后，乌镇做出了以下改变：

A 建设智慧硬件

2003 年，乌镇开始在地下预埋网络光缆，2006 年便实现了免费 Wi-Fi 全覆盖。2021 年，乌镇建设了 10 个以上 5G 基站，开启万物互联的时代。同时，乌镇还在积极打造“智慧环保型公厕”等硬件设施配套，具有播音乐、智能感应风干、直接转化为有机肥料半成品等功能。

B 创新智慧应用

乌镇建设智慧交通诱导系统，在主要道路设置停车场引导及停车位数量实时显示电子屏，游客可以通过手机应用实时查看所有公交车位置、线路，科学安排候车时间。乌镇景区还安装了 560 多个“天眼”系统，通过人脸识别系统实现监控探头识别、瞬间定位，保证游客安全。

C 实现智慧监管

对接通信运营商、社交媒体等方面数据，有效整合涉旅数据，并通过数据可视化平台，集中展示数据建模、挖掘、分析的结果，实现涉旅数据的实时监测查看。

D 升级智慧服务

在入园这块，乌镇除了扫码入园之外，还采用了最新“刷脸识别”功能。系统提前采集游客头像上传至数据库，闸机上的摄像头自主匹配进入游客，判断其是否可以进入景区。此处理过程仅需要 0.6s。

10.3.2.3 喀纳斯湖景区

喀纳斯旅游区以喀纳斯湖为中心，秀丽的西伯利亚冷杉、塔形的西伯利亚云杉、苍劲的西伯利亚红松、西伯利亚落叶松和众多桦树构成了漫山遍野的原始落叶林，湖光山色美不胜收，被誉为“人间仙境、神的花园”。

过去，由于主打自然风光，园区范围较大，园区中设置了包括门票、游船、漂流等各类游玩项目，门票售卖和检票都需要设置不同的模式，管理起来十分麻烦，游客常常在景区门口排起长龙；而且景区虽美却地处新疆，大部分游客都只会去一次，只靠门票的营收始终有限。

而现在的喀纳斯旅游区，游客在 OTA、景区微信公众号等线上平台，或扫一扫景区大门处二维码即可购票，并且可以自助组合或单独购买园区、游船和漂流等门票，使用身份证、二维码就能快速验票入园。游客不用再排队等待购票检票入园，景区也实现了高效管理。

喀纳斯旅游区还加入了思途智旅的旅游村平台。景区可以通过扫码购票或咨询等方式将游客共享至旅游村平台，如果共享游客在平台产生交易，景区即可获得佣金收入。这样一来，不仅实现了景区门票的多渠道分销，也使景区又拥有了一个营收渠道。

10.3.2.4 秦皇岛

如果把万里长城比作一条巨龙，那么“龙头”的入海处，就是秦皇岛的山海关。这是一座历史悠久的古城，因其风景秀丽，历史文化丰富，成为国内著名的旅游胜地。

2012 年 12 月，秦皇岛被选为全国 33 个“国家智慧旅游试点城市”之一，开启旅游管理系统化、智能化的步伐。针对现有的资源分散、信息化基础薄弱、咨询服务体系功能不完善等制约因素，秦皇岛从五个层面开展智慧旅游建设。

A 硬件资源层

共享智慧城市云数据中心硬件资源，通过云计算的模式进行部署，搭建秦皇岛智慧旅游服务系统的基础设施。

B 智慧旅游云平台

按照服务的类别和信息的属性建立规范的旅游资源数据库，制定旅游行业数据标准，充分整合现有旅游资源。

C 服务层

提供面向旅客的公众服务、面向旅游企业管理服务及面向旅游管理部门的综合管理服务。

D 网络层

智慧旅游建立在互联网、物联网、通信网、全球定位网络（GPS）四大网络之上。

E 终端层

支持手机、终端移动、笔记本电脑、PC、触摸屏等多种设备的接入，国内外游客或使用对象能够通过身边的设备随时随地地获取秦皇岛相关资讯，享受智慧旅游服务。

10.3.2.5 无锡——智慧环保

2007 年，太湖蓝藻危机爆发，不仅让烟波浩渺的太湖蒙上了阴影，更让无锡乃至上海、苏州、杭州等地区的饮用水源面临严重危机。

一场“智能干预，环保太湖”的行动就此展开，国家设立重大专项太湖蓝藻监测项目，要求对太湖富营养化水体各种指标进行监管和控制，对蓝藻分布动态实时智能化监测，防止水危机发生。

太湖蓝藻环境监测系统以物联网为平台，基于 GIS 实现对水污染源 24 小时不间断进行数据和视频监测。监测数据在地图上实时显示，并实时传送和导入监控平台。通过智能化自动监测，相关人员及时掌握各污染源分布和污染物排放，第一时间干预处理。同时，监控数据自动导入，防篡改，确保环保部门数据真实性。

10.3.3 小结

互联网作为具有划时代意义的发明之一，新兴信息技术拓展了旅游智慧服务领域和服务功能，创新了旅游服务产品。建设智能化旅游公共服务平台，不仅能提升监督管理水平，还能提高旅游者满意度。

首先，旅游管理机构职能正在从管理型向服务型转变。旅游公共服务平台功能从简单的形象宣传、信息发布向综合服务功能转变；基本实现旅游政务和信息咨询服务平台的建设与应用，少数地区已实现旅游营销和电子商务平台的建设与应用，小部分地区实现旅游体验平台的开发；各地均注重旅游咨询热线、移动终端应用的开发。因此，建设综合应用型旅游智慧平台已成为大势所趋。

其次，国内智慧旅游平台建设发展尚处于发力期。部分地区、部分管理机构对旅游公共服务认识不足，信息化程度不高，新兴技术运用不充分；旅游服务平台的信息更新不及时，信息整合力度差，数据共享程度低；旅游公共服务内容和方式较为单一，缺乏全面性、系统性。

最后，国内智慧旅游公共服务平台建设面临诸多挑战。平台安全性对平台的健康、有序运营构成了潜在威胁，旅游政务网、旅游信息网影响力不高，在推广公共服务平台应用方面提出了更高的要求。同时，信息技术的快速发展，使得游客对旅游体验质量的要求更高，促使提升旅游的监督管理和资源管理的决策能力，这些都给建设旅游公共服务平台提出了更高的要求。

本章小结

智慧旅游的概念起源于旅游目的地信息化概念，但区别于旅游目的地信息化。本章阐述了旅游目的地信息化与智慧旅游的概念，重点介绍了两者的区别与联系。对于智慧旅游在旅游目的地管理中的应用，结合国外和国内的案例进行了详细说明。

思考与练习

10-1　简述智慧旅游技术给旅游服务带来的便利。

10-2　分析智慧旅游的管理价值。

10-3　什么是智慧旅游？

10-4　智慧旅游的基本功能有哪些？

10-5　举例说明智慧旅游在旅游目的地管理中的应用。

参考文献

[1] 霍定文．旅游目的地竞争力评价［D］．厦门：厦门大学，2017.
[2] 邹统钎，王欣，等．旅游目的地管理［M］．北京：北京师范大学出版社，2012.
[3] 黄耀朋，李凡，郑坚强，李飞，等．珠江三角洲城市旅游竞争力空间结构体系初探［J］．地理研究，2006，25（4）：730-740.
[4] 张梦，叶红．东西部区城旅游业竞争力的比较与评价［J］．财贸经济，2006（5）；85-90.
[5] 王晨光．旅游目的地营销［M］．北京：经济科学出版社，2006.
[6] 肖光明．旅游目的地营销特点与策略研究——以肇庆市为例［J］．热带地理，2008（5）：488-492.
[7] 张新艳．基于影视旅游的目的地营销研究［D］．昆明：云南财经大学，2011.
[8] 孙华强．国内旅游目的地营销研究综述［J］．市场周刊，2020，33（9）：88-90.
[9] 许春晓，文联阳．旅游目的地市场特征及其学术意义［J］．北京第二外国语学院学报，2005（3）：23-27.
[10] 张广华．旅游市场的不同分类构成［J］．外国经济与管理，2015（3）：38-39.
[11] 李树民，支喻，邵金萍．论旅游地品牌概念的确立及设计构建［J］．西北大学学报（哲学社会科学版），2002（3）：35-38.
[12] 星景花．旅游目的地品牌定位初探［J］．消费导刊，2007（14）：1-3.
[13] ChrisRyan. RecreationTowrism：dSocialSciencePerspecive［M］．London：Roullcdge，2020.
[14] 陈可可．旅游体验要素文献综述［J］．旅游纵览（下半月），2013（4）：19-20.
[15] 张海鸥．浅析提高旅游服务质量的对策［J］．成功（教育），2010（1）：179-183.
[16] 吴国清．都市旅游目的地服务体系及发展［J］．上海师范大学学报（自然科学版），2008（3）：321-325.
[17] 王莹．旅游区服务质量管理［M］．北京：中国旅游出版社，2003.
[18] 吴健芳，等．推动新时代旅游业高质量发展［N］．中国旅游报，2021-09-03（2）.
[19] 魏卫，袁继荣．旅游人力资源开发与管理［M］．北京：高等教育出版社，2004.
[20] 杨澜波．浅析旅游服务企业人力资源管理体系的构建［J］．现代商业，2012（23）：82-84.
[21] 曹霞，吴承照．国外旅游目的地游客管理研究进展［J］．北京第二外国语学院学报，2016（1）：23-31.
[22] 焦小军，张泽岳，等．国内游客管理研究综述［J］．旅游纵览（下半月），2020（16）：20-21.
[23] 王勇．旅游目的地游客管理案例比较研究［J］．四川旅游学院学报，2015（2）：45-47.
[24] 朱少明．旅游景区游客管理研究——以杭州景区为例［J］．商场现代化，2010（33）：116-118.
[25] 侯雪琦，谢双玉，等．长江中游城市群旅游空间相互作用研究［J］．甘肃科学学报，2015，27（5）：37-45.
[26] 吴人韦．旅游系统的结构与功能［J］．城市规划汇刊，2019（6）：19-21.
[27] 曾慧娟，饶勇．基于“点-轴”理论的河西走廊旅游空间结构研究［J］．牡丹江师范学院学报（社会科学版），2021（2）：9-16.
[28] 史丽娜．浅析旅游专业学生学习旅游心理学的重要性［J］．中小企业管理与科技（上旬刊），2018（9）：79-80.
[29] 张嘉熙，张继焦．论旅游内在价值：对旅游禀赋和旅游开发的深层次分析［J］．贵州民族研究，2021，42（3）：176-181.
[30] 付雨鑫．节事活动对城市文化形象的影响与塑造［J］．现代交际，2020（20）：87-89.
[31] 季群华，许欣，朱睿．旅游节庆对旅游城市目的地形象建设的推动作用［J］．经济地理，2006（S2）：28-30.

[32] 于淼，杨晓霞，张云．我国 2006—2010 年间现代旅游节庆的特征分析［J］．西南农业大学学报（社会科学版），2012（5）：1-5.
[33] 李志丹．节事活动对城市旅游业的影响研究［J］．北方经贸，2013（5）：152-153.
[34] 李祇辉．大型节事活动对旅游目的地形象影响的实证研究［J］．地域研究与开发，2011，30（2）：110-113.
[35] 陈燚．大型民族文化节事活动对旅游目的地的影响研究——以内蒙古昭君文化节为例［J］．智库时代，2018（35）：124-126.
[36] 王凯波．浅析旅游节事活动对城市发展的积极影响［J］．现代经济信息，2011（1）：213-215.
[37] 李露．重庆旅游节事活动开发研究［J］．科学咨询，2016（12）：74-75.
[38] 矫孟瑶．大型节事旅游对旅游目的地影响分析——以锦州世园会为例［J］．现代商贸工业，2013，25（22）：92-93.
[39] 杨婕，孙春艳．节事旅游利益相关者角色分析与协调机制研究——以无锡阳山（国际）桃花节为例［J］．商展经济，2021，44（22）：8-12.
[40] 王颖，王晓宇．大连传统节事活动运作模式研究——以重阳节为例［J］．现代商贸工业，2018，39（8）：15-17.
[41] 沈苏霞．浅谈旅游区旅游容量的确定［J］．消费导刊，2008（7）：3-8.
[42] 阚如良，杨小平．景区游客的智慧管理体系研究［J］．三峡论坛（三峡文学·理论版），2020（6）：26-31.
[43] 王世西，刘晓莉．国内旅游目的地管理研究综述［J］．中国市场，2021（4）：57-58.